WEB テスティング 超実戦問題集

オフィス海 著

ナツメ社

WEBテスティング対策の決定版!!

本書は**「SPIのWEBテスティング専用の問題集」**です。

本書は直近5年間の「WEBテスト調査」の結果をもとにして制作された、きわめて再現性の高い問題集であり、次のような特長をもっています。

- **類書を圧倒するNo.1の問題数968問！ うち「非言語」391問!!**
- **最頻出・最重要の【推論】が155問！ 全9パターンを初めて掲載!!**
- **試験問題を徹底調査！ 本番と同パターン、同レベルの問題を再現!!**
- **試験前1週間の速習でWEBテスティングの得点が格段にアップ!!**
- **多数の執筆陣によって文系の学生にもわかりやすい解説を実現！**
- **【超解法】＋【即解】で時間内に解ける解法を完全にマスター!!**
- **豊富な【別解】によって、自分に合った解き方を覚えられる!!**
- **【熟語の成り立ち】の頻出語句計426語を掲載！ 得点UPに直結!!**
- **本番と同じ問題数＆制限時間の【模擬テスト】で合格判定ができる!!**
- **性格検査に完全対応！ セルフチェックができる簡易検査付き!!**

本書は、就職対策本で売上・支持率No.1の『史上最強 SPI&テストセンター超実戦問題集』のスタッフが、満を持して刊行した「SPIのWEBテスティング」専用の対策本です。本書掲載の問題を制限時間内で解けるようなら対策は万全といえます。

SPIのWEBテスティングをはじめとするWEBテストの得点は内定を左右します。本書があなたの内定の一助となれば、これに勝る喜びはありません。

あなたが志望企業に採用されることを心より信じ、願っております。

オフィス海【kai】

WEBテスティングは1問あたりの制限時間が非常に短い、という特徴があります。問題に慣れておくことと、時間配分が合否の鍵を握ります。圧倒的な問題数と制限時間を忠実に再現した本書で効果的な実力アップが望めます。 →次ページ

本書の特長と活用法

最新の出題傾向を徹底的に独自調査！　ダントツの得点効果！

圧倒的No.1 !!　収録問題数968問は類書最多 !!

SPIのWEBテスティングでは**異なるパターンの問題が数多く出題**されるため**「多くのパターンの解法を知っていること」が合否を分ける**ことになります。

本書は、**市販対策本の中でNo.1の968問の再現問題を収録**しています。

事前の学習で大きな差が出る【非言語検査】の**「推論」は【内訳】・【整数】・【数式】など9パターンに分類した全155問を収録**。実際の検査に出題される最新**9パターンをもれなく対策**できるのは本書だけの大きな特長です。

◎「問題数がダントツに多い！」ということは、「覚えられる解法がダントツに多い！」ということ。
＊収録問題数……本書968問 ←市販の主な対策本…約140～300問
うち【非言語】…本書391問 ←市販の主な対策本…　約90～150問
合否の鍵を握る最頻出の【推論】…本書155問 ←市販の主な対策本…約25～50問

本番とまったく同じ難易度の再現問題！

いくら多くの問題を解いても実際のテストと異なっていては意味がありません。

本書は、多くの受検者の報告と独自のリサーチをもとにした、**再現性の極めて高い問題**を収録！　**本番とまったく同じ難易度の問題演習が可能**です。

制限時間も本番のテストと同じように設定してありますから、**本番でのペース配分対策もバッチリ**です。

【非言語】超解法＋即解＋別解！　こだわり抜いた解法！

本書の非言語は、**学習参考書制作のプロ**が執筆し、**東大の理系卒業生**と**数学専門の編集者**が【別解】&【即解】を追加しました。さらに、**私立文系卒で算数が苦手な編集者**が自分達でもわかるよう丁寧に補足を加えています。

気配りポイント満載のわかりやすい解説で、**算数が苦手な方もつまずくことなく楽しく学習**ができます。

非言語１問にかけられる回答時間は約１分、短い時間で解くことが重要です。**「速く解く」ことにこだわった本書の解説**で大幅な得点アップを実現できます。

＊2024年3月調べ（WEBテスト＆WEBテスティング専用の対策本の収録問題数）。

対策本選びは合否を分けます。**書店で実物を見て比較**したり、知人の受検者の意見など**実名の口コミを参考**にしたりして選びましょう。ネットのレビューや質問掲示板などには**正確ではない情報やステルスマーケティング**が見受けられます。匿名による情報をうのみにするのは避けましょう。

【言語】頻出語句を掲載！ 試験直前で得点UP！

【言語】で最も効果的な対策は、「熟語の成り立ち」の出題語句を覚えることです。

本書の**「熟語の成り立ち」の掲載語句数は類書を圧倒する426語**！受検者の報告からまとめた**【頻出語句 221】は直前の得点アップ**にうってつけです。

さらに、出題される全パターン【3文の完成】【語句の並べ替え】【適語選択】【適文選択】【長文読解】の攻略法と再現問題を完全収録。

本書1冊で言語分野の対策は万全です。

【模擬テスト】と【簡易版性格検査】で事前訓練！

本番と同じ問題数と制限時間を再現した模擬テストにより、**事前の受検と同じ訓練**ができます。

また、類書史上初**【簡易版性格検査】**で検査前のセルフチェックが可能です。

本書の効果的な活用法

❶ **【攻略のポイント】**で、問題の概要と攻略ポイントをつかみます。

❷ **【例題】**で解法の基本手順とコツを覚えます。

❸ **【練習問題】**に取り組みます。筆記用具・メモ用紙・電卓・タイマーを準備します。

1周目……1問ごとの回答時間（非言語1問：約1分・言語1問：約30秒）を意識し、目標時間内に終わるようにチャレンジしてください。
目標時間で終了し、答え合わせをして点数を記入。実力を確認します。

全問攻略…時間制限なしで、問題に取り組みましょう。別冊の解説で解き方を覚えます。

2周目……目標時間でタイマーをセットして、時間内に最後まで回答しましょう。
解けない問題でも候補を絞ってから選択肢を選んで先に進みましょう。
時間内に全問回答し、時間配分と得点感覚をつかむことが重要です。

❹ **【模擬テスト】**にチャレンジ！

1問あたりの回答時間を意識しながら取り組んでください。

正解できなかった問題は、時間をおいて復習しておきましょう。

※時間を意識して取り組み、2周することでより大きな効果が得られます。

CONTENTS［目次］

1章 非言語検査

2章 言語検査 139

3章 模擬テスト 189

4章 性格検査 205

SPIのWEBテスティングとは

自宅で受検するSPIのWEBテスト

SPIは日本で最も多く使われている採用テスト

SPIは、リクルートマネジメントソリューションズが提供している採用テストです。年間1万4,000社以上の企業が利用しており、**日本で最も多く使われている採用テスト**となっています。

SPIの実施スタイルには、**テストセンター（約6割）**、**WEBテスティング（約3割）**、インハウスCBT、ペーパーテスト（約1割）の4種類があります。テストセンターは、会場を事前予約して決まった日時に受検します。WEBテスティングは、受検期限内であれば都合のよい時間・場所で受検が可能です。

本書は、**自宅で受検するタイプのWEBテスティングに対応**しています。

SPIテストセンターとペーパーテストの対策には、本書姉妹版の『**史上最強SPI＆テストセンター超実戦問題集**』をご利用ください。

※現在、実施スタイルごとの受検者数の割合は公表されていません。上記は、過去にリクナビで公表されていたデータを元に推計したものです。

自宅などで性格検査を受検し、能力検査は**専用会場（リアル会場）**または**自宅などのパソコン（オンライン会場）**で受検します。

自宅などのパソコンで受検します。**テストセンターとは異なる問題が出題**されます。**本書で対策が可能**です。

企業のパソコンで受検します。**WEBテスティングと同じ問題が出題**されますから、**本書で対策が可能**です。

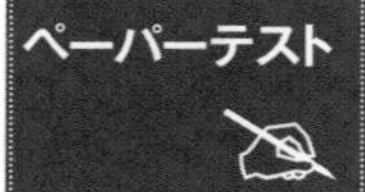

企業が用意した会場で受検します。**一部、テストセンターとは異なる問題が出題**されます。

ネットで配信されてパソコンで受検する採用テストを「WEBテスト」と総称します。専用会場に出向いて受検するものと、自宅で受検するものがあります。また受検時にパソコンのWEBカメラ等を通じて受検者や部屋の中を監視する「オンライン監視型WEBテスト」が普及しています。

WEBテストの実施時期

WEBテストとテストセンターでの採用試験は、**卒業・修了年度に入る直前の3月1日（広報活動解禁日）以降、ネットエントリーの段階で多く実施**されます（外資系・IT企業・テレビ局などの一部企業は、3月1日の解禁日よりも早い時期、10月頃から本選考のWEBテストを開始することがあります）。

また、**自宅受検型のWEBテスト**は、**夏のインターンシップ参加者の選考に利用**されて、企業によっては本選考で同じテストを使用したり、インターンシップ参加者に本選考のテストを免除したりすることがあります。従って、**企業と接触し始める時期には、本書を一通り終えていること**をお勧めします。

なお、ペーパーテストや面接は、卒業・修了年度の6月1日（選考活動解禁日）以降に実施されます。

WEBテスティングの検査時間と出題分野

基礎能力検査（約35分）と**性格検査（約30分）**があります。基礎能力検査では**非言語検査（数学）**と**言語検査（国語）**をまとめて行います。

非言語検査は約20分で15～20問です。つまり、**非言語1問にかけられる時間は1問で約1分が目安**になります。

言語検査は約15分で約40問です。**回答時間の目安は「熟語の成り立ち」が1問（5熟語）で約25～30秒、それ以外の言語問題は1問15～40秒**です。

本書掲載の問題には、**実際の検査に対応できる目標時間**を設定してあります。できるだけ目標時間内に解けるようにしておきましょう。

※上記の問題数は平均的なものです。問題数は受検者の回答状況に応じて変わります。
　また、実際の検査では、言語→非言語の順で問題が出題されます。

WEBテスティング出題分野の問題は、すべて本書に掲載されています。2ページの目次を参照してください。

WEBテスティングの出題画面

受検時の注意点と心構え

出題画面の例

全体の設問数に対する回答状況
回答すると時計回りに色が変化していく

全体の制限時間に対する経過時間
時計回りに色が変化する

▼非言語検査

空欄にあてはまる数値を求めなさい。

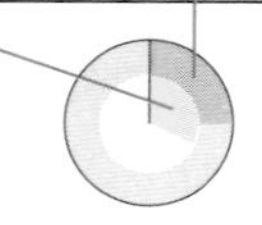

300人を対象に先週末の過ごし方について調べたところ，土曜日に出かけた人は60%、日曜日に出かけた人は35%だった。また、土曜日と日曜日の両日とも出かけた人は，土曜日だけ出かけた人の1/4だったとすると、両日とも出かけなかった人は［　　］人である。

回答欄

回答時間

次へ

▼言語検査

空欄に入る語句として最も適切なものをA～Dの中から1つ選びなさい。

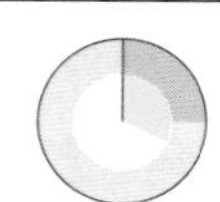

作曲家は、各人の芸術的判断に基づいて独創的な創造活動を営む。バッハやモーツァルトの同じ作品でも、演奏家や指揮者が違えば、異なった印象や感動を与えるものとなる。つまり楽譜はいったん作られると、［　　］ようになるのである。

A　演奏家が作曲家の意思を忖度しない
B　創作者の手を離れて一人歩きする
C　聴く者が演奏家を評価する
D　演奏家や指揮者のものとなる

回答欄　A　B　C　D

回答時間

次へ

画面に出ている問題の回答時間
時間経過に従って、緑►黄►オレンジ►赤に変化する。
回答時間が終了すると、未回答でも次の画面に移る

次の画面に移るボタン
次に移ると前の画面に戻れない

WEBテスティングの代表的な受検画面（非言語・言語）を提示したうえで、受検する際の注意点や心構えをまとめました。
一番のポイントは、制限時間が過ぎる前に、回答欄に入力をしておくということです。

画面ごとに制限時間がある

１つの画面に、**非言語では１問～2問、言語では1～5問が表示**されます。画面ごとに「回答時間」が設定されていて、時間経過に従って緑▶黄▶オレンジ▶赤に変わっていきます。赤表示になり、回答時間（最長で約２分）が過ぎると次の問題に移ってしまいます。なお、「次へ」ボタンをクリックして次の画面に移ると、前の問題には戻れません。

WEBテスト受検時の注意点

❶ 筆記用具、メモ用紙、使い慣れた電卓を用意する

非言語では、**問題文のキーワードと数値をすぐにメモ**していくことが速く解くポイント。また、**簡単な計算は暗算で手間がかかる計算は電卓**で行います。

❷ 必ず回答してから次画面に移る

「回答時間」が**緑表示のうちに回答することが理想**ですが、オレンジ表示になってしまったら、**当てずっぽうでもいいのでとにかく回答を入力しておくことが大切**です。SPIでは誤謬率（誤答割合）は計測されず、正答数をもとに採点されます。未回答は避けましょう。

なお、**非言語の数字を入力する問題は半角数字**で入力します。

❸ オンライン監視型WEBテスト（14ページ参照）

オンライン監視型WEBテストの場合、**紙のメモ、筆記用具、電卓が使えないことがあります**。

必ずWEBテストのサイトで実施説明（マニュアル）をよく読んでから受検を開始しましょう。またメモとしてモニターのホワイトボード機能を使うテストでは、練習用のホワイトボードの操作に慣れてから受検するようにします。

WEBテストの種類と見分け方

WEBテストは受検案内のメールが来る前から学習を開始する

就活掲示板やOB・OG訪問などで事前に情報を得る

「みん就」などの就活掲示板や就職サイト、SNS等、ネット上では主な企業がどのテストを実施しているのかという情報が出回っていて、人気企業であれば、昨年のテストの種類を見分けることができます。

また**OB・OG訪問**でテストの内容や形式を質問することもできます。

ほとんどの場合、昨年と今年のテストの種類は同じなので、**事前の情報収集でテストの種類を特定して、早めの対策を立てる**ことができます。

※まれに昨年と今年のテストが違う場合がありますので、ご注意ください。

複数の企業を受ける場合には、**SPIと玉手箱を受検することが多い**ので、SPIと玉手箱だけは、志望先が決まる前でも本書をはじめとする**「史上最強シリーズの就職対策本」で学習**を始めておくことをお勧めします。

受検案内のメールが来てから調べる

WEBテストを受ける際は、まず企業からWEBテストのURLが記載された受検案内メールが送られてきて、記載されたURLにアクセスをすることで受検します。テストごとにURLが違うため、**URLによって見分ける**ことができます。**URLにaroruaの文字列があればSPI**です。

また、**受検開始画面（実施説明画面）の情報で見分ける**こともできます。

多くの場合、WEBテストの受検期限はメールが送られてきてから約1週間以内です。対策する時間は限られますが、確実に見分けることができます。

受検ページにアクセスして、サイトのURLと開始画面の情報をチェックします。開始画面では、問題の形式や流れが説明されています。開始画面を開いたからといって、すぐテストを始める必要はないので、開始画面で**テストの種類を見分けてから、ウィンドウを閉じていったん中止**します。間違っても「受検する」ボタンや「開始」ボタンは押さないようにしましょう。

自分が受ける企業がどのWEBテストを使用しているのかを知ることで、効果的な対策を立てることができます。就活掲示板やOB・OG訪問を活用して、情報を入手しましょう。

URLと開始画面の情報

❶ テストセンター形式を見分ける

テストセンター形式なら、受検案内メールに**「テストセンター」「受検予約」**などの言葉があります。予約サイトにアクセスして予約をします。

❷ 自宅で受検するWEBテストを見分ける

代表的なWEBテストであるSPIの「WEBテスティング」とSHL社の「玉手箱」「Web-CAB」は、次のように見分けます。

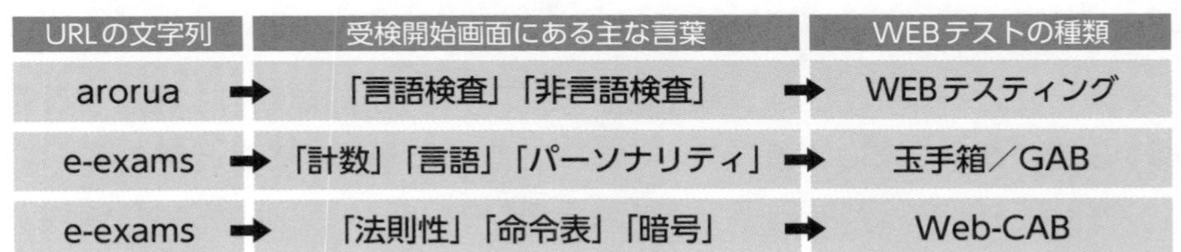

URLの文字列		受検開始画面にある主な言葉		WEBテストの種類
arorua	➡	「言語検査」「非言語検査」	➡	WEBテスティング
e-exams	➡	「計数」「言語」「パーソナリティ」	➡	玉手箱／GAB
e-exams	➡	「法則性」「命令表」「暗号」	➡	Web-CAB

受検開始画面を開いて、**「言語検査」「非言語検査」という組み合わせで、テストの所要時間が約65分**とあれば**WEBテスティング**です。

▼受検開始画面の例

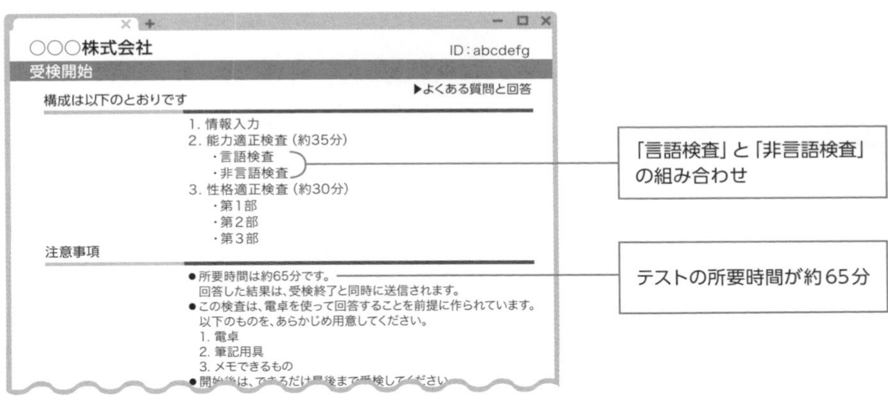

※「WEBテスト 判定」「○○（テスト名）見分け方」などでネット検索をすると、様々なWEBテストの見分け方を見つけることができます。

WEBテスト Q&A

これだけおさえておけば安心！

Q テストセンターと自宅受検型テストで問題が違う？

オンライン会場を含むSPIのテストセンター（『史上最強 SPI &テストセンター超実戦問題集』で対策）と自宅受検型のWEBテスティング（本書で対策）では出題内容が違います。

一方、自宅受検型の玉手箱とテストセンターで受検するC-GAB（『史上最強 玉手箱 &C-GAB 超実戦問題集』で対策）の問題は、ほぼ同じです。

Q 予約時・受検時の注意点は？

テストセンターは、自分で受検日時を予約します。**予約が遅いと希望する会場や日時が埋まってしまう**ことがあるので、**早めに予約することが大切**です。

一方、自宅受検型のWEBテストは、受検期間であれば自宅などのパソコンでいつでも受検することができます。ただし、受検期間の締切直前は、アクセスが集中して回線トラブルが起きやすいので注意しましょう。**締切直前での受検は避けて、余裕を持ったタイミングで受検することが大切**です。

なお、オンライン監視型Webテスト（14ページ参照）では、自宅で受検する場合でも受検時の予約が必要なことがあります。

Q 受検直前の準備は？

ほとんどのWEBテストでは、対応ブラウザや推奨バージョンなど、パソコンの動作環境や注意点が事前に告知されています。また、オンライン監視型テストでは、メモや電卓の使用が制限される場合もあります。

事前の受検説明をよく読んで、必ずそれに従って準備、環境設定を行い、トラブルなく動作することを確認してください。

WEBテストを受検するうえで、知っておいたほうがよいことをQ&Aでまとめました。早めに情報収集と準備をしておくことで就職活動がスムーズに進められます。WEBテスティング対策については、本書のトレーニングを１週間前から始めれば得点アップが望めます。

Q 受検中にトラブルが発生したら？

WEBテスト受検中にパソコンがフリーズしたり、ネット回線が途切れた場合、再ログインをすれば、ほとんどの場合には**中断前の箇所からWEBテストを再開**できます。テストの経過時間もストップしているため、制限時間が少なくなることもありません。

ただし、まれにテストを再開できないことがあります。その場合には、すぐに**事務局（トラブル発生時の連絡先）に連絡**して指示を仰いでください。

Q 効果的な受検対策は？

前述したように、WEBテストは大学３年生のインターンシップの選考で実施されることがあります。参加する人は**インターンシップ選考まで**に、参加しない人は**大学３年生の３月まで**に、「SPIのテストセンター」、「WEBテスティング」、「玉手箱」など、メジャーなテストの対策を進めておくとよいでしょう。

問題の解法は忘れてしまうことがあるので、初見で間違った問題にチェックをしておいて、**受検１週間〜3日前くらいから見直し**をしておくと効果的です。

Q 合格点は決まっている？

SPIでも他の能力検査でも、**合格ラインは企業によってまったく違います。**当然ながら、応募者の多い企業ほど合格ラインも高くなっているはずですから、人気企業を志望している方は本書による十分な対策が必要です。

オンライン監視型WEBテスト

事前に室内環境の準備が必要

オンライン監視型WEBテストの概要

「オンライン監視型WEBテスト（以下、監視型テスト）」は、**パソコンのWEBカメラとマイク越しに監督員が常時監視**しながら受検する仕組みです。SPIテストセンターのオンライン会場タイプ、SPIのWEBテスティング、玉手箱のテストセンター受検型であるC-GABなどで実施されていて、以下の制限があります。

・高速安定したインターネット環境で有線接続を推奨（不安定な回線は非推奨）
・デスクトップ、ノートパソコン可（タブレット、タッチスクリーン不可）
・指定された顔写真付き本人確認書類が必要
・**電卓の使用不可**。またテストによっては筆記用具やメモ（SPIはA4のメモ用紙2枚。C-GABはモニターのホワイトボード機能を使用）まで制限される

※自分が受検するテストが監視型テストの場合、あらかじめその旨と準備事項・注意点などがメールやサイト内のマニュアルで告知されます。テストによって制限事項や注意点も異なりますから、熟読・確認したうえで受検するようにしてください。

環境設定と事前準備が必要

監視型テストの受検者からは、受検前のチェックや指示が多くて煩わしいという、以下のような意見もありました。

・テスト前に、監督員に**部屋の中と机の上を撮影**して見せないといけない
・**パソコン画面を共有**するため、よく見るサイトやツールバーを見られる
・画面共有したままメールボックスを開くと、受信メール（発信者やメールタイトル）を見られることになる
・**常時監視**されていることが気になってテストに集中できない

以上の理由から、あらかじめ部屋や机上を片付けるなどの準備と、常時監視されるという心構えをしておいて、**監督員の目を気にしないで受検に集中できる体制を作っておく**ことが大切といえます。

1章 非言語検査

- 能力検査（言語・非言語）の時間は約35分、そのうち非言語は約20分で15~20問です。
- 掲載問題を1問1分以内で解けるようにしておけば万全です。

◎時間を意識しながらメモと電卓で解く練習が合格へ直結！

【例題】 出題問題から解法手順が学びやすい基本パターンを選んであります。まず、例題の解法をきちんと覚えましょう。

【練習問題】 できるだけ**解法手順やパターンが違う問題を豊富に掲載**しました。時間を計って取り組み、「目標時間」内に解く訓練をすることで、実際のWEBテスティングに十分に対応できる力を養えるようになっています。**目標時間を意識して解く**ようにしましょう。

【準備するもの】「練習問題」にチャレンジするときは、**筆記用具**、**メモ用紙**、**実際に検査で使用する電卓**を使って解くようにしましょう。

非言語検査【攻略のポイント】

能力検査(言語検査＋非言語検査)の試験時間は約35分です。そのうち**非言語は約20分で15〜20問**(回答状況によって出題される問題数は異なります)なので、**1問にかけられる時間は約1分**です。いかに早く正答にたどりつけるかが高得点の鍵となります。本書では、[**ミスなく、素早く解く方法**]に加えて、適宜、**別解と即解を掲載**しています。

早く解くためのコツは次の通りです。

❶ メモはシンプルに、言葉も省略して書く 【例】リンゴ→リ、ペン→p
❷ 記号の並び順は、左から大きい、重い、速い順と決めておく
❸ 時間がかかるので、図解はなるべくしない
❹ 与えられた条件は、等式や不等式にして考える
❺ 公式や方程式が使える問題は、考え込まずに式で解くほうが速い
❻「×」(乗算記号)は「・」を用いる 【例】5×4×3→5・4・3

ここからは、各ジャンル別の攻略法をまとめました。本書の問題をひと通り解いた後で、確実に解法をマスターできているか、もう一度読み返してみましょう。また、試験前に「**・箇条書きの部分**」をざっと確認しておけば得点アップが望めます。

1 推論【内訳】(本書22〜29ページ)

一定の数の中の内訳を問う問題です。

- **条件を満たす内訳の候補を書き出す**
- **情報を式にして簡略化する**

また、**未知数(不明の値)の数だけ方程式の数がないと解を求めることはできない**ということを利用して即解できる問題もあります。

2 推論【整数】(本書30〜37ページ)

与えられた条件から、整数の値を導く問題です。本書の問題を解けるようになっておけば、本番で「この問題はやったことがある」と、自信を持って取り組めるようになります。

- **一方の条件に合う整数の候補をメモして解を探っていく**
- **条件を方程式や比率にして解く**

3 推論【数式】(本書38～41ページ)

アとイの２つの数式から、記号にあてはまる整数を求める問題です。**WEBテスティングでは高確率で出題されます。**他の分野でも使える解法テクニックなので、確実にマスターしておきましょう。

- **２式が成り立つ組み合わせをメモする**
- **仮の数値をあてはめて答えを探す**

4 推論【順序】(本書42～45ページ)

問題文を読みながら、**すぐに順番をメモ**していくことが大切です。

【メモの例】**左から順に上位、早い、前列…と決めておきます**

- Ｐは Ｓのつぎ → [ＳＰ] でワンセット
- ＲとＳの間に１人いる → [Ｒ○Ｓ] または [Ｓ○Ｒ]
- ＳはＰのつぎ。１位がＲで３位がＳ → [ＰＳ ＋ Ｒ○Ｓ] → [ＲＰＳ]
- ＰはＲより３人後ろ → [Ｒ○○Ｐ]
- ４人のうちＳが３位。Ｐの次がＳ → [○ＰＳ○]
- ＱとＲの差が３cm（３冊差、３日違い） → [Ｒ←３→Ｑ←３→Ｒ] [Ｒ○○Ｑ○○Ｒ]
- ５人のうち３位がＰ。ＳはＰより下の順位 → [１ ２ Ｐ 4^S 5^S]

5 推論【人数】(本書46～49ページ)

いすや乗り物の定員などから人数を推測する問題です。

例：団体客が遊園地の乗り物に３人ずつ乗ると、４人が座れなくなる。４人ずつ乗ると最後の乗り物には３人が座ることになり、乗り物が５台余る。団体客は何人か。

- **場合分けをして候補を絞っていく**
- **問題文の情報を数式にまとめる**
- **条件を表にして空欄を計算していく**

6 推論【金額】(本書50〜53ページ)

2つ以上の商品の価格と合計金額から個数を求める問題が頻出しています。

例：120円の野菜と150円の野菜を合わせて35個購入したところ、4650円だった。120円の野菜はいくつ買ったか。

- **方程式を立てて解く**▶【例】**120x＋150(35－x)＝4650**
- **差額を利用して解く**▶【例】すべて120円なら合計120×35＝4200円。差額は、4650－4200＝450円。150円を買えば1個30円高くなっていく。

7 推論【カード・サイコロ】(本書54〜59ページ)

カード、トランプ、サイコロの問題を集めてあります。**「ア、イの情報のうち、どれがあれば[問い]の答えがわかるか」という選択型の問題が多い**傾向にあります。

解き方さえ覚えておけば正解しやすいジャンルです。

- **片方の条件に合う数字をメモしてから、他方の条件に合う数字を探す**
- **「ア、イの情報のうち、どれがあれば〜」という問題では、条件を満たす候補が複数挙がった段階で、「○だけではわからない」とみなして次ステップに進む**

8 推論【平均】(本書60〜63ページ)

問題文に「平均」という語句がある問題です。

- **平均×個数＝合計** ▶【例】3人の平均点が60点なら、合計点は**3×60＝180点**
- **条件を満たす候補を書き出す**

9 推論【対戦】(本書64〜67ページ)

勝敗の結果を推測する問題です。解き方さえ覚えておけば、推論の中では簡単な部類に入ります。

- **対戦表の書き方を覚える。縦軸に自分側、横軸に相手側をメモして、自分側の勝敗を○×でメモする。**

自分＼相手	P	Q	R	S	
P		×	×	○	←Pは１勝２敗
Q	○		○	○	←Qは３勝
R	○	×		○	←Rは２勝１敗
S	×	×	×		←Sは３敗

・**総当たり戦（リーグ戦）の試合数 … N(N－1)÷2**

▶【例】４チームの総当たり戦は、**４（４－1）÷２＝６試合**

10 表の解釈（本書68～87ページ）

掲載された図表に関する問題に答えていく形式です。必ずと言ってよいほど出題される超頻出分野なので、豊富な再現問題を収録してあります。

・**出題される表やグラフの形式に慣れておく**

・**問題文の条件に合う項目を読み取る**

11 割合と比（本書88～95ページ）

割合（○%）と比率（○倍）を求める問題です。ここでの解法は他ジャンルを解く際にも利用する重要な知識なので必ず覚えておきましょう。方程式などを立てて計算しますが、以下の解法も覚えておきましょう。

・**比例式… A**：B＝C：**Dのとき、A×D**＝B×C

▶【例】**6**：5＝15：**Xのとき、6X**＝5×15なので、X＝15×5÷6＝12.5

・**全体数が不明の問題では、仮の数（例えば全体＝100）をあてはめて解く**

○%を小数や分数に直せるようにしておきます。▶【例】1%＝0.01＝1/100、20%＝0.2＝1/5、25%＝0.25＝1/4、40%＝0.4＝2/5、50%＝0.5＝1/2…

12 順列・組み合わせ（本書96～101ページ）

「並び方は[　　]通り」とあれば順列の問題、「組み合わせは[　　]通り」、「分け方は[　　]通り」とあれば組み合わせの問題です。P（順列）とC（組み合わせ）の公式は確率のジャンルでも利用します。

・**【順列】６人から３人を選んで並べる … $_6P_3 = 6 \times 5 \times 4 = 120$通り**

・**【組み合わせ】６人から３人を選ぶ … $_6C_3 = \frac{6 \times 5 \times 4}{3 \times 2 \times 1} = 20$通り**

13 確率の基礎（本書102～105ページ）

基本的な問題を集めました。確実に得点したい分野です。

- **Aの起こる確率＝$\frac{\text{Aの起こる場合の数}}{\text{すべての場合の数}}$**
- **AかつB … Aの確率 × Bの確率（AとBが同時に起こる）**

▶【例】赤玉3個、白玉2個、合計5個の玉が入っている箱から2個を取り出す。赤玉、白玉の順に出る確率はいくらか。→ $\frac{3}{5}\times\frac{2}{4}=\frac{3}{10}$

- **AまたはB … Aの確率 ＋ Bの確率（AとBは同時には起こらない）**

▶【例】赤玉3個、白玉2個、青玉1個、合計6個の玉が入っている箱から1個を取り出す。赤玉か青玉が出る確率はいくらか。→ $\frac{3}{6}+\frac{1}{6}=\frac{4}{6}=\frac{2}{3}$

14 確率の応用（本書106～109ページ）

余事象を利用した問題や条件が複雑な問題を集めました。「確率の応用」が解けるようになると、合格にかなり近づいています。

- **少なくともA …1 －Aの起こらない場合（余事象）の確率**
- **じゃんけんの手はグー、チョキ、パーの3つなので、それぞれを出す確率は1/3**

15 集合（本書110～117ページ）

超頻出分野です。問題パターンに慣れるため豊富な練習問題を掲載しています。

- **ベン図（集合のイメージがつかめる）とカルノー表（計算式が立てやすい）、両方の書き方を覚えておく。**

▶【例】40人の生徒のうち、通学にバスを利用する生徒は30人、自転車を利用する生徒は18人いた。また、バスと自転車の両方を利用している生徒は11人だった。 このとき、バスと自転車を両方とも利用していない生徒は何人か。

ベン図

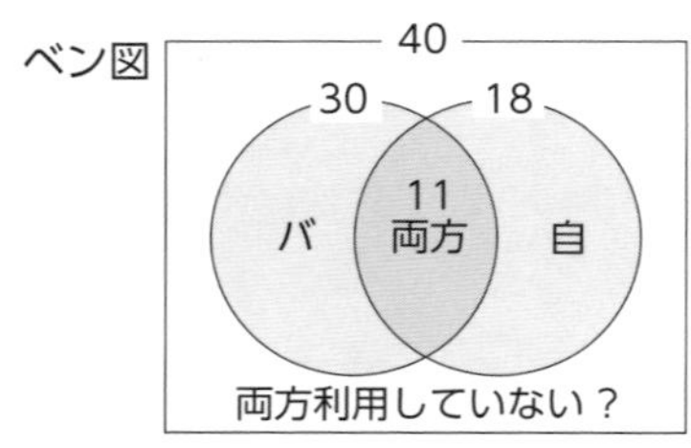

40 －（30 ＋ 18 － 11）＝ 3人

カルノー表

	自 ○	自 ×	計
バ ○	11	②	30
バ ×		③	
計	18	①	40

① **40－18 ＝ 22人**
② **30－11 ＝ 19人**
③ **22－19＝ 3人**

16 損益算（本書118〜121ページ）

ものを売ったときの利益（損失）に関する問題です。

- **①仕入れ値　②定価　③売値　④利益　を書き出す**
- **売値ー仕入れ値＝利益**
- **定価×（1 －割引率）＝売値**

17 速度算（本書122〜125ページ）

速度・距離・時間の公式を暗記しておきます。確実に正解したい分野です。

- **速度×時間＝距離** ▶【例】50m/分で3分進むと距離は→150m進む
- **距離÷時間＝速度** ▶【例】6kmを2時間かかる速度は→3km/時
- **距離÷速度＝時間** ▶【例】4kmを2km/時で進む場合の時間は→2時間
- **m/秒をkm/時に変換…3.6を掛ける。** ▶【例】5m/秒×3.6→18km/時
- **km/時をm/秒に変換…3.6で割る。** ▶【例】18km/時÷3.6→5m/秒

18 年齢算（本書126〜129ページ）

「○年後に○歳になる」「平均で○歳」という表現を読み取って回答します。

- **X年後には、登場人物全員がX歳の年をとり、年齢差は変わらない**
- **全員の平均年齢がY歳ならば、Y×人数＝全員の合計年齢**

19 仕事算（本書130〜133ページ）

1時間あたり、1日あたりの仕事量に関係する問題です。データ入力などの仕事算のほか、水槽や浴槽を水道管やポンプで満たす水槽算が出題されます。

- **1時間あたりの仕事量＝全体の仕事量÷かかった時間**
- **整数の計算にすることでスピーディに解く**

20 代金精算（本書134〜137ページ）

全員ではなく1人だけの負担額を計算することが解法の早道です。この分野は出題されないとしている対策本・HPがありますが、最新の調査で出題確認済みです。

- **先に1人あたりの負担額を求める**
- **1人あたりの負担額 ×人数＝総額**

1 推論【内訳】

● 一定の数の中の内訳を問う問題。個数を分ける問題や詰め合わせの問題がある。

情報を整理して解を探す

- 条件を満たす内訳の候補を書き出す
- 情報を式にして簡略化する

例題

解答・解説は右ページ

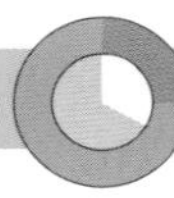

制限時間２分

空欄にあてはまる数値を求めなさい。

1 20個のお菓子を三兄弟でつぎのように分ける。

ア　三男よりも次男、次男よりも長男のほうが多くもらう

イ　三男は可能な限り多くもらう

このとき、長男は少なくとも[　　]個もらう。

以下について、ア、イの情報のうち、どれがあれば［問い］の答えがわかるかを考え、A～Eまでの中から正しいものを１つ選び、答えなさい。

2 750mlの酒をP、Q、R、Sの４人で分けて飲みきった。

［問い］Pが飲んだのは何mlか。

ア　PはQの２倍の量を飲んだ

イ　RとSは同じ量を飲んだ

A　アだけでわかるが、イだけではわからない
B　イだけでわかるが、アだけではわからない
C　アとイの両方でわかるが、片方だけではわからない
D　アだけでも、イだけでもわかる
E　アとイの両方があってもわからない

A　B　C　D　E

30秒で解ける超解法!!　●内訳の候補を書き出す

1 20個のお菓子を３人で分ける。

ア　長男＞次男＞三男

イ　三男は可能な限り多くもらう

3等分した平均個数は 20 ÷ 3 = 6.6 個。長男＞次男＞三男なので、三男の数は平均以下と推測できる。仮に**三男が6個**もらうと、最低でも長男から順に（8、7、6）となり、**合計で8 + 7 + 6 = 21 個**になるので不適。次に、**三男が5個**もらって**合計20個**になる組み合わせは（9、6、5）（8、7、5）の２通りが成立する。よって長男は**少なくとも8個**もらえることがわかる。

正解　8

2 それぞれが飲んだ量をP、Q、R、Sｍlとする。

P + Q + R + S = 750…①

ア　PはQの2倍の量を飲んだ

→ **P = 2Q**…② Pが飲んだ量は**アだけではわからない。**

イ　RとSは同じ量を飲んだ

→ **R = S**…③ Pが飲んだ量は**イだけではわからない。**

アとイの両方の場合を考える。①に②と③を代入して、

2Q + Q + S + S = 750 → **3Q + 2S = 750** → 両辺を２で割って

1.5Q + S = 375 → **S = 375 − 1.5Q**

Q = 10ならS = 360、Q = 20ならS = 345…、複数の組み合わせがあるので確定できない。「**アとイの両方があってもわからない**」。

正解　E

即解▶未知数（不明値）の数だけ方程式の数がないと解けない

2 未知数がP、Q、R、Sの４つあり、方程式が①、②、③の３つしかないので、解を求めることはできない。よって「アとイの両方があってもわからない」。

一般的に「方程式の数が未知数の数より少ないと解を求めることができない」。

この原則を利用して、即解ができる。

※例外もあるが、本テストの問題では上記原則で対応可。

- 10 − a = 4 → a = 10 − 4 = 6

↑未知数１つ、式１つなので解ける

- 10 − a − b = 4 → × 解けない

↑式１つに未知数が２つあると解けない

① 10 − a − b = 4、② a − b = 2

→ a = 2 + b を①に代入して解く

a = 4、b = 2

↑未知数２つ、式２つなので解ける

確認問題　10個のリンゴをX、Y、Zの３人で分けた。１人１個以上もらうものとし、もらう数がX ＞ Y ＞ Z となるようにした。Xは最も多くて何個もらうか。　解答➡次ページ下

▶解答・解説は別冊1ページ

練習問題 推論【内訳】

空欄にあてはまる数値を求めなさい。

1 100個のもちを三兄弟でつぎのように分ける。

ア　三男は可能な限り多くもらう

イ　三男よりも次男、次男よりも長男のほうが多くもらう

このとき、長男は[　　]個もらう。

2 箱の中にレモンといちごが合わせて32個あった。この中からレモンの個数の3/5といちごの個数の1/3、合計で16個もらった。最初に箱の中にあったレモンは[　　]個だった。

3 ボトルに入ったワインを7個のグラスに等分に分けると、6個のグラスに分けた場合に比べて1杯あたりの量が20cc少なくなる。このとき、ボトルに入っているワインの量は[　　]ccである。

4 120円、180円、200円の3種類の菓子の詰め合わせについて、以下のことがわかっている。

ア　詰め合わせの合計金額は980円である

イ　180円の菓子の数が最も多い

このとき、120円の菓子は[　　]個入っている。

5 120円、180円、200円の3種類の菓子の詰め合わせについて、以下のことがわかっている。

ア　詰め合わせの合計金額は1300円である

イ　120円の菓子は180円の菓子より多い

このとき、菓子は全部で[　　]個入っている。

正解 7個　X > Y > Z なので、Y > Zは最小で2 > 1。Xが最も多くなる場合なので、残る7個をXがもらって（7、2、1）となる。

6 X、Y、Zの3人が合計10問の早押しクイズで競った。それぞれが最初にボタンを押した問題の数について、以下のことがわかった。

ア　XはYの2倍だった

イ　Zが最も少なかった

このとき、Xが最初にボタンを押した問題数は[　　]問だった。

7 赤、白、紫の3色の花を、同じ色が隣り合わないように一列に並べて合計12株植えた。どのように植えたかについて、以下のことがわかっている。

ア　赤は白より2株多い

イ　白と紫が隣り合っているところはない

このとき、紫の花は[　　]株植えた。

8 P、Q、R、Sの4人がそれぞれ品物を持ち寄って、計40品をバザーに寄付した。各自が寄付した品数について、以下のことがわかっている。

ア　QはPの2倍の品数で、Rより多かった

イ　SはQの2倍の品数だった

このとき、Sが寄付した品数は[　　]品である。

9 P、Q、Rの3本の果樹があり、Rには実が35個なった。3本の果樹の実の個数について、以下のことがわかっている。

ア　PとQの差はQとRの差に等しく、それぞれ個数は異なっていた

イ　3本を合計すると実は126個なった

このとき、Qになった実は[　　]個である。

10 30個の菓子をX、Y、Zの順に多くなるように3人で分けた。だれが何個もらったかについて、以下のことがわかっている。

ア　XとYがもらった個数の差はZがもらった個数に等しい

イ　YとZがもらった個数の差は3個である

このとき、Yがもらった菓子は[　　]個である。

11 X、Y、Zが同じ店のスタンプカードを持っており、3人で12個のスタンプを集めた。それぞれのスタンプの数について、以下のことがわかっている。

ア　3人とも2個以上のスタンプを集めた

イ　Xのスタンプの数はZの3倍だった

このとき、Yのスタンプの数は[　　]個だった。

12 金魚すくいで、XとYが2人合わせて赤い金魚6匹と黒い金魚4匹、計10匹をとった。2人がとった金魚の数について、以下のことがわかっている。

ア　Xがとった金魚の数はYの2倍以上だった

イ　Yがとった赤い金魚の数は黒い金魚の数の2倍だった

このとき、Xがとった赤い金魚は[　　]匹である。

13 住宅展示場に初日から3日間で合計28人が訪れた。この3日間それぞれの来場者数について以下のことがわかっている。

ア　初日の来場者数は2日目の来場者数のちょうど1.5倍だった

イ　最も来場者数の多かった日は最も少なかった日より7人多かった

このとき、3日目の来場者数は[　　]人である。

14 ある店のチョコレートの箱詰めは、個数の多い順に大、中、小の3種類がある。これらに入っているチョコレートの数について、以下のことがわかっている。

ア　大の箱には小の箱より6個多く入っている

イ　大1箱、中1箱、小2箱を買うと合わせて26個入っている

このとき、大の箱にはチョコレートが[　　]個入っている。

15 いちご12個とレモン8個がある。XとYはいちごとレモンをそれぞれ1個以上もらい、合計10個ずつになるように分けた。2人がもらった個数について以下のことがわかっている。

ア　Xがもらったいちごの個数は奇数だった

イ　Yがもらったいちごの個数はレモンの個数より少なかった

このとき、Xがもらったいちごは[　　]個である。

以下について、ア、イの情報のうち、どれがあれば［問い］の答えがわかるかを考え、A〜Eまでの中から正しいものを1つ選び、答えなさい。

A　アだけでわかるが、イだけではわからない
B　イだけでわかるが、アだけではわからない
C　アとイの両方でわかるが、片方だけではわからない
D　アだけでも、イだけでもわかる
E　アとイの両方があってもわからない

16 10kgの米をX、Y、Zの3人で分けた。
［問い］Zは何kgもらったか。
　ア　XはYより3kg多くもらった
　イ　XはYの4倍の量をもらった

A B C D E

17 図書館で本とCDを合わせて8点借りた。
［問い］本は何冊借りたか。
　ア　本はCDより4点多く借りた
　イ　借りた本の数は、CDの数の3倍である

A B C D E

18 赤、青、緑のボールペンがそれぞれ1本以上、合わせて8本ある。
［問い］赤は何本あるか。
　ア　赤は青より3本多い
　イ　緑は青の3倍の本数である

A B C D E

19 X、Y、Zの3人で5匹の子犬を引き取ることになった。
［問い］Xは何匹引き取ったか。
　ア　全員が少なくとも1匹は引き取った
　イ　XはZよりも1匹多く引き取った

A B C D E

20 黒いペン、赤いペン、緑のペンが合わせて24本ある。

［問い］緑のペンは何本あるか。

ア　黒いペンは赤いペンより3本多い

イ　黒いペンと緑のペンは合わせて15本ある

A B C D E

21 ある劇場で演劇P、Q、Rの観客数を比べた。

［問い］どの観客数が最も多いか。

ア　Qの観客数はRより310人多かった

イ　Pの観客数は280人で、全体の35%だった

A B C D E

22 500gの米を3つの袋X、Y、Zに分けて入れた（袋の重さは考えない）。

［問い］最も重いのはどれか（いずれも1g以上あるものとする）。

ア　XはZより250g重い

イ　XはZの6倍の重さである

A B C D E

23 ある計画についてP、Q、R、Sの4人で話し合い、3人以上が賛成なら実行することにした。

［問い］その結果、実行することになったとき、Pは賛成したか。

ア　Qは賛成した

イ　Rは反対した

A B C D E

24 あるテニススクールには大人46人、子ども69人のメンバーがいる。

［問い］合宿の参加者は大人と子どものどちらが多かったか。

ア　大人のうち9人が合宿に参加しなかった

イ　子どものうち20人が合宿に参加しなかった

A B C D E

□ □ **25** 20個のチョコレートをX、Y、Zの3人ですべて分けた。

[問い] Xは何個もらったか。

ア　YはXの2.5倍、ZはXの1.5倍の数をもらった

イ　Zがもらった数はXより2個多く、Yより4個少なかった

A B C D E

□ □ **26** P、Q、Rの3人はX高校かY高校の生徒であり、少なくとも1人はX高校の生徒である。また、X高校には制服がないがY高校には制服がある。

[問い] RはX、Yどちらの高校の生徒か。

ア　Pの高校には制服がある

イ　PとQは同じ高校の生徒である

A B C D E

□ □ **27** 和菓子と洋菓子を合わせて80個購入した。

和菓子は8個入り、洋菓子は12個入りの箱に入っている。

[問い] 洋菓子の箱は何箱か。

ア　洋菓子の箱の数のほうが和菓子の箱の数より多い

イ　洋菓子の個数のほうが和菓子の個数より多い

A B C D E

□ □ **28** 100枚のチケットをP、Q、R、Sの4人のうち何人かで分けて買った。

4人が買った枚数はそれぞれ異なっており、Sは35枚である。

[問い] このとき、QとSはどちらが多く買ったか。

ア　PはQより多く買った

イ　RはQより多く買った

A B C D E

□ □ **29** 1個200円のリンゴと1個300円のナシを合わせて何個か買ったところ、代金は1500円だった。ただし、どちらも少なくとも1個は買ったものとする。

[問い] リンゴは何個買ったか。

ア　リンゴの個数はナシの個数より多かった

イ　リンゴの代金はナシの代金より高かった

A B C D E

2 推論【整数】

● 与えられた条件から、整数の値を導き出す問題。

条件にあてはまる整数を求める

- 一方の条件に合う整数の候補から絞り込む
- 条件を方程式や比率にして解く

例題 解答・解説は右ページ  制限時間2分

空欄にあてはまる数値を求めなさい。

1 6で割ると3余り、10で割ると7余る正の整数のうち、最も小さい数は[　　]である。

以下について、ア、イの情報のうち、どれがあれば［問い］の答えがわかるかを考え、A～Eまでの中から正しいものを1つ選び、答えなさい。

2 チョコクッキーとミルククッキーの詰め合わせがある。

［問い］クッキーは全部で何枚か。

ア　チョコクッキーの数はミルククッキーの数の1.5倍である。

イ　チョコクッキーの数はミルククッキーの数より8多い。

A　アだけでわかるが、イだけではわからない
B　イだけでわかるが、アだけではわからない
C　アとイの両方でわかるが、片方だけではわからない
D　アだけでも、イだけでもわかる
E　アとイの両方があってもわからない

A　B　C　D　E

30秒で解ける超解法!!

●一方の条件に合う候補をメモ

1 一定の範囲では、**6の倍数より10の倍数のほうが数が少ない**という予想がつくので、**10の倍数＋7**をすぐにメモする。**10＋7**から小さい順に、

17、27、37、47…

このうち**6の倍数＋3**になる（**6で割ると3余る**）最も小さい数は、

27 ← 6×4＋3＝27

別解 **10で割ると7余る**（**10の倍数**より3小さい数）、**6で割ると3余る**（**6の倍数**より3小さい数）ので、この整数に**3を足すと、10でも6でも割り切れる**。答えは、10と6の**最小公倍数30から3を引いた27**。

正解　27

2 アだけ、またはイだけでは、組み合わせが複数あるので確定できない（未知数が2つで、方程式が1つなので解けない）。チョコの数をx個とすると、イより、ミルクの数はx－8個。アより、

$x = 1.5(x - 8)$

未知数が1つで方程式が1つなので解ける。よって「**アとイの両方でわかるが、片方だけではわからない**」。

＊【参考】方程式の解き方

$x = 1.5(x - 8)$
①かっこをはずす（1.5をxと－8に掛ける）

$x = 1.5x - 12$
②同類項をまとめる（右辺の1.5xを－1.5xにして左辺に移項する）

$x - 1.5x = -12$

$-0.5x = -12$
③xの前にある数で両辺を割る（両辺を－0.5で割ってx＝○の式にする）

$x = 24$枚

正解　C

参考▶整数で解く場合

2 ミルク（ミ）が1でチョコ（チ）が1.5なので、ミ：チ＝1：1.5
ここに2を掛ければ、ミ：チ＝2：3
ミとチの差は（3－2＝）1、合計は5。
このとき「チはミより8多い」ので、差の1が8に相当することがわかる。
よって合計は、8×5＝40枚。

ミ：チ＝1：1.5　→
ミ：チ＝2：3
↑差が1で、合計は5
枚数の差はチ－ミ＝8枚
合計は8×5＝40枚

確認問題　3で割ると2余り、4で割ると3余る正の整数のうち、最も小さい数は何か。

解答➡次ページ下

▶解答・解説は別冊8ページ

練習問題 推論【整数】

目標時間 30分

点

31問

空欄にあてはまる数値を求めなさい。

30 ある2けたの数を、8で割ると3余り、5で割ると1余り、3で割ると割り切れるとき、この数は[　　]である。

31 2つの整数X、Yがある。XはYより小さく、XとYの和は18で差は28のとき、Xは[　　]である。

32 5mのひもを2本に切ったところ、短いほうのひもは長いほうのひもの1/3より20cm長かった。このとき、短いほうのひもは[　　]cmである。

33 3つの連続する整数があり、最も小さい数を2乗したものは残りの2つの数の積より35小さい。このとき、最も小さい数は[　　]である。

34 3つの連続する整数があり、最も大きい数を2乗したものは残りの2つの数の積より25大きい。このとき最も大きい数は[　　]である。

35 ビルPの階数はビルQよりも10階低く、またビルQの階数の3/5である。このとき、ビルPは[　　]階建てである。

正解 11　3で割ると2余り、4で割ると3余るので、1を足すと3でも4でも割り切れる。→3と4の最小公倍数12から1を引いた11。「4の倍数＋3」を書き出してもよい。

36 昨シーズン、ある野球チームの選手であるX、YはそれぞれZの9倍、7倍の打点をあげた。XとYの打点の差が8点であったとき、Zの打点は[　　]点であった。

37 1、2、3、4の4つの数字の中から2つあるいは3つの数字を使って3けたの整数を作る（同じ数字を使ってもよい)。このとき、同じ数字が隣り合わない整数で300以下のものは[　　]個できる。

38 いちごを1人に4個ずつ配ろうとすると最後の1人が2個しかもらえず、1人に3個ずつ配ると2個余った。いちごの数は[　　]個である。

39 2つの水槽XとYに合わせて60匹の魚が入っている。XにはYの1.5倍の数の魚が入っているとき、2つの水槽の魚の数を等しくするためにはXからYに[　　]匹移せばよい。

40 ある教室の生徒に折り紙を配る。1人に5枚ずつ配ると10枚足りなくなり、1人に4枚ずつ配ると16枚余る。このとき、折り紙は全部で[　　]枚ある。

41 2けたの整数Xについて、以下のことがわかっている。

ア　Xを9で割ると1余る

イ　Xを11で割ると2余る

このとき、Xを13で割ると余りは[　　]である。

42 2けたの整数Xについて、以下のことがわかっている。

ア　Xは2で割り切れない

イ　Xは3で割ると2余る

このとき、Xを6で割ると余りは[　　]である。

43 2けたの正の整数Xについて、以下のことがわかっている。

ア　Xは奇数である

イ　十の位の数と一の位の数を入れ替えると、Xより63小さい数になる

このとき、Xは[　　]である。

44 和が31になる3つの正の整数P、Q、Rがある。この3つの整数について、以下のことがわかっている。

ア　PとQの積は24である

イ　RはQの3.5倍である

このとき、Rは[　　]である。

45 A、B、C、Dの4人がそれぞれ品物を持ち寄って計40品をバザーに寄付した。各自が寄付した品数について、以下のことがわかっている。

ア　BはAの2倍の品数でDより多く寄付した

イ　CはBの2倍の品数を寄付した

このとき、Dが寄付した品数は[　　]である。

46 3けたの整数3▲1について、以下のことがわかっている。

ア　7の倍数である

イ　9で割ると2余る

このとき、▲は[　　]である。

47 3けたの正の整数Mについて、以下のことがわかっている。

ア　Mは1200の約数である

イ　Mは2000の約数である

このとき、Mにあてはまる数は[　　]個ある。

48 ある月について、以下のことがわかっている。

ア　この月には第5火曜日がある

イ　第3土曜日は3の倍数にあたる日である

このとき、第4土曜日の日付は[　　]日である。

49 2けたの整数Xについて、以下のことがわかっている。

ア　Xを7で割ると1余る

イ　Xを11で割ると1余る

このとき、Xを15で割ると余りは[　　]である。

50 1200の約数であるMについて、以下のことがわかっている。

ア　Mはある整数の2乗である

イ　Mは2けた以上の整数である

このとき、Mにあてはまる数は[　　]個ある。

51 23枚のクッキーをX、Y、Zの3人で分けて食べた。3人が食べた枚数について以下のことがわかっている。

ア　Zの食べた枚数はXの3倍だった。

イ　Yの食べた枚数はXより多くZより少なかった。

このとき、Xの食べた枚数は[　　]枚である。

52 ある会合に30人が参加し、それぞれ紅茶、コーヒー、緑茶のうちから1杯を注文した。注文した3種類の飲料の数について、以下のことがわかっている。

ア　コーヒーの数は緑茶の2倍だった

イ　3種類とも7杯以上だった

このとき、紅茶は[　　]杯だった。

53 X、Y、Zの３人が１から９までの数字が書かれたルーレットを回した。３人が出した数字について、以下のことがわかっている。

ア　３人が出した数字の和は20である

イ　Yが出した数字は３の倍数で、Xより大きく、Zより小さい

このとき、Xが出した数字は[　　]である。

54 P、Q、Rの３人が、１から９までの整数の中から好きな数を１つずつ選んだ。３人が選んだ数について、以下のことがわかっている。

ア　Pが選んだ数はQが選んだ数の３倍である

イ　Rが選んだ数はPが選んだ数より４大きい

このとき、３人が選んだ数の和は[　　]である。

55 P、Q、R、Sの４つの箱がある。重さは順不同で100g、200g、300g、500gである。どの箱が何gかについて、以下のことがわかった。

ア　PとQの重さの和はRの重さと等しい

イ　QとSの重さの差は100gである

このとき、Pの重さは[　　]gである。

56 キャンディが72個、ガムが120個ある。これらを余りなく袋に詰めて同じ内容の詰め合わせセットをいくつか作りたい。詰め合わせに入るそれぞれの数について、以下の条件がある。

ア キャンディは８個以下にする

イ ガムは10個以上にする

このとき、詰め合わせは[　　]セットである。

57 P、Q、Rの３人は１号室から18号室までの部屋があるアパートに住んでいる。ただし、４号室、９号室、13号室は欠番である。３人の部屋番号について、以下のことがわかっている。

ア　３人の部屋番号の合計は41である

イ　Pの部屋番号はQの部屋番号より８大きい

このとき、Rの部屋番号は[　　]である。

以下について、ア、イの情報のうち、どれがあれば［問い］の答えがわかるかを考え、A〜Eまでの中から正しいものを1つ選び、答えなさい。

A　アだけでわかるが、イだけではわからない
B　イだけでわかるが、アだけではわからない
C　アとイの両方でわかるが、片方だけではわからない
D　アだけでも、イだけでもわかる
E　アとイの両方があってもわからない

58　4cm × 6cmの長方形のタイルが正方形の枠内に同じ向きに隙間なく並べて貼られている。

［問い］タイルの枚数は何枚か。

ア　縦の枚数は横の枚数の1.5倍である

イ　縦、横のいずれかの枚数は12枚である

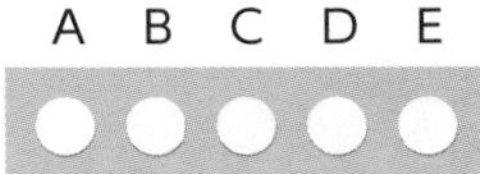

59　面積が36cm^{2}の長方形PQRSがある。

［問い］この長方形の辺PQの長さは何cmか。

ア　辺QRの長さは辺RSの長さと等しい

イ　長方形PQRSの周の長さは24cmである

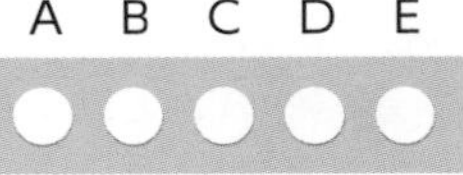

60　正方形のタイル36枚が横長の長方形の枠内に隙間なく並べて貼られている。

［問い］縦に並んでいる枚数は何枚か。

ア　横に並んでいる枚数は6の倍数ではない

イ　縦に並んでいる枚数は3の倍数ではない

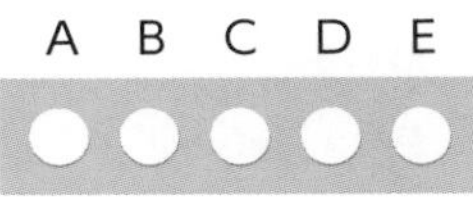

3 推論【数式】

● アとイの2式から、記号にあてはまる整数を求める問題。

式が成り立つ数を求める

- **2式が成り立つ組み合わせをメモする**
- **仮の数値をあてはめて答えを探す**

例題 解答・解説は右ページ

制限時間2分

空欄にあてはまる数値を求めなさい。

1 P、Q、Rは正の整数であり、以下のことがわかっている。

ア　P×Q×R＝24

イ　P－Q＝4

このとき、Rは[　　]である。

以下について、ア、イの情報のうち、どれがあれば［問い］の答えがわかるかを考え、A～Eまでの中から正しいものを1つ選び、答えなさい。

2 X、Y、Zは1から9までの整数のいずれかで、X＞Y＞Zである。

［問い］Yはいくつか。

ア　X＝Y＋4

イ　Z＝Y－4

A　アだけでわかるが、イだけではわからない
B　イだけでわかるが、アだけではわからない
C　アとイの両方でわかるが、片方だけではわからない
D　アだけでも、イだけでもわかる
E　アとイの両方があってもわからない

A　B　C　D　E

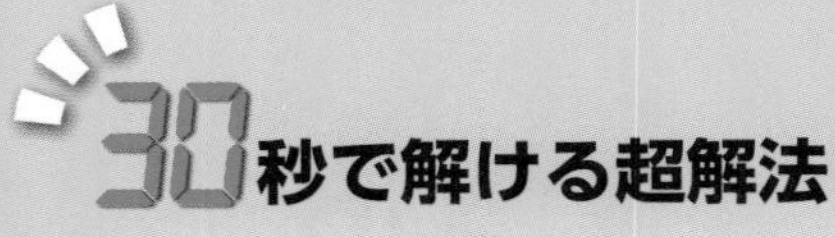

30秒で解ける超解法!!

●複数の条件を組み合わせる

1 P、Q、Rは正の整数で、アとイの条件を満たす。イの条件P－Q＝4には無限に組み合わせがあるので、アの条件を満たす組み合わせから考える。

ア　P×Q×R＝24

24の約数は1、2、3、4、6、8、12、24。このうちアのP×Q×R＝24が成り立つ（**P、Q、R**）の組み合わせは、次の通り（順不同）。

（24、1、1）（12、2、1）（8、3、1）（6、4、1）（6、2、2）（4、3、2）

イ　P－Q＝4

アが成り立つ組み合わせのうちで、**PとQ（2つの数）の差が**4である組み合わせは（6、2）だけ。よって**Pは**6、**Qは**2、**Rは**2である。

別解　Pより4小さいQに、1から順に数をあてはめて解く。

Q＝1 → Pは(1＋4＝)5…1×5×R＝24。Rが24÷5＝4.8なので不適。

Q＝2 → Pは(2＋4＝)6…2×6×R＝24。Rが24÷12＝2で適。

正解　2

2 X、Y、Zは1から9までの整数のいずれかで、**X＞Y＞Z**である。

ア　**X＝Y＋4**

（X、Y）は、**（9、5）（8、4）（7、3）**…複数ある。アだけではわからない。

イ　**Z＝Y－4**

（Y、Z）は、**（8、4）（7、3）（6、2）**…複数ある。イだけではわからない。

アとイの両方で、**Xは**Y**より**4大きく、**Zは**Y**より**4小さいので、**XとZの差は8**で、**X＝9、Z＝1、Y＝5**が確定できる。よって「**アとイの両方でわかるが、片方だけではわからない**」。

正解　C

即解▶2つの式に共通する記号に目を付ける

2 ア　X＝Y＋4
　　イ　Z＝Y－4

2式に共通するYに着目する。

X←4→Y←4→Zより、XとZの差は、4＋4＝8。1～9で、差が8になる組み合わせは1と9、これを頭の中で解く。

ア　X＝Y＋4
イ　Z＝Y－4
↑XとZの差は8
X＝9、Z＝1、Y＝5

確認問題　X、Y、Zは1から9までの整数のいずれかで、X＞Y＞Zである。X＝Y＋7のとき、Yはいくつか。

解答➡次ページ下

▶解答・解説は別冊14ページ

練習問題　推論【数式】

目標時間 10分　　点 / 8問

空欄にあてはまる数値を求めなさい。

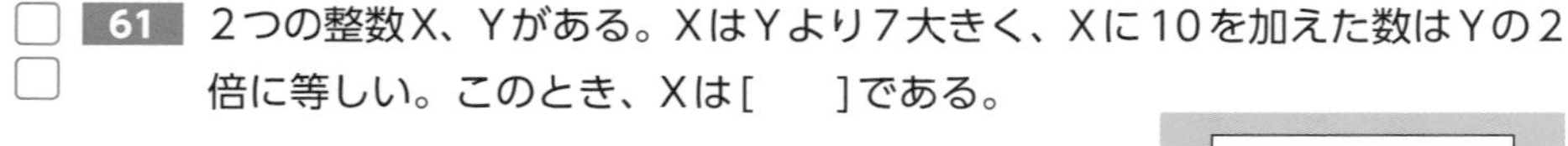

61 2つの整数X、Yがある。XはYより7大きく、Xに10を加えた数はYの2倍に等しい。このとき、Xは[　　]である。

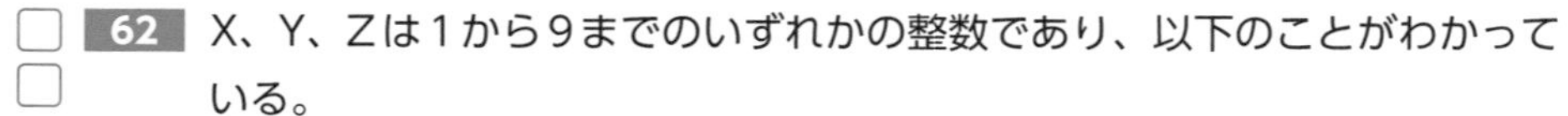

62 X、Y、Zは1から9までのいずれかの整数であり、以下のことがわかっている。

ア　$X > Y > Z$
イ　$X + Z = 4Y$

このとき、Xは[　　]である。

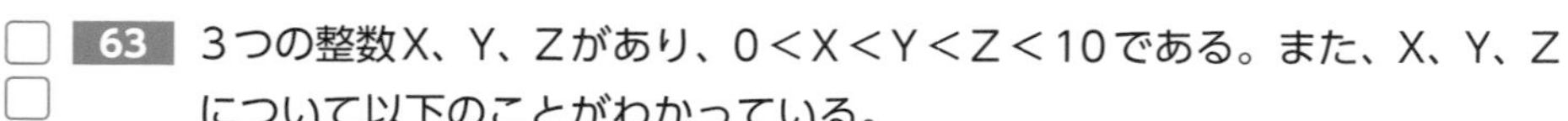

63 3つの整数X、Y、Zがあり、$0 < X < Y < Z < 10$である。また、X、Y、Zについて以下のことがわかっている。

ア　$X = Z - Y$
イ　$2Z = XY$

このとき、Yは[　　]である。

64 X、Y、Zは1から9までの整数のいずれかで、Xは2の倍数、Zは3の倍数である。また、以下のことがわかっている。

ア　$X + Y = 11$
イ　$Y + Z = 14$

このとき、Yは[　　]である。

正解　2

1から9のうち、$X > Y > Z$で$X = Y + 7$にあてはまる（X、Y）の組み合わせは（9、2）と（8、1）だが、YはZ（最小で1）より大きい数なので2。

以下について、ア、イの情報のうち、どれがあれば［問い］の答えがわかるかを考え、A～Eまでの中から正しいものを1つ選び、答えなさい。

A　アだけでわかるが、イだけではわからない
B　イだけでわかるが、アだけではわからない
C　アとイの両方でわかるが、片方だけではわからない
D　アだけでも、イだけでもわかる
E　アとイの両方があってもわからない

65 X、Y、Zは1から9までの整数のいずれかで、X＞Y＞Zである。
［問い］Yはいくつか。

ア　X＜7
イ　Z＞3

A B C D E

66 X、Y、Zは1から9までの整数のいずれかで、X＞Y＞Zである。
［問い］Yはいくつか。

ア　X＞8
イ　Z＞6

A B C D E

67 X、Y、Zは1から9までの整数のいずれかで、X＞Y＞Zである。
［問い］Yはいくつか。

ア　X＝4Y
イ　Z＝1/2Y

A B C D E

68 X、Y、Zは1から9までの整数のいずれかで、X＞Y＞Zである。
［問い］Yはいくつか。

ア　X＝Y＋7
イ　Z＝Y－1

A B C D E

4 推論【順序】

● 順位や順序を問う問題。縦横の並び、数の大小の順位、到着順番などが頻出。

問題文の情報をメモしていく

- **順序がわかる情報を手早くメモする**
- **図や表にして解く**

例題 解答・解説は右ページ

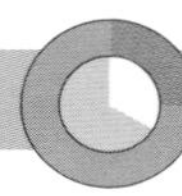

制限時間２分

空欄にあてはまる数値を求めなさい。

1 あるアパートの１階から４階にP、Q、Rの３人が住んでいる。３人の住んでいる階について、以下のことがわかっている。

ア　PはQの１階上に住んでいる

イ　QはRの３階下に住んでいる

このとき、Pは[　　]階に住んでいる。

2 ある本屋で本の売上部数を集計したところ、先週も今週も５位以内に入った本はP、Q、R、S、Tの５冊だった。先週と比べた今週の各本の順位について、以下のことがわかっている。

ア　Pの順位は２つ上がり、Qの順位は変わらなかった

イ　RとSの順位はどちらも３つ下がった

このとき、今週のTの順位は[　　]位である。

30秒で解ける超解法!!　●簡単な図や表で整理する

1　1階から4階にP、Q、Rの3人が住んでいる。

ア　PはQの1階上に住んでいる

イ　QはRの3階下に住んでいる

イより、**Rは4階**で**Qは3階下の1階**になる。

アより、**Pは****Qの1階上なので2階**に確定する。

4	R
3	
2	P
1	Q

正解　2

2　本の売上順位の1位から5位までを○○○○○で表し、条件をもとに、P、Q、R、S、Tで埋めていく。確定しやすい条件から考えるのがポイント。

イ　RとSの順位はどちらも3つ下がった

3つ下がることができるのは**先週1位→今週4位**、または**先週2位→今週5位**なので、**R・S**は先週の**1位・2位**、今週の**4位・5位**に確定する。

先週　R S ○○○（R S は順不同）

今週　○○○R S

ア　Pの順位は2つ上がり、Qの順位は変わらなかった

まず、先週も今週も**順位が同じQは3位**に確定する。

先週　R S **Q** ○○（R、S は順不同）

今週　○○ **Q** R S

さらにPの順位は2つ上がったので、**Pは先週4位→今週2位**に確定する。

先週　R　S　Q　P　◎

今週　◎　P　Q　R　S

最後に残った**Tの順位**は、**先週5位→今週1位**となる。

正解　1

即解▶表で解いてもよい

2　イ　3つ下がるのは先週1位・2位→今週4位・5位。条件イのRとSが確定。

ア　先週と今週で順位が変わらないQは3位に確定。

Pは2つ上がったので、先週4位→今週2位に確定。残る先週5位→今週1位がT。

条件イより

	先週	今週
1	R（S）	
2	S（R）	
3		
4		R（S）
5		S（R）

条件アより

	先週	今週
1	R（S）	T
2	S（R）	P
3	Q	Q
4	P	R（S）
5	T	S（R）

確認問題　P、Q、Rがマラソンを行った。Pより先にRが、Qの後にRがゴールした。2位だったのはだれか。

解答➡次ページ下

▶解答・解説は別冊15ページ

練習問題 推論【順序】

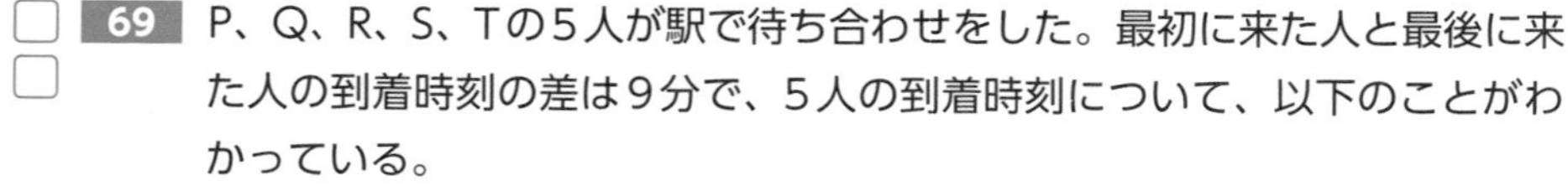

空欄にあてはまる数値を求めなさい。

69 P、Q、R、S、Tの5人が駅で待ち合わせをした。最初に来た人と最後に来た人の到着時刻の差は9分で、5人の到着時刻について、以下のことがわかっている。

ア　PとQの到着時刻の差は5分、QとTの差は6分だった

イ　PとRの到着時刻の差は8分、RとSの差は4分だった

このとき、QとSの到着時刻の差は[　　]分だった。

70 P、Q、R、S、T、Uの6人が横一列に並んでいる。並び方について、以下のことがわかっている。

ア：PとQの間には1人いる

イ：SとTの間には3人いる

Uが右端の場合、左から3番目の可能性のある人は[　　]である。

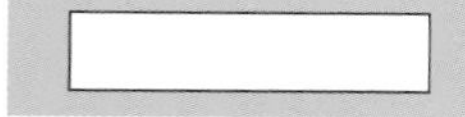

71 V、W、X、Y、Zの5人がスピーチの発表順をくじで決めた。その順番について、以下のことがわかっている。

ア　VはWのつぎである

イ　XはYの2人後だが最後ではない

このとき、Zの順番は[　　]番目である。

正解　R

Pより先にRが、Qの後にRがゴールなので、RP、QRとなる。これをRを軸に整理するとQRP。2位はR。

72 P、Q、R、Sの4人で50m走を2回行った。2回の順位について、以下のことがわかっている。ただし、各回とも同着はいなかった。

ア　1回目に1位だったRは、2回目は3位だった

イ　2回目にPとSは1回目より1つずつ順位が上がった

このとき、1回目のQの順位は[　　]位である。

73 重さの異なるP、Q、R、Sの4つの箱について、以下のことがわかっている。

ア　PはSより重い

イ　最も重いのはPではない

このとき、4つの箱を重い順に並べると、考えられる順番の組み合わせは[　　]通りある。

74 P、Q、R、S、Tの5つのテレビ番組の視聴率を調査し順位をつけた。この5つの番組の先週と今週の順位について、以下のことがわかっている。

ア　先週1位だったPは、今週は3位だった

イ　Q、R、Sは先週より1つずつ順位が上がった

先週、今週ともに、同順位の番組はなかったとすると、先週のTの順位は[　　]位である。

75 P、Q、R、S、T、Uの6人が縦一列に並んでいる。それぞれの順番について、以下のことがわかっている。

ア　PはQより2人後ろにいる

イ　RはSより2人後ろにいる

ウ　TはUより3人後ろにいる

このとき、Uは前から[　　]番目に並んでいる。

5 推論【人数】

● 人数を推測する問題。出題パターンは限られるので慣れておくことが重要。

与えられた情報を整理する

- **場合分けをして候補を絞っていく**
- **問題文からわかることを式にして書き出す**

例題 解答・解説は右ページ 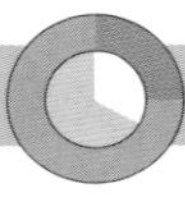 制限時間2分

空欄にあてはまる数値を求めなさい。

1 あるセミナーに参加した男女の人数について、以下のことがわかっている。

ア　セミナーに参加した男女の合計人数は43人だった

イ　男性の人数は5の倍数で、女性の人数は7の倍数だった

セミナーに参加した女性の人数は[　　]人だった。

以下について、ア、イの情報のうち、どれがあれば［問い］の答えがわかるかを考え、A〜Eまでの中から正しいものを1つ選び、答えなさい。

2 あるサークルには男性47人、女性68人のメンバーがいる。

［問い］飲み会の参加者は男女どちらが多かったか。

ア　男性のうち8人が飲み会に参加しなかった

イ　女性のうち19人が飲み会に参加しなかった

A　アだけでわかるが、イだけではわからない
B　イだけでわかるが、アだけではわからない
C　アとイの両方でわかるが、片方だけではわからない
D　アだけでも、イだけでもわかる
E　アとイの両方があってもわからない

A B C D E

30秒で解ける超解法!! ●場合分けをして候補を探す

1 男女がセミナーに参加した。

ア　男女の合計人数は43人

イ　男性の人数は5の倍数で、女性の人数は7の倍数

イより、男性人数は**5の倍数**なので、男性人数の**一の位は0か5**になる。

男性人数の一の位が0の場合…合計人数43人なので、**女性人数は下1けたが**3になる。**7の倍数で下1けたが**3の数は**7×9＝**63だけ。63は男女の合計人数43人を超えているので不適。

男性人数の一の位が5の場合…合計人数は43人なので、**女性人数の下1けたは13－5＝**8で、8に確定する。**7の倍数で下1けたが**8の数は**7×4＝**28人。男性は**43－28＝15人**で、5の倍数になるので適。

正解　28

2 あるサークルには男性47人、女性68人のメンバーがいる。

ア　男性のうち8人が飲み会に参加しなかった

47－8＝39人の男性が飲み会に参加したことはわかるが、68人の女性メンバーのうち、何人が飲み会に参加したかによって男女どちらが多いかが決まるので、**アだけではわからない**。

イ　女性のうち19人が飲み会に参加しなかった

68－19＝49人の女性が飲み会に参加したことがわかる。サークルの男性の人数は47人なので、**仮にすべての男性**47**人が飲み会に参加したとしても、飲み会の参加者数は女性**49**人のほうが多い**ことがわかる。**イだけでわかる。**

よって「**イだけでわかるが、アだけではわからない**」。

正解　B

即解▶問題文の情報を書き出し、数式にまとめる

2 男性47人、女性68人。アからわかることは男性の飲み会参加人数が47－8＝39人ということ。これ以上の情報はない。イからわかることは女性の参加者が68－19＝49人であること。49が男性全員の数47より多いことに気がつけばすぐに解ける。

男47　女68
ア　男 47－ 8＝39
イ　女 68－19＝49
女49は男47より多い

確認問題　ある部活で合宿を行った。参加した男女の合計は13人で、女子の参加した人数は4の倍数だった。男子は最も少なくて何人参加したか。

解答➡次ページ下

▶解答・解説は別冊 17ページ

練習問題　推論【人数】

目標時間 10分　点　8問

空欄にあてはまる数値を求めなさい。

76 レジャーランドのアトラクションで、ある団体客を乗り物に３人ずつ乗せるとすると４人が乗れなくなる。４人ずつ乗せるとすると最後の乗り物には３人が乗ることになり、乗り物が５台余る。このとき、団体客は全部で[　　]人いる。

77 子どもたちを４人ずつのグループに分けると１人余り、５人ずつのグループに分けると２人余った。子どもは最も少なくて[　　]人いる。

78 35人の子どもが、レモンといちごの入った箱の中から好きなものを２個もらえることになった。レモンを少なくとも１個もらった子どもは28人いた。また、箱の中から減ったいちごは37個だった。このとき、レモンといちごを１個ずつもらった子どもは[　　]人である。

79 P、Q、Rの３つのプロジェクトに各12人、合わせて36人の社員が経理部と人事部から参加している。各プロジェクトに参加している社員の人数について、以下のことがわかっている。

　ア　P、Q、Rとも経理部と人事部の社員の人数の差は３人以内である
　イ　経理部のほうが人数が多いのはPだけである

P、Q、Rを合わせると、参加している人事部の社員は最も多くて[　　]人である。

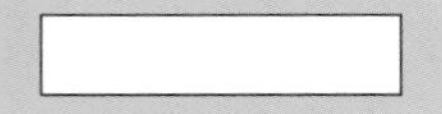

正解　1人　女子が参加した人数は４の倍数なので、４人、８人、12人。男子の数が最も少なくなるのは、女子が最も多い12人の場合。男子は13－1＝1人。

80 ある中学のテニス部員は3年生が8人、2年生が14人、1年生が11人であり、また、男子が15人、女子が18人である。3年生の男子が3人だったとき、2年生の女子は最も多くて[　　]人である。

81 M高校の2年生と3年生が合同で進学コース集会を行い、2学年合わせて73人が参加した。男女の参加人数について、以下のことがわかっている。

ア　男子と女子の参加者の差は5人だった。

イ　男子の人数は、3年生が2年生より7人多かった。

このとき、3年生男子の参加者は［　　］人である。

以下について、ア、イの情報のうち、どれがあれば［問い］の答えがわかるかを考え、A～Eまでの中から正しいものを1つ選び、答えなさい。

A　アだけでわかるが、イだけではわからない
B　イだけでわかるが、アだけではわからない
C　アとイの両方でわかるが、片方だけではわからない
D　アだけでも、イだけでもわかる
E　アとイの両方があってもわからない

82 ある駅前で100人を対象に、商品Pと商品Qを知っているかの調査をしたところ、Pを知っている人は65人、Qを知っている人は30人だった。

[問い] PとQの両方を知っている人は何人か。

ア　Pだけを知っている人は50人だった

イ　どちらも知らない人は20人だった

83 あるサークルには男性56人、女性75人のメンバーがいる。参加できるメンバーで飲み会を行った。

[問い] 飲み会の参加者は男女どちらが多かったか。

ア　男性の25%が飲み会に参加しなかった

イ　女性の20%が飲み会に参加しなかった

A B C D E

6 推論【金額】

● 推論のうち、金額に関する問題をピックアップ。複数の解法を知っておくとよい。

工夫して解く方法をマスター

- **方程式で解く、または差額を利用して解く**
- **下2けたや下1けたの数字に合う倍数を出す**

例題 解答・解説は右ページ

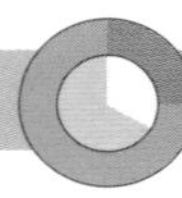

制限時間2分

空欄にあてはまる数値を求めなさい。

1 120円の野菜と150円の野菜を合わせて35個購入したところ、4650円だった。このとき、120円の野菜は150円の野菜より[　　]個多かった。

以下について、ア、イの情報のうち、どれがあれば［問い］の答えがわかるかを考え、A~Eまでの中から正しいものを1つ選び、答えなさい。

2 1鉢200円、350円、500円の花を合わせて3200円分購入した。

［問い］全部で何鉢買ったか。

ア　200円の花は5鉢買った

イ　500円の花は3鉢買った

A　アだけでわかるが、イだけではわからない
B　イだけでわかるが、アだけではわからない
C　アとイの両方でわかるが、片方だけではわからない
D　アだけでも、イだけでもわかる
E　アとイの両方があってもわからない

A　B　C　D　E

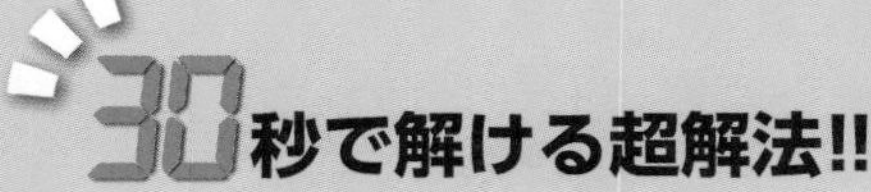

●方程式または差額で解く

1 **120円の野菜をx個**とすると、**150円の野菜は**（35－x）**個**。
合計が4650円なので、
120x＋150×（35－x）＝4650
120x＋5250－150x＝4650
30x＝600　→　x＝20個
120円の野菜が**20個**、150円の野菜は**35－20＝15個**。**差は5個**になる。

別解 すべて120円の野菜を買ったとすると、合計は120×35＝4200円。4650－4200＝450円の差額がある。**120円の野菜の代わりに150円の野菜を購入すると、1個ごとに150－120＝30円高くなる。**
450÷30＝15なので、**150円の野菜を15個**購入したことがわかる。120円の野菜は**35－15＝20個**。**差は5個**。

正解　5

2 **ア　200円の花が5鉢**…残りは3200－200×5＝2200円。350円と500円を組み合わせて2200円にする。**下2けたを00にするには、350円が2鉢で700円、または4鉢で1400円。2鉢700円**のとき残りは2200－700＝1500円（**500円は3鉢**）となる。合計5＋2＋3＝**10鉢**。350円が4鉢のときは成立しない。**アだけでわかる。**
イ　500円の花が3鉢…残りは3200－500×3＝1700円。200円と350円を組み合わせて1700円にする。**下2けたを00にするには、350円は2鉢700円、または4鉢で1400円。2鉢700円**のとき残りは1700－700＝1000円（**200円は5鉢**）となる。合計3＋2＋5＝**10鉢**。350円が4鉢のときは成立しない。**イだけでわかる。「アだけでも、イだけでもわかる」。**

正解　D

即解▶同じ数で割って、値を小さくしてから考える

2 ア　350と500を組み合わせて2200を作る場合、50で割って7と10と44で考えてもよい。下1けたが4になる7の倍数は、7×2＝14だけなので、
44－14＝30←30÷10＝3
よって350が2個、500が3個。

350　500　2200
⬇すべて50で割る
7　10　44
7×2＝14　44－14＝30

確認問題 30円の駄菓子と50円の駄菓子を合わせて6個買ったところ、220円だった。30円の駄菓子は何個買ったか。
解答➡次ページ下

▶解答・解説は別冊19ページ

練習問題 推論【金額】

目標時間 10分

点 8問

空欄にあてはまる数値を求めなさい。

84 ある製品を、3個入りは1セット450円、5個入りは1セット700円で販売した。

ア　売れた製品の個数は全部で50個だった

イ　3個入りセットより5個入りセットのほうが多く売れた

どちらも少なくとも1セットは売れた場合、売上合計は[　　]円である。

85 Pは900円、Qは700円持っている。PとQが同じ価格の本をそれぞれ1冊買ったところ、Pの残金はQの残金の3倍となった。買った本の1冊の代金は[　　]円である。

86 ある買い物をして1000円を出したところ、おつりは購入金額の1/4より20円少なかった。このとき、おつりは[　　]円である。

87 Wビルにある部屋の1カ月の賃貸料金は坪単価1万2000円で、保証金は賃貸料金の7カ月分である。このビルにある部屋を借りて保証金が193万2000円になるとき、この部屋の広さは[　　]坪である。

正解 4個　30円の駄菓子をx個とする。50円の駄菓子は（6－x）個。合計が220円なので、$30x + 50 \times (6 - x) = 220 \rightarrow 30x + 300 - 50x = 220 \rightarrow 20x = 80 \rightarrow x = 4$

以下について、ア、イの情報のうち、どれがあれば［問い］の答えがわかるかを考え、A～Eまでの中から正しいものを1つ選び、答えなさい。

A　アだけでわかるが、イだけではわからない
B　イだけでわかるが、アだけではわからない
C　アとイの両方でわかるが、片方だけではわからない
D　アだけでも、イだけでもわかる
E　アとイの両方があってもわからない

88 XとYがそれぞれの小遣いの半分ずつを出し合ってゲームを買った。
［問い］Xが出した金額はゲームの値段のどれだけにあたるか。
　ア　Xの小遣いはYの小遣いの2倍である
　イ　Xの小遣いはYの小遣いより2500円多い

A B C D E

89 1回の受講料が1800円の講習Xと、2500円の講習Yを合わせて10回受けた。ただし、どちらも少なくとも1回は受けたものとする。
［問い］受講料は合計でいくらか。
　ア　講習Yの受講料は10000円以上である
　イ　講習Xの受講回数は講習Yの受講回数より多い

A B C D E

90 PとQがそれぞれの貯金の半分ずつを出し合って車を購入した。
［問い］Pが出した金額は車の代金のどれだけにあたるか。
　ア　Pの貯金は500万円だった
　イ　Qの貯金は車の代金と等しかった

A B C D E

91 ある商品を定価の20%引きで売った。
［問い］この商品の仕入れ値はいくらか。
　ア　定価で売ったときよりも、100円利益が減った
　イ　100円の利益が得られた

A B C D E

別解　すべて50円の駄菓子だと、合計は50×6＝300円。差額は300－220＝80円。30円の駄菓子に交換するごとに50－30＝20円減るので、80÷20＝4個。

7 推論【カード・サイコロ】

● カードやサイコロに関する問題。整数の推論と基本的な解き方は同じ。

推論【整数】の解き方を応用

- **同じ数を足すことで割り切れるか試算する**
- **候補となる数字を書き出して整理する**

例 題 解答・解説は右ページ

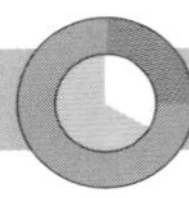

制限時間2分

空欄にあてはまる数値を求めなさい。

1 1組のトランプから何枚かのカードを選び、6枚ずつ並べていくと2枚余り、10枚ずつ並べていくと6枚余った。選んだカードの枚数は[　　]枚である。

以下について、ア、イの情報のうち、どれがあれば［問い］の答えがわかるかを考え、A～Eまでの中から正しいものを1つ選び、答えなさい。

2 PとQがサイコロを1回ずつ振った。

［問い］Pが出した目はいくつか。

ア　Pが出した目はQが出した目の2倍だった

イ　Qが出した目は奇数だった

A　アだけでわかるが、イだけではわからない
B　イだけでわかるが、アだけではわからない
C　アとイの両方でわかるが、片方だけではわからない
D　アだけでも、イだけでもわかる
E　アとイの両方があってもわからない

A B C D E

30秒で解ける超解法!! ●候補の数字を書き出す

1 トランプは合計で13×4＝52枚。52以下で、6で割ると2余り、10で割ると6余る整数を探す。
10枚ずつ並べて6枚余るのは、

10の倍数＋6 → 16、26、36、46

このうち、**6で割って2余るのは、26÷6＝4余り2で、26だけ**。
よって選んだカードの枚数は**26枚**。

別解 6枚ずつ並べていくと2枚余り、10枚ずつ並べていくと6枚余る。
6枚ずつでは、**余り2枚に4枚を足せば(2＋4＝6で)余りがなくなる。**
10枚ずつでも、**余り6枚に4枚を足せば(6＋4＝10で)余りがなくなる。**
よって**6と10の公倍数の30から4を引いた26枚**。

正解 26

2 PとQがサイコロを1回ずつ振った。サイコロの目は1～6。
ア Pが出した目はQが出した目の2倍だった
(P、Q)の組み合わせは、**(2、1)**、**(4、2)**、**(6、3)の3通り**あるので、**アだけではわからない。**
イ Qが出した目は奇数だった
Pの情報がないので**イだけではわからない。**
アとイの両方で考える。Qが奇数となるのは**(2、1)**と**(6、3)**の2通りがあり、Pの目は2か6か確定できない。
よって「**アとイの両方があってもわからない**」。

正解 E

即解▶同じ数を足すことで割り切れるパターンが頻出！

WEBテスティングでは、同じ数を足すことで割り切れる 1 の 別解 で解ける問題が頻出する。例えば、「8で割ると6余り、11で割ると9余る」整数なら、「2を足すと8と11の倍数（88）になる」と置き換えて考えると答え（88－2＝86）が出る。

8で割ると6余る
11で割ると9余る
➡2を足すと割り切れる
8と11の公倍数から2を引く

確認問題 サイコロを3回振り、1回目は5、2回目と3回目の合計は8だった。同じ目は出ず、2回目より3回目の方が大きい目が出たとき、2回目は何が出たか。 解答➡次ページ下

▶解答・解説は別冊21ページ

練習問題　推論【カード・サイコロ】

目標時間 15分　点　15問

空欄にあてはまる数値を求めなさい。

92 1組のトランプから何枚かのカードを選び、7枚ずつ並べていくと3枚余り、10枚ずつ並べていくと4枚余った。このとき、選んだカードの枚数は[　　]枚である。

93 1から5までの数字が1つずつ書かれた5枚のカードがあり、この中から2枚を並べて2けたの数Xを作った。Xについて、以下のことがわかっている。

ア　1とX以外に約数はない

イ　2枚のカードの数字の和は7である

このとき、Xは[　　]である。

94 1から9までの数字が1つずつ書かれた9枚のカードをよく切って、X、Y、Zの3人に3枚ずつ配った。配られたカードについて、以下のことがわかっている。

ア　Yのカードの数字の和は9である

イ　Zのカードの数字の和は21である

このとき、Xのカードの数字は1と5と[　　]である。

95 XとYの2人が2回ずつサイコロを振ったところ、それぞれが1回目と2回目に出した目の和は同じになった。2人が出した目について、以下のことがわかっている。

ア　XとYが1回目に出した目の和は9だった

イ　Xが1回目に出した目は2回目の3倍だった

このとき、Yが2回目に出した目は[　　]である。

正解　2　2回目と3回目の合計は8なので、(2、6) (3、5) (4、4)。1回目が5なので(3、5)はない。同じ目の(4、4)もない。(2、6)となり、2回目は小さいほうの2。

96 Pと Qが2回ずつサイコロを振った。2人が出した目について、以下のことがわかっている。

ア　Pが出した目の積は12である

イ　Pが出した目の和とQが出した目の積は等しい

このとき、Qが出した目の和は[　　]である。

97 P、Q、Rの3人がそれぞれサイコロを振った。3人が出したサイコロの目について、以下のことがわかっている。

ア　3人が出した目の合計は14だった

イ　Pが出した目はQが出した目より4大きかった

このとき、Rが出したサイコロの目は[　　]である。

98 X、Y、Zの3人がサイコロを振った。3人が出した目について、以下のことがわかっている。

ア　Xが出した目はYと同じである

イ　3人が出した目の積は18である

このとき、Zが出した目は[　　]である。

99 P、Q、Rの3人がサイコロを振った。3人が出した目について、以下のことがわかっている。

ア　3人が出した目の和は9で、積は12の倍数である

イ　Pの出した目は奇数で、Qの出した目より大きい

このとき、Rの出した目は[　　]である。

以下について、ア、イの情報のうち、どれがあれば［問い］の答えがわかるかを考え、A〜Eまでの中から正しいものを1つ選び、答えなさい。

A　アだけでわかるが、イだけではわからない
B　イだけでわかるが、アだけではわからない
C　アとイの両方でわかるが、片方だけではわからない
D　アだけでも、イだけでもわかる
E　アとイの両方があってもわからない

100 2、4、6、8の4枚のカードの中から2枚を使って2けたの整数を1つ作った。

［問い］この整数はいくつか。

ア　17で割り切れる

イ　15で割ると8余る

A B C D E

101 1から5までの数字が1つずつ書かれた5枚のカードがある。この中から4枚を選んでPとQの2人に2枚ずつ配った。

［問い］残った1枚のカードの数字はいくつか。

ア　Pのカードの数字の和は5である

イ　Qのカードの数字の和は6である

A B C D E

102 1から9までの数字が1つずつ書かれた9枚のカードから2枚を引いた。2枚の数字の和は15だった。

［問い］2枚の数字の積はいくつか。

ア　2枚の数字はどちらも3の倍数だった

イ　1枚の数字は偶数、もう1枚の数字は奇数だった

A B C D E

□ □ **103** 2つのサイコロを振ったところ、出た目の和は6だった。
[問い] 出た目の積はいくつか。
ア 偶数の目が出た
イ 出た目の差は2だった

A B C D E

□ □ **104** PとQの2人が1回ずつサイコロを振った。
[問い] 2人が出した目の積はいくつか。
ア 2人が出した目の和は3だった
イ 2人が出した目の差は1だった

A B C D E

□ □ **105** ある人がコインを5回投げたところ、2回だけ表が出た。
[問い] 3回目は表か裏か。
ア 表が連続して出たことはなかった
イ 裏は3回連続して出た

A B C D E

□ □ **106** P、Q、Rの3人が1回ずつサイコロを振ったところ、3人が出した目の合計は13だった。
[問い] Pが出した目はいくつか。
ア Pが出した目はQの2倍だった
イ Pが出した目はRより2大きかった

A B C D E

8 推論【平均】

● 価格や個数などの平均値から推理する問題。

「平均」の問題は「合計」で解く

- **平均×個数＝合計**
- **条件を満たす候補を書き出す**

例題　解答・解説は右ページ

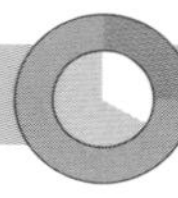

制限時間２分

空欄にあてはまる数値を求めなさい。

1　ある食材について３つの店舗P、Q、Rの販売価格を比較したところ、高いほうからP、Q、Rの順であり、以下のことがわかった。

ア　３つの店舗の販売価格の平均は282円だった

イ　店舗Pと店舗Rの販売価格の差は20円だった

このとき、店舗Rの販売価格は最も安くて[　　]円である。

以下について、ア、イの情報のうち、どれがあれば［問い］の答えがわかるかを考え、A～Eまでの中から正しいものを１つ選び、答えなさい。

2　レンタルショップでコミックとCDを合わせて８点借りた。

［問い］コミックは何冊借りたか。

ア　コミックはCDより２点多く借りた

イ　借りたコミックとCDの数の平均は４である

A　アだけでわかるが、イだけではわからない
B　イだけでわかるが、アだけではわからない
C　アとイの両方でわかるが、片方だけではわからない
D　アだけでも、イだけでもわかる
E　アとイの両方があってもわからない

A　B　C　D　E

30秒で解ける超解法!!　●条件に合う組み合わせを探す

1 「最も安くて○円」や「最も高くて○円」を求める問題では、提示された条件を満たす組み合わせから最低値・最高値を見つけていく。
最初に、条件が成立する組み合わせを1つ見つける。
アより、3店平均は**282円 → 合計は282×3＝846円**
イより、PとRの価格差は**20円**なので、
P＞Q＞RのQを平均の282円と仮定すると、
P＝Q＋10円＝292円　R＝Q－10円＝272円
(P、Q、R) ＝ (292、282、272) という候補が出る。求めるのは最も安い場合のRの価格なので、**合計846円**のままRの価格を272円から下げていく。Rが1円下がると、20円差のPも1円下がり、Qは1＋1＝2円上がる。
(291、284、271) →P＞Q＞Rが成立
(290、286、270) →P＞Q＞Rが成立
(289、288、269) →P＞Q＞Rが成立
(288、290、268) →P＞Q＞Rが成立しないので不適
よって**Rは最も安くて269円**。

正解　269

2 コミックとCDを合わせて8点借りた。アより、**コミックをCDより2点多く借りた**ときの組み合わせは **(5、3) だけなので、コミックは5点。**
アだけでわかる。
イの平均4（合計8）となる組み合わせは、(1、7) (2、6) (3、5) など、複数あるので、**確定できない。イだけではわからない。**
よって「**アだけでわかるが、イだけではわからない**」。

正解　A

即解▶式にして解く

1 PはRより20円高い→P＝R＋20円。
合計は282×3＝846円なので、
Q＝846－R－R＋20＝826－2R円。
P＞Q＞Rなので、R＋20＞826－2R＞R
R＋20＞826－2Rより、3R＞806
R＞268.666 → Rは最も安くて269円

【式で解くポイント】
1つの未知数だけで
他の未知数を表す
P＝R＋20
Q＝826－2R

確認問題　100点満点の算数、国語、理科のテストを受けた。平均が70点で理科の点数は国語より20点高かった。算数が80点のとき、理科は何点だったか。　解答➡次ページ下

▶解答・解説は別冊24ページ

練習問題　推論【平均】

目標時間 10分　点　8問

空欄にあてはまる数値を求めなさい。

107 ある製品の販売価格を調べたところ、P町にある9店舗の平均価格は1028円、Q町にある15店舗の平均価格は948円だった。P町とQ町を合わせた24店舗の平均価格は[　　]円である（必要なときは、最後に小数点以下第1位を四捨五入すること）。

108 射的を4回行ったところ、順不同で10点、20点、30点、50点の的に当たった。何回目に何点の的に当たったかについて、以下のことがわかっている。

ア　1回目と2回目の点数の平均は3回目の点数と等しい

イ　1回目と3回目の点数の平均は4回目の点数と等しい

このとき、2回目の点数は[　　]点である。

109 P、Q、Rの3本の果樹があり、Pには実が49個なった。3本の果樹の実の個数について、以下のことがわかっている。

ア　PとQの差はQとRの差に等しく、それぞれ個数は異なっていた

イ　3本を平均すると実は42個なった

このとき、Rになった実は[　　]個である。

110 X、Y、Zの3人が1点刻みで5点満点の小テストを受けた。0点の人はおらず、3人の点数について、以下のことがわかっている。

ア　XとYの平均点はZの点数と等しい

イ　YとZの合計点はXの点数の3倍である

このとき、3人の合計点は[　　]点である。

正解　75点　合計は70×3＝210点。算数が80点なので国語と理科の合計は210－80＝130点。理科をx点とすると国語はx－20点。x＋(x－20)＝130→x＝75点。

以下について、ア、イの情報のうち、どれがあれば［問い］の答えがわかるかを考え、A～Eまでの中から正しいものを１つ選び、答えなさい。

A　アだけでわかるが、イだけではわからない
B　イだけでわかるが、アだけではわからない
C　アとイの両方でわかるが、片方だけではわからない
D　アだけでも、イだけでもわかる
E　アとイの両方があってもわからない

111 ある人が一昨日、昨日、今日と同じ時刻に室温を測ったところ、３日間とも30度以上で、その平均は33度だった。

［問い］３日間の中で最も室温が高かったのはどの日か。

ア　昨日は30度だった
イ　今日は35度だった

A B C D E

112 P、Q、R３本の木があり、平均すると70の花が咲いた。

［問い］Pにはいくつの花が咲いたか。

ア　PとQを平均すると70の花が咲いた
イ　QとRを平均すると60の花が咲いた

A B C D E

113 ある人が英語と数学と歴史のテストを受け、３科目の平均点が70点だった。

［問い］英語の得点は何点か。

ア　英語の得点は数学の得点より40点高かった
イ　歴史の得点は数学の得点より20点高かった

A B C D E

114 ある人がそれぞれ100点満点のテストX、Y、Zを受けて、合計で250点を取った。

［問い］Xの得点は何点か。

ア　Xの得点は３つのテストの平均点より高い
イ　YとZの平均点は79.0点である

A B C D E

9 推論【対戦】

● 総当たり戦、リーグ戦の勝敗の結果から推理する問題。

対戦表の書き方を覚えよう

- **対戦表に与えられた情報を書き込んでいく**
- **総当たり戦（リーグ戦）の試合数は、N(N − 1)÷2**

例題　解答・解説は右ページ　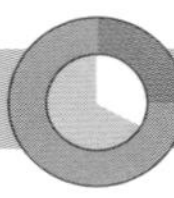 制限時間２分

空欄にあてはまる数値を求めなさい。

1　P、Q、R、Sの４人が、それぞれすべての相手と１回ずつバドミントンの試合をした。この総当たり戦について、以下のことがわかっている。

　ア　４人の勝ち数はすべて異なっていた

　イ　RはPに、PはSに、SはQに勝った

このとき、Pは[　　]勝した。なお、引き分けはないものとする。

2　P、Q、R、Sの４チームがバレーボールで総当たりのリーグ戦を行った。P、Q、Rの３チームは１勝２敗であった。Sは[　　]勝した。なお、引き分けはないものとする。

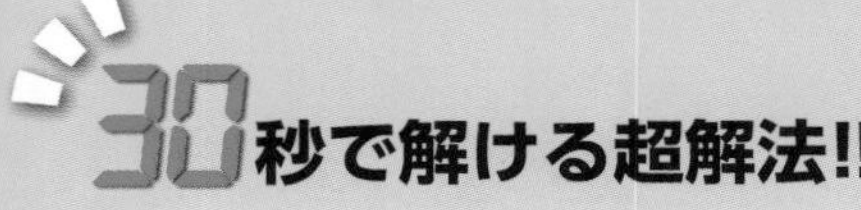

●対戦表を作成する

1 対戦表に整理する。**左に自分、上に対戦相手**の記号をメモする。対戦がないマス（PとPなど）には斜めの線を引く。1試合の勝ち負けがわかると、対角線上に○と×がつく。右に見ていけば、自分の戦績がわかる。

イ　RはPに、PはSに、SはQに勝った

勝ちを○、負けを×でメモする（対戦表❶）

対戦表❶

		対戦相手			
		P	Q	R	S
自分	P	＼		×	○
	Q		＼		×
	R	○		＼	
	S	×	○		＼

ア　4人の勝ち数はすべて異なっていた

1人が3回戦うので、4人の勝ち数は、それぞれ**0勝、1勝、2勝、3勝**となる。

対戦表❶より、**Q以外はすでに1勝**しているので、**Qは0勝だとわかる。PはQに勝ったことになるので、2勝1敗が確定する。**

勝敗は対戦表❷の通り。

対戦表❷

		対戦相手			
		P	Q	R	S
自分	P	＼	○	×	○
	Q	×	＼	×	×
	R	○	○	＼	○
	S	×	○	×	＼

※1試合ずつの総当たり戦の試合数は、試合をする人やチームの数をNとすると、

N(N－1)÷2

4人なら、**4×(4－1)÷2＝6試合**

対戦表のマス目の数で計算すれば、**(4×4－4)÷2＝6試合**

正解　2

2 試合数は全部で**4×(4－1)÷2＝6試合(PQ／PR／PS／QR／QS／RS)なの**で、**全チーム合計の勝数は6勝**となる。P、Q、Rがそれぞれ**1勝**なので、**Sは6－1－1－1＝3勝**したことになる。

正解　3

即解▶対戦表を書く方法が最も早い

1 各自の戦績から推理する方法もあるが、迷わずに早く解けるのは対戦表。

「総当たり戦」「リーグ戦」などの問題は、対戦表にメモしよう。試験では、対戦結果が書き込めればよいので、なるべく簡単なメモにする。

	P	Q	R	S
P	＼		×	○
Q		＼		
R	○		＼	
S	×			＼

確認問題　5人が総当たりの柔道の試合を行った。合計で何試合行われるか。　解答➡次ページ下

▶解答・解説は別冊 26 ページ

練習問題 推論【対戦】

目標時間 5分　点 / 5問

空欄にあてはまる数値を求めなさい。

115 A、B、C、D、Eの5チームが総当たりによるリーグ戦を行った。AとB、CとDはそれぞれ勝ち数が同じで、この4チームの合計の勝ち数は10だった。AがBとCに勝ったとすると、Cは[　　]勝した。なお、引き分けはないものとする。

116 A～Fの6人がテニスのリーグ戦を行い、以下のことがわかっている。

・AはEに負けたが、Fには勝った
・BはCに勝った
・Cは1勝4敗だった
・EはBとDに負けた

このとき、Aは[　　]勝した。なお、引き分けはなく、全員の勝敗成績はすべて異なっていたものとする。

117 A～Fの6人が、総当たりで卓球のリーグ戦を行った。Aは全勝し、BとCとDは2勝3敗、Eは1勝4敗であった。このとき、Fは[　　]勝した。なお、引き分けはないものとする。

正解 10試合　公式より、5×(5－1)÷2＝10。10試合行われた。

以下について、ア、イの情報のうち、どれがあれば［問い］の答えがわかるかを考え、A～Eまでの中から正しいものを１つ選び、答えなさい。

A　アだけでわかるが、イだけではわからない
B　イだけでわかるが、アだけではわからない
C　アとイの両方でわかるが、片方だけではわからない
D　アだけでも、イだけでもわかる
E　アとイの両方があってもわからない

118 P、Q、R、Sの４つのチームがバスケットボールの試合を総当たり方式で行った。なお、引き分けはないものとする。

［問い］勝ち数が最も多いのはどのチームか。

ア　全勝したチームがある

イ　SはPとRには勝ったが、Qには負けた

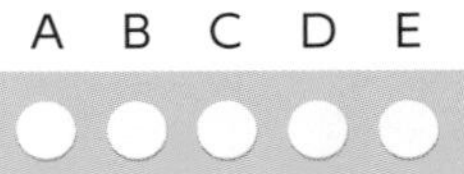

119 P、Q、R、S、T、Uの６チームが野球のトーナメント戦を行った。対戦表は下の通りだった。なお、引き分けはないものとする。

［問い］優勝したのはどのチームか。

ア　Uは２勝した

イ　PはQに勝ったがRに負けた

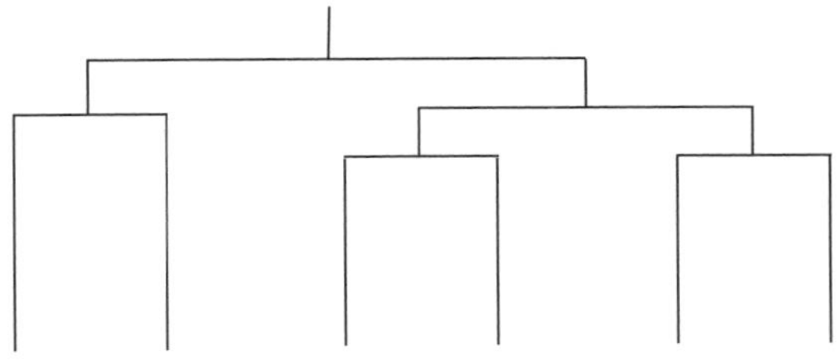

A B C D E

10 表の解釈

● 超頻出ジャンル。出題される表やグラフの形式に慣れておこう。

条件に該当する数字

- **出題される表やグラフの形式に慣れておく**
- **問題文の条件に合う項目を読み取る**

例題 解答・解説は右ページ

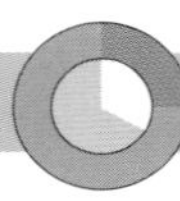

制限時間2分

1 高校生42人を対象に、2週間の読書週間の1週目と2週目に読んだ本の冊数を尋ねた。表は、その結果をまとめたものである。以下の2問に答えなさい。

		2週目			
		0冊	1冊	2冊	3冊以上
1週目	0冊	1人	1人	3人	2人
	1冊	2人	4人	6人	1人
	2冊	1人	7人	5人	1人
	3冊以上	1人	0人	4人	3人

1 1週目よりも2週目の冊数が多かった人は最も多くて[　　]人である。

2 つぎのア、イ、ウのうち正しいものはどれか。すべて選びなさい。

ア　2週目に1冊だった人の1週目の冊数の平均は1.5冊である

イ　2週間の合計が2冊だった人が全体に占める割合は20%以上である

ウ　1週目も2週目も1冊だった人が、1週目に1冊だった人に占める割合は30%以上である

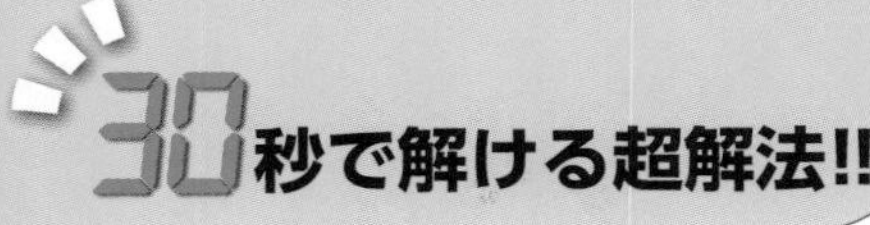

●条件に合う項目を見つける

1 問題文の条件に合う項目を読み取る。「1週目よりも2週目の冊数が多い」のは、赤い項目になる。

		2週目			
		0冊	1冊	2冊	3冊以上
1週目	0冊	1人	**1人**	**3人**	**2人**
	1冊	2人	4人	**6人**	**1人**
	2冊	1人	7人	5人	**1人**
	3冊以上	1人	0人	4人	**3人**

1週目0冊で2週目1冊以上…**1＋3＋2＝6人**

1週目1冊で2週目2冊以上…**6＋1＝7人**

1週目2冊で2週目3冊以上…**1人**

1週目も2週目も3冊以上…1週目よりも2週目の冊数が多かった人が最も多くて何人かという問題なので、**3人とも2週目のほうが多いと仮定して3人**

6＋7＋1＋3＝17人 ➡最も多くて17人。

正解 17

2

ア 2週目1冊の人は**1＋4＋7＋0＝12人**。2週目1冊の人が1週目に読んだ本の合計は、**0＋1×4＋2×7＝18冊**。

平均…**18÷12＝1.5冊 ➡アは正しい**

イ 2週間の合計が2冊の人は、赤い項目で、**3＋4＋1＝8人**。42人に対する割合は、**8÷42＝0.190→19%**で、**20%以上ではない。**

➡イは正しくない

		2週目			
		0冊	1冊	2冊	3冊以上
1週目	0冊	1人	1人	**3人**	2人
	1冊	2人	**4人**	6人	1人
	2冊	**1人**	7人	5人	1人
	3冊以上	1人	0人	4人	3人

ウ 1週目も2週目も1冊の人は**4人**。1週目に1冊の人は**2＋4＋6＋1＝13人**。割合は**4÷13＝0.307**…で、**30%以上。➡ウは正しい**

正解 ア、ウ

確認問題 左ページ例題 1 について、1週目と2週目に読んだ冊数の平均が0.5冊だった人数は何人か。

解答➡次ページ下

▶解答・解説は別冊 27 ページ

練習問題 表の解釈

目標時間 40分　点 36問

120 表は、ある高校で全校生徒に対して、テスト期間3日間のうち校内の学習室を使用した日数を尋ねた結果である。以下の2問に答えなさい。

	3日	2日	1日	0日
1年生	6人	12人	28人	274人
2年生	8人	26人	20人	206人
3年生	20人	18人	35人	207人

1 1日でも学習室を利用した生徒は、全校生徒の[　　]%である（必要なときは、最後に小数点以下第2位を四捨五入すること）。

2 つぎのア、イ、ウのうち正しいものはどれか。A～Fまでの中から1つ選びなさい。

ア　3年生の3日間の平均利用日数は0.5日以下である

イ　2日以上利用した2年生は、2年生全体の15%以上である

ウ　1日も利用しなかった生徒のうち、1・2年生の占める割合は75%以下である

A B C D E F

A　アだけ	B　イだけ	C　ウだけ
D　アとイの両方	E　アとウの両方	F　イとウの両方

正解 3人　1週目と2週目の平均で0.5冊なので、1週目と2週目の合計は1冊。1週目1冊で2週目0冊が2人、1週目0冊で2週目1冊が1人。合わせて2＋1＝3人。

121 61人のツアーで、1日目と2日目に4つの観光地P、Q、R、Sのうち1カ所ずつを自由に訪問した。表は、その内訳を示したものである。以下の2問に答えなさい。

		2日目			
		P	Q	R	S
1日目	P	5人	10人	9人	4人
	Q	5人	3人	3人	2人
	R	6人	3人	3人	1人
	S	3人	1人	3人	0人

1 1日目と2日目に異なる観光地を訪問した人が全体に占める割合は[　　]%である（必要なときは、最後に小数点以下第2位を四捨五入すること）。

2 つぎのア、イ、ウのうち正しいものはどれか。A～Fまでの中から1つ選びなさい。

ア　1日目に、Qを訪問した人数とRを訪問した人数は等しい
イ　1日目と2日目を合わせて、Sを訪問した人は14人である
ウ　1日目にP、2日目にQを訪問した人は全体の20%以上である

A　B　C　D　E　F

A　アだけ	B　イだけ	C　ウだけ
D　アとイの両方	E　アとウの両方	F　イとウの両方

122 ある店が4日間の催事で商品P、Qを販売した。表は、それぞれの商品の価格と売上個数をまとめたものである。以下の2問に答えなさい。

	1日目	2日目	3日目	4日目
商品P (1000円)	182個	130個	163個	175個
商品Q (380円)	210個	275個	220個	266個

1 商品Pの総売上個数のうち、1日目の売上個数が占める割合は[　　]%である（必要なときは、最後に小数点以下第1位を四捨五入すること）。

2 この店の各日の売上高を表したグラフは、つぎのA～Fのうちどれに最も近いか。なお、グラフの横軸は左から1日目、2日目、3日目、4日目の順に並んでいる。

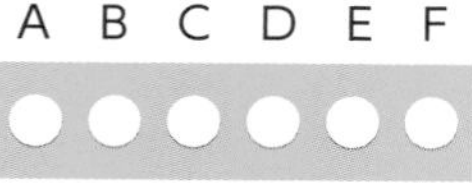

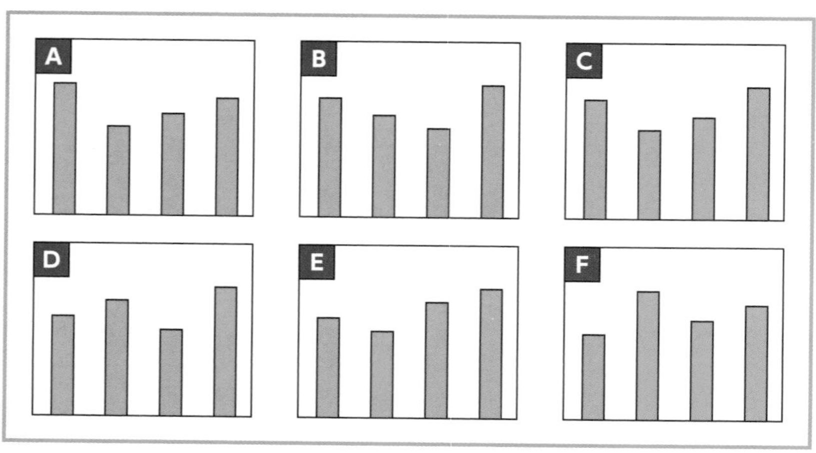

123 ある高校の芸術の授業では、音楽、美術、書道の３科目の中から１つを選択することになっている。表は、ある学年の生徒120人の昨年度と今年度の選択状況をまとめたものである。以下の２問に答えなさい。

		今年度		
		音楽	美術	書道
昨年度	音楽	31人	16人	3人
	美術	8人	26人	9人
	書道	5人	10人	12人

1 今年度に昨年度と同じ科目を選択した人は、全体の[　　]%である（必要なときは、最後に小数点以下第２位を四捨五入すること）。

2 つぎのア、イ、ウのうち正しいものはどれか。A～Fまでの中から１つ選びなさい。

ア　昨年度と今年度で書道を選択したことがある人は39人である
イ　美術を選択した人数について、今年度は昨年度の1.3倍である
ウ　昨年度に音楽を選択した人のうち、今年度は美術を選択した人の割合は30%より多い

A　B　C　D　E　F

A　アだけ	B　イだけ	C　ウだけ
D　アとイの両方	E　アとウの両方	F　イとウの両方

1章 10 表の解釈

124 表は、ある会社が管理している5つのマンションP、Q、R、S、Tについて、総戸数とそのうちの空室戸数を示したものである。以下の2問に答えなさい。

	P	Q	R	S	T
総戸数	68戸	54戸	36戸	82戸	40戸
空室戸数	5戸	19戸	4戸	12戸	9戸

1 5つのマンションの全戸数のうち、空室の割合は[　　]%である（必要なときは、最後に小数点以下第2位を四捨五入すること）。

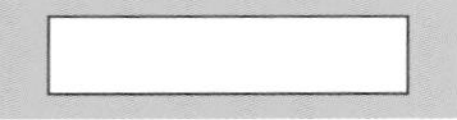

2 つぎのア、イ、ウのうち正しいものはどれか。A～Fまでの中から1つ選びなさい。

ア　入居者のいる戸数が最も少ないのはマンションRである

イ　空室の割合が最も大きいマンションでは総戸数の1/3以上が空室である

ウ　入居者のいる戸数の割合が90%を超えているマンションは1つだけである

A　B　C　D　E　F

A　アだけ　　B　イだけ　　C　ウだけ
D　アとイの両方　　E　アとウの両方　　F　イとウの両方

125 表は、ある施設についてのアンケート調査を行い、回答した人を年齢層別にまとめたものである。以下の2問に答えなさい。

年齢層	20歳代	30歳代	40歳代	50歳代	60歳代	回答者合計
今年	99人	194人	250人	305人	532人	1380人
5年前	64人	181人	255人	390人	295人	1185人

1 今年も5年前もこの調査の対象者は同数だった。調査対象者に占める合計回答者数の割合は、今年は46.0%で、5年前は[　　]%である（必要なときは最後に小数点以下第2位を四捨五入すること）。

2 つぎのア、イ、ウのうち正しいものはどれか。A～Fまでの中から1つ選びなさい。

ア　今年の回答者数が5年前に比べて20%以上減少した年齢層がある

イ　今年の回答者数が5年前に比べて増加した年齢層は、いずれも合計回答者数に占める割合が5年前に比べて増加した

ウ　今年も5年前も、回答者数が最も多い年齢層は最も少ない年齢層の5倍以上の人数である

A　B　C　D　E　F

A　アだけ	B　イだけ	C　ウだけ
D　アとイの両方	E　アとウの両方	F　イとウの両方

126 表は、ある年の大学院修士課程の学生数と、学生数のうちの社会人数を設立主体別に示したものである。以下の2問に答えなさい。

	学生数			学生数のうちの社会人数		
	男	女	合計	男	女	合計
国立	69109	25778	94887	4447	3989	8436
公立	6076	3551	9627	736	1089	1825
私立	39857	21052	60909	5227	4555	9782
合計	115042	50381	165423	10410	9633	20043

1 国立、公立、私立の中で、学生のうち社会人の占める割合が最も大きいものについて、その割合は[　　]%である（必要なときは、最後に小数点以下第1位を四捨五入すること）。

2 つぎのア、イ、ウのうち正しいものはどれか。A～Fまでの中から1つ選びなさい。

ア　国立の社会人でない学生は86000人以下である
イ　全大学院合計で、男性の学生数は女性の2倍以上である
ウ　私立の学生を男女別に見たとき、学生のうち社会人の占める割合は男性より女性のほうが大きい

A　B　C　D　E　F

A　アだけ	B　イだけ	C　ウだけ
D　アとイの両方	E　アとウの両方	F　イとウの両方

127 ある歴史資料館の入館料は、一般500円、中・高校生300円、小学生100円である。表は、この資料館の4月から6月までの入館者数を区分別に示したものである。以下の2問に答えなさい。

	4月	5月	6月
一般（500円）	15人	22人	17人
中・高校生（300円）	34人	30人	23人
小学生（100円）	64人	53人	85人

1 6月の入館者数の合計に占める小学生の割合は[　　]%である（必要なときは、最後に小数点以下第1位を四捨五入すること）。

2 入館料の合計が多い順にこの3カ月を並べたものは、つぎのうちどれか。

A　4月—5月—6月　B　4月—6月—5月　C　5月—4月—6月
D　5月—6月—4月　E　6月—4月—5月　F　6月—5月—4月

128 表は、ある年のP、Q、R、S、Tの5カ国の人口と、各国の国民1人あたりの原油と電力の消費量を示したものである。以下の2問に答えなさい。

	P	Q	R	S	T
人口（十万人）	5.9	5.7	8.2	5.9	14.7
1人あたりの 原油消費量（トン）	1.42	1.58	1.33	1.54	1.15
1人あたりの 電力消費量（万kWh）	0.63	0.52	0.68	0.76	0.55

1 国民1人あたりの原油消費量について、5カ国のうち最も多い国の消費量は、最も少ない国の消費量の[　　]倍である（必要なときは、最後に小数点以下第3位を四捨五入すること）。

2 各国の電力の総消費量を表したグラフは、つぎのA～Fのうちどれに最も近いか。なお、グラフの横軸は、左からP、Q、R、S、Tの順に並んでいる。

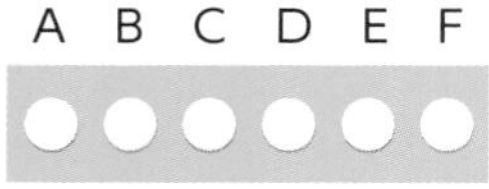

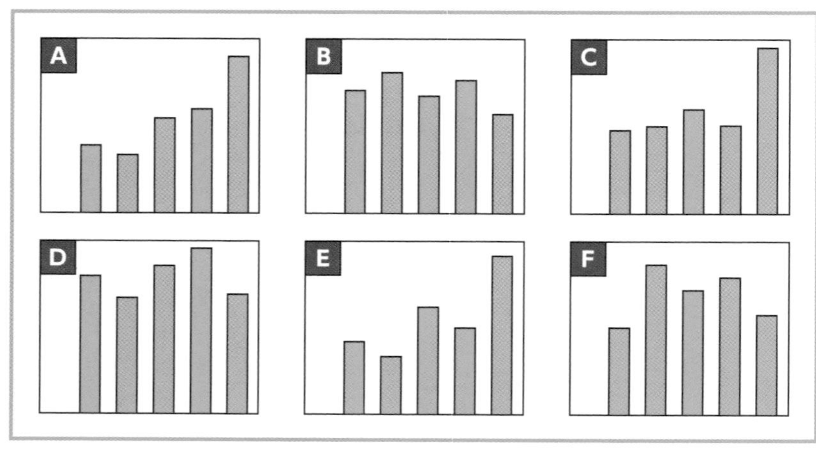

129 表は、ある大学における過去3年間の留学生数を私費留学生と国費留学生に分けて示したものである。以下の2問に答えなさい。

	1年前	2年前	3年前
私費留学生	121人	113人	119人
国費留学生	70人	66人	62人

1 3年間の全留学生数に占める私費留学生数の割合は[　　]%である（必要なときは、最後に小数点以下第2位を四捨五入すること）。

2 各年の全留学生数に占める国費留学生数の割合が大きい順にこの3年を並べたものは、つぎのうちどれか。

A　B　C　D　E　F

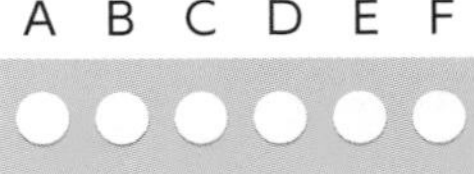

A　1年前ー2年前ー3年前
B　1年前ー3年前ー2年前
C　2年前ー1年前ー3年前
D　2年前ー3年前ー1年前
E　3年前ー1年前ー2年前
F　3年前ー2年前ー1年前

130 表は、ある洋菓子店のクリスマスケーキの販売個数をまとめたものである。以下の2問に答えなさい。

（単位：個）

販売日＼価格	1500円	2000円	2500円	3000円
12月23日	21	20	15	16
12月24日	30	41	16	35
12月25日	19	32	19	29

1 12月23日の2500円のケーキの販売個数が、3日間の2500円のケーキの合計販売個数に占める割合は[　　]%である（必要なときは、最後に小数点以下第1位を四捨五入すること）。

2 つぎのア、イ、ウのうち正しいものはどれか。A～Fまでの中から1つ選びなさい。

ア　3000円のケーキの3日間の合計売上額は240000円である

イ　12月24日に売上額が最も多かったのは2000円のケーキである

ウ　12月25日の1500円のケーキの売上額は同じ日の2500円のケーキの売上額の3/5である

A　B　C　D　E　F

A　アだけ	B　イだけ	C　ウだけ
D　アとイの両方	E　アとウの両方	F　イとウの両方

131 表は、あるフィットネスクラブについて、会員数と店舗数の推移を示したものである。以下の2問に答えなさい。

	4年前	3年前	2年前	1年前
会員数（千人）	221	229	241	249
店舗数（店）	103	109	114	121

1 4年前の1店舗あたりの会員数は［　　］千人である（必要なときは、最後に小数点以下第3位を四捨五入すること）。

2 会員数について、3年前から1年前までを対前年増加率の大きい順に並べたものは、つぎのうちどれか。

A　B　C　D　E　F

A　3年前ー2年前ー1年前
B　3年前ー1年前ー2年前
C　2年前ー3年前ー1年前
D　2年前ー1年前ー3年前
E　1年前ー3年前ー2年前
F　1年前ー2年前ー3年前

132 ある飲食店はランチとディナーの営業を行っている。表は、この店のある週の平日5日間の売上高を示したものである。以下の2問に答えなさい。

(単位：万円)

	月曜日	火曜日	水曜日	木曜日	金曜日
ランチ	3.9	3.6	4.5	4.6	4.0
ディナー	13.8	14.5	12.6	14.0	16.5

1 ディナーについて、5日間の売上高に占める金曜日の売上高の割合は[　　]%である（必要なときは、最後に小数点以下第2位を四捨五入すること）。

2 つぎのア、イ、ウのうち正しいものはどれか。A〜Fまでの中から1つ選びなさい。

ア　5日間のランチの平均売上高は4万円以上である
イ　5日間ともディナーの売上高はランチの3倍以上である
ウ　月曜日と火曜日の1日の売上高の差は1万円以上である

A B C D E F

A　アだけ	B　イだけ	C　ウだけ
D　アとイの両方	E　アとウの両方	F　イとウの両方

133 表は、あるカフェチェーンの創業２年目から４年目までの３年間の売上状況を示したものである（ただし空欄もある）。以下の２問に答えなさい。

	2年目	3年目	4年目
売上高（万円）	13200	15312	18374
売上高前年比	176%	116%	ア %
客数（千人）	160	176	220
客数前年比	160%	110%	125%
客単価（円）	825	870	
客単価前年比	110%	105%	96%

※客単価＝売上高÷客数

1 表中の空欄［ア］は［　　］%である（必要なときは、最後に小数点以下第１位を四捨五入すること）。

2 つぎのア、イ、ウのうち正しいものはどれか。A～Fまでの中から１つ選びなさい。

ア　３年目の１年目に対する売上高の増加率は92%である

イ　２年目から４年目までの客数合計に占める２年目の割合は30%以下である

ウ　４年目の客単価は800円以上である

A　B　C　D　E　F

A　アだけ	B　イだけ	C　ウだけ
D　アとイの両方	E　アとウの両方	F　イとウの両方

134 表は、ある年のP、Q、R、Sの４地域の田畑別耕地面積をまとめたものである。以下の２問に答えなさい。

	P地域	Q地域	R地域	S地域
田面積	225千ha	286千ha	416千ha	182千ha
畑面積	933千ha	33千ha	338千ha	53千ha

1 この４地域の田畑合計面積に占める畑面積の割合は[　　]%である（必要なときは、最後に小数点以下第１位を四捨五入すること）。

2 地域別に田畑合計面積に占める田面積の割合を表したグラフは、つぎのA～Fのうちどれに最も近いか。なお、グラフの横軸は、P、Q、R、Sの地域順に並んでいる。

A　B　C　D　E　F

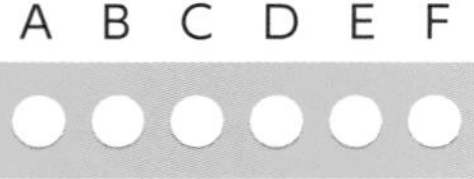

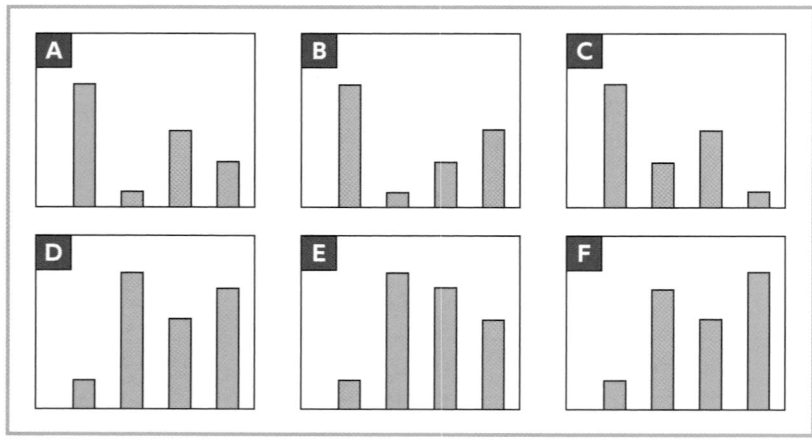

135 表は、ある貸し会議室の料金表の一部である（ただし空欄もある）。以下の2問に答えなさい。

会議室	面積	1時間利用料金	5時間パック利用料金	収容人数
P	50m^2	10500円	44100円	20人
Q	65m^2		61950円	36人
R	75m^2	15750円	71400円	54人

※土・日・祝日の利用は上記料金の15%増し。

1 3つの会議室の1m^2あたりの1時間利用料金は同一である。このとき、会議室Qの1時間利用料金は[　　]円である。

2 つぎのア、イ、ウのうち正しいものはどれか。A～Fまでの中から1つ選びなさい。

ア　会議室Pを4時間利用する場合、5時間パックにするほうが2100円安い

イ　会議室Rを土曜日に2時間利用する場合、料金は36225円である

ウ　収容人数は会議室の面積に比例している

A　B　C　D　E　F

A　アだけ	B　イだけ	C　ウだけ
D　アとイの両方	E　アとウの両方	F　イとウの両方

□
□
136 表は、ある中学において虫歯のある生徒数を調べ、10年前と比較したものである。以下の2問に答えなさい。

		1年生	2年生	3年生
今年	生徒数	240人	238人	238人
	そのうち虫歯のある生徒数	146人	166人	170人
10年前	生徒数	200人	198人	196人
	そのうち虫歯のある生徒数	169人	178人	182人

1 今年、全校生徒に占める虫歯のある生徒の割合は[　　]%である（必要なときは、最後に小数点以下第1位を四捨五入すること）。

2 学年ごとに虫歯のある生徒の割合を10年前と比較したとき、減少幅の大きい順に各学年を並べたものはどれか。A～Fまでの中から正しいものを1つ選びなさい。

A　B　C　D　E　F
○○○○○○

A	1年生ー2年生ー3年生	B	1年生ー3年生ー2年生
C	2年生ー1年生ー3年生	D	2年生ー3年生ー1年生
E	3年生ー1年生ー2年生	F	3年生ー2年生ー1年生

137 表は、ある会社が分譲したマンションXとマンションYを対象に世帯人数を調べた結果をまとめたものである。以下の2問に答えなさい。

（単位：世帯）

世帯人数	1人	2人	3人	4人	5人	合計
マンションX	9	21	27	35	8	100
マンションY	14	15	13	6	2	50

1 マンションXの平均世帯人数は[　　]人である（必要なときは、最後に小数点以下第3位を四捨五入すること）。

2 つぎのア、イ、ウのうち正しいものはどれか。A～Fまでの中から1つ選びなさい。

ア　マンションYの平均世帯人数は1.17人である
イ　マンションXでは3人以上の世帯が70%を占める
ウ　マンションYでは2人以下の世帯が58%を占める

A B C D E F

A　アだけ	B　イだけ	C　ウだけ
D　アとイの両方	E　アとウの両方	F　イとウの両方

11 割合と比

● 割合や比、パーセント（%）の問題は、就職試験で最頻出といえる重要分野。

方程式以外の解法も覚えよう

- **比例式 … a：b＝c：d ならば ad＝bc**
- **仮の数（例えば100）をあてはめて解く**

例題 解答・解説は右ページ

制限時間2分

空欄にあてはまる数値を求めなさい。

1 Pの所持金はQの所持金の1.4倍だったが、その後に2人とも1000円ずつ使ったので、Pの所持金はQの所持金の1.5倍になった。今のPの所持金は[　　]円である。

2 緑色の絵の具と黒色の絵の具を1：3の割合で混ぜたものと、2：3の割合で混ぜたものを同量ずつ混ぜる。このとき、できた絵の具に含まれる緑色の絵の具の割合は[　　]%である（必要なときは、最後に小数点以下第2位を四捨五入すること）。

30秒で解ける超解法!! ●方程式や比例式で解く

1 Qの元の所持金をQとすれば、Pの元の所持金は1.4Qとなる。2人とも1000円ずつ使ったとき、Pの所持金がQの所持金の1.5倍になったので、

$1.4Q - 1000 = (Q - 1000) \times 1.5 \rightarrow 1.4Q - 1000 = 1.5Q - 1500$

$0.1Q = 500 \rightarrow Q = 5000$

Qの元の所持金が5000円なので、Pの元の所持金は5000 × 1.4 = 7000円。1000円使ったので、今のPの所持金は6000円。

別解 a：b = c：dならば、ad = bcになる。これを比例式という。

元…P：Q = 14：10 → 10P = 14Q…①

今…P − 1000：Q − 1000 = 15：10 → (P − 1000) × 10 = (Q − 1000) × 15

10P − 10000 = 15Q − 15000…②

②の10Pに①の14Qを代入して、14Q − 10000 = 15Q − 15000 →

Q = 5000円(→今のQは4000円) → 今のPは4000 × 1.5 = 6000円。

正解 6000

2 緑：黒 = 1：3のとき、全体は1 + 3 = 4で、緑は1/4となる。

緑1：黒3で混ぜた絵の具Aと緑2：黒3で混ぜた絵の具を、それぞれ100mlとする。緑色の絵の具は、A（1：3なので全体は4）には100 × 1/4 = 25ml、B（2：3なので全体は5）には100 × 2/5 = 40ml含まれている。できた絵の具は200mlで、緑色の絵の具は25 + 40 = 65ml含まれている。

65 ÷ 200 = 0.325 → 32.5%。

別解 できた絵の具に含まれる緑色の絵の具の割合を2で割って求める。

(1/4 + 2/5) ÷ 2 = 13/20 ÷ 2 = 0.65 ÷ 2 = 0.325

正解 32.5

即解▶割合や比だけが記載された問題は全体を100と仮定

2 割合と比の問題では、割合や比だけが提示されていて量が書かれていないことも多い。仮の数（例えば100）をあてはめて解く方法をマスターしておこう。分数の計算をするより楽に解ける場合もある。

1：3と2：3を混ぜる

100mlに25ml（1/4）

＋100mlに40ml（2/5）

➡200mlに65ml

確認問題 AとBで200円のお菓子を買った。AとBの出した金額の比は2：3で、Aは所持金の半分を使ってお菓子を購入した。Aの所持金はいくらだったか。 解答➡次ページ下

▶解答・解説は別冊32ページ

練習問題 割合と比

点
34問

空欄にあてはまる数値を求めなさい。

138 定員45名のツアーに定員を超える多数の申し込みがあった。申込者のうち27名がキャンセルしたため倍率が2.2倍になったとすると、キャンセル前の倍率は[　　]倍だった（必要なときは、最後に小数点以下第2位を四捨五入すること）。

139 乗車定員の52％が座れるバスがある。 このバスに70人乗ると全員座ることができるが、90人乗ると何人かが座れなくなる。 このバスの座席数は[　　]席である。

140 3つのポスターX、Y、Zの人気投票をしたところ、それぞれ全体の42％、33％、25％の支持を得た。そこで、XとYで決選投票をしたところ、XとYの前回の支持者はそのままで、前回のZの支持者のうち60％がXに投票した。このとき、Xは決選投票で全体の[　　]％の支持を得た。ただし無効票はなく全員が投票したものとする。

141 1/2は[　　]/7の70％である。

142 ある市民講座では受講生のうちの45％が女性で、そのうちの80％が60歳以上である。この講座の受講生で60歳以上の女性の割合は[　　]％である（必要なときは、最後に小数点以下第1位を四捨五入すること）。

正解 160円　200円のお菓子のうち、Aが払ったのは200×2/5＝80円。これが所持金の半分にあたるので、所持金は80×2＝160円だった。

□ □ **143** 社員の居住地は関東地方が40.0%で、そのうち38.0%が東京都だった。社員全体に占める東京都居住者の割合は[　　]%である（必要なときは、最後に小数点以下第2位を四捨五入すること）。

□ □ **144** 箱に赤と白のボールが2：3の割合で入っている。白のボールを4個取り出したところ、残ったボールの赤と白の割合は4：5になった。この箱に入っている赤のボールは[　　]個である。

□ □ **145** ある店で白、紺、茶の3種類の色違いのセーターを販売し、売れた枚数の割合を調べたところ、白のセーターが35%、紺のセーターが40%、茶のセーターが25%だった。白のセーターが63枚売れたとすると、このセーターは全部で[　　]枚売れたことになる。

□ □ **146** あるボウリング場の休日のゲーム料金は平日の5割増しの料金であるが、休日の早朝に限り、その3割引きとなる。休日の早朝のゲーム料金は平日の[　　]%増しの料金である。

□ □ **147** ある選挙で候補者Xに投票した人は全体の60.0%で、候補者Xに投票した女性は全体の33.3%だった。このとき、候補者Xに投票した人のうち女性は[　　]%だった（必要なときは、最後に小数点以下第2位を四捨五入すること）。

□ □ **148** ある食品は180g入りの袋が486円、500g入りの袋が1080円である。このとき、500g入りの袋は180g入りの袋に比べて、100gあたり[　　]円安い（必要なときは、最後に小数点以下第1位を四捨五入すること）。

149 模造紙を使ってポスターを作る。その紙面の2/5をタイトルに、残りの紙面の1/3を日時にあてたい。このとき、日時にあてる紙面はタイトルにあてる紙面の[　　]倍の大きさである（必要なときは、最後に小数点以下第2位を四捨五入すること）。

150 縦1.5m、横1.2mの長方形の紙を使ってポスターを作る。その紙面の3/8をタイトルに、残りの紙面の2/5を日時にあてたい。このとき、タイトルにあてる紙面は日時にあてる紙面の[　　]倍の大きさである（必要なときは、最後に小数点以下第2位を四捨五入すること）。

151 縦1.2m、横1.5mの長方形の菜園がある。その面積の3/8でなすを、残りの面積の2/5できゅうりを栽培する。このとき、きゅうりを栽培する面積は[　　]m^2である（必要なときは、最後に小数点以下第3位を四捨五入すること）。

152 縦1.5m、横1.8mの長方形の菜園がある。その面積の2/5でトマトを、残りの面積の1/3できゅうりを栽培する。このとき、トマトの栽培面積はきゅうりの栽培面積より[　　]m^2広い（必要なときは、最後に小数点以下第3位を四捨五入すること）。

153 ある高校の生徒のうち75%が電車で通学しており、そのうちの80%はX電鉄を利用している。通学にX電鉄を利用している生徒が252人のとき、この高校の生徒は全部で[　　]人である。

154 100%果汁の液体を水で薄めて果汁37.5%の飲料を作ると、コップにちょうど18杯できる。この液体を水で薄めて果汁45.0%の飲料を作ると、同じコップにちょうど[　　]杯できる。

155 あるサークルのメンバーは、男性が女性よりも42人多く、男性と女性の比率は8：5である。このサークルのメンバーは男女合わせて[　　]人である。

156 ある本を3日で読み終えた。1日目に全体の30%を、2日目に残りのうちの50%を読んだ。このとき、3日目に読んだ量は全体の[　　]%である（必要なときは、最後に小数点以下第1位を四捨五入すること）。

157 100gあたり380円の牛ひき肉150gと、100gあたり220円の豚ひき肉250gを混ぜて合びき肉にしたとき、この合びき肉100gあたりの値段は[　　]円になる（必要なときは、最後に小数点以下第1位を四捨五入すること）。

158 書店でX、Y、Zの3冊の本を購入したところ、合計金額が2000円だった。Y、Zの値段はそれぞれXの値段の1.4倍、1.6倍であるとすると、Zの値段は[　　]円である。

159 ケーキを6等分するはずが、間違えて8等分してしまった。ケーキ1切れの大きさは、6等分したときの[　　]%になった（必要なときは、最後に小数点以下第1位を四捨五入すること）。

160 ある営業所の社員のうち既婚者は全体の32%を占めていたが、未婚の新人が7人増えたので25%となった。営業所の現在の社員数は[　　]人である。

161 ある同好会では男性が全体の30％を占めていたが、今年になって、女性が5人増えたので男性は24％となった。今年の会員数は[　　]人である。

162 商品Pの価格は商品Qの価格の1.5倍だったが、その後どちらも200円値上がりしたので、商品Pの価格は商品Qの価格の1.4倍になった。現在の商品Pの価格は[　　]円である。

163 飼料Pと飼料Qを1：3の割合で混ぜたものと、2：3の割合で混ぜたものを同量ずつ混ぜる。できた飼料に含まれる飼料Qの割合は[　　]％である（必要なときは、最後に小数点以下第2位を四捨五入すること）。

164 1冊700円の専門誌を定期購読した場合、年間契約（50冊）は26250円、半年契約（25冊）は15750円である。このとき、定価に対する1冊あたりの割引率（％）は年間契約のほうが半年契約より[　　]％大きい。

165 レモンとイチゴが合わせて40個あった。この中からAさんはレモンの個数の3/4とイチゴの個数の1/3、合わせて20個もらった。このとき、Aさんはイチゴを[　　]個もらった。

166 XとYが旅行に出かけた。持参したお金はXがYより12500円多く、どちらも持参したお金の[　　]％ずつを使って土産を買ったところ、土産代はXがYより1500円多くなった（必要なときは、最後に小数点以下第1位を四捨五入すること）。

□ □ **167** ある展示会の3日間の入場者数は合計で1563人だった。3日目の入場者数が1日目の1.7倍で2日目の1.3倍だったとすると、2日目の入場者数は[　　]人だった。

□ □ **168** ある仕事をP、Q、Rの3人で分担した。Pは全体の5/12を、QはPの0.9倍の量を分担した。このとき、Rの仕事量はPの[　　]倍だった（必要なときは、最後に小数点以下第2位を四捨五入すること）。

□ □ **169** ある博物館の先月の入館者のうち、小学生は45%で、そのうち60%が団体で来ていた。先月の入館者数が2万人だったとすると、団体で来た小学生は[　　]人である。

□ □ **170** あるサークルの会員数は、発足時には女性が男性の1.5倍だったが、その後、男性会員が3人増えたので、女性が男性の1.2倍になった。このサークルの女性会員は[　　]人である。

□ □ **171** 3つの町P、Q、Rの人口比は、P：Q＝5：2、Q：R＝3：5である。Rの人口が10万人だとすると、Pの人口は[　　]万人である。

12 順列・組み合わせ

●「並び方」とあれば順列の問題、「わけ方」「組み合わせ」は組み合わせの問題。

順列と組み合わせの公式

● **順列→順番に並べる** ●5人から2人を選んで並べる

$_5P_2=5\times4=20$ 通り

5を含めて下へ2個の整数を掛ける

◀順番を決める

● **組み合わせ→選ぶだけ** ●5人から2人を選ぶ

$_5C_2=\frac{5\times4}{2\times1}=10$ 通り

5を含めて下へ2個の整数を掛ける

2から1まで掛ける

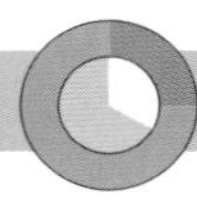

◀順番を決めない

例題 解答・解説は右ページ 制限時間3分

空欄にあてはまる数値を求めなさい。

1 大人2人と子ども3人が一列に並んで整列する。このとき、大人2人が両端になる並び方は[　　]通りある。

2 赤、白、青、黄色の花を、PとQの2人で2本ずつ分ける場合、花の分け方は[　　]通りである。

3 ある部活動のメンバーは、男性が3人、女性が7人である。この中から、当番として男性1人、女性3人を選びたい。その組み合わせは[　　]通りである。

30秒で解ける超解法!!　●公式にあてはめて解く

1 両端の大人2人の並び方は、大人2人を並べる順列なので、

$${}_2P_2 = 2! = 2 \times 1 = 2$$ **通り** ←2から下へ2回掛ける

●順列の公式は${}_nP_r$（n個からr個選んで並べる）。
Pは Permutation（パーミュテーション）（順列）の頭文字。

子ども3人の並び方は、子ども3人を並べる順列なので、

$${}_3P_3 = 3! = 3 \times 2 \times 1 = 6$$ **通り** ←3から下へ3回掛ける

よって並び方は、**2×6＝12通り**ある。　正解　12

※ **n!** は、nの階乗。1からnまでのすべての整数の積を表す。

2 Pの花は、4本から2本を選ぶ組み合わせなので、

$${}_4C_2 = \frac{4 \times 3}{2 \times 1} = 6$$ **通り**

●組み合わせの公式は${}_nC_r$（n個からr個選ぶ）。
Cは Combination（コンビネーション）（組み合わせ）の頭文字。

Qの花は、残った2本なので自動的に決まる。
よって花の分け方は**6通り**。　正解　6

3 男性の選び方…3人から1人を選ぶ組み合わせなので**3通り**
女性の選び方…7人から3人を選ぶ組み合わせなので、

$${}_7C_3 = \frac{7 \times 6 \times 5}{3 \times 2 \times 1} = 35$$ **通り**

よって組み合わせは、**3×35＝105通り**ある。　正解　105

考え方▶順列・組み合わせの公式の仕組み

1 子ども3人を並べるとき、左端は3人のうちの1人、真ん中は残る2人のうちの1人、右端は残る1人なので3×2×1となる。

2 Pの1本目は4色から1色、2本目は残った3色から1色で、4×3＝12通りだが、赤白と白赤などは同じ組み合わせで重複しているので、2で割ることになる。

赤白	赤青	赤黄
白赤	青赤	黄赤
青白	黄白	黄青
白青	白黄	青黄

➡重複しているので2で割る

確認問題　6人から班長1人と副班長1人を選びたい。このとき、選び方は何通りあるか。

解答➡次ページ下

▶解答・解説は別冊38ページ

練習問題　順列・組み合わせ

目標時間 25分　点 / 25問

空欄にあてはまる数値を求めなさい。

172 男性２人と女性４人が写真撮影のために横一列に並ぶ。左右の一番端には必ず男性が立つように並ぶとき、並び方は全部で［　　］通りある。

173 種類の異なるチョコレートが７個あり、それらをP、Qの２人で分けることにした。Pは４個、Qは３個もらうとすると、チョコレートの分け方は［　　］通りである。

174 あるチームには５人のメンバーがいる。この中からリーダー１人、サブリーダー２人を選ぶ場合、その組み合わせは［　　］通りある。

175 ７人がP、Qの２台のタクシーに分乗することになった。Pには３人、Qには４人が乗るとすると、２台に分乗する人の組み合わせは［　　］通りである。

176 いちごゼリーが３個とぶどうゼリーが２個ある。このゼリーの中から４人が１個ずつもらうとき、だれがどちらのゼリーをもらうかの組み合わせは［　　］通りある。

177 ５色の花の中から色の違う３本を組み合わせて、XとYの２人に渡すことにした。どの色の花も少なくとも１回は使うようにする場合、２人がもらう３本の組み合わせは［　　］通りある。

正解 30通り　班長の選び方は６人から１人を選ぶ６通りで、副班長は残る５人から１人を選ぶ５通りなので、６×５＝30通り。公式では $_6P_2$＝６×５＝30通り。

178 男子6人、女子4人の児童を5人ずつ赤組と白組に分ける。両方の組の男女比が等しくなるようにするとき、だれがどの組になるかの組み合わせは[ ]通りある。

179 6人から2組のペアを選んで卓球のダブルスの試合をするとき、対戦の組み合わせは[ ]通りできる。

180 レモン5個とナシ4個をPとQの2人で分ける。いずれの果物も少なくとも1つは入れて、1人が4個または5個もらえるようにするとき、その組み合わせは[ ]通りある。

181 1人で、P、Q、R、Sの4社を月曜日と火曜日に分けて訪問することにした。月曜日に1社または2社訪問する場合、曜日と訪問順の組み合わせは[ ]通りある。

182 大人3人、子ども5人を4人ずつ赤組と白組に分ける。いずれの組にも少なくとも1人は大人が入るようにするとき、だれがどの組になるか、その組み合わせは[ ]通りある。

183 大人3人と子ども5人を4人ずつの2組に分ける。子どもだけの組ができないようにするとき、8人の分かれ方は[ ]通りある。

184 男子3人と女子4人を、準備をする4人と後片付けをする3人の2つの班に分ける。男子だけ、あるいは女子だけの班を作らないようにするとき、だれがどの班になるか、その組み合わせは[ ]通りある。

185 ある集会で、弁当を洋食と和食合わせて15個購入することになった。洋食と和食の個数について、以下のような条件があった。

ア　洋食の個数は6個以上にする

イ　洋食の個数は和食の個数の1.5倍以下にする

このとき、洋食と和食の個数の組み合わせは[　　]通りある。

186 赤、白、緑のアメが2個ずつある。X、Y、Zの3人で2個ずつ分けるとき、だれがどの色のアメをいくつずつもらうか、その組み合わせは[　　]通りである。

187 X、Y、Zの3人が遅れて集会に到着すると、1列目に2つ、2列目に1つ、3列目に1つ空席があった。このとき、3人はそれぞれ何列目に着席するか、その組み合わせは[　　]通りある。

188 あるコンサートの金曜日のチケットが2枚、土曜日が2枚、日曜日が1枚残っており、P、Q、Rの3人が1枚ずつもらうことになった。3人がそれぞれ何曜日のチケットをもらうか、その組み合わせは[　　]通りある。

189 あるトレーナーは午前、午後、夜間にそれぞれ2人までの個人レッスンを行っている。P、Q、Rが1回ずつ個人レッスンを受けるとき、3人が午前、午後、夜間のいずれのレッスンを受けるか、その組み合わせは[　　]通りある。

190 社員数の異なるP、Q、R、Sの4社について以下のことがわかっている。

ア　P社はQ社より社員が多い

イ　R社はS社より社員が多い

このとき、社員の多い順に4社を並べると、考えられる順番の組み合わせは[　　]通りある。

191 赤6輪、白5輪のバラをPとQの2人で分ける。PとQに、いずれの色のバラも少なくとも1輪は入れて、5輪または6輪もらえるようにするとき、その組み合わせは[　　]通りある。

192 千円札と五千円札と一万円札がそれぞれ1枚ずつある。これらを使ってできる金額は[　　]通りである。ただし、すべての紙幣を使う必要はなく、0円は含めないものとする。

193 X社製のパソコンとY社製のパソコンが2台ずつある。3人が1台ずつ使用し1台は予備とする場合、だれが何社製のパソコンを使用するかの組み合わせは[　　]通りである。

194 P、Q、R、Sの4人の生徒がマラソン競走をした。同着はなく、順位について以下のことがわかっている。

ア　Pは1位か2位だった

イ　Qは3位か4位だった

このとき、4人の順位について考えられる組み合わせは[　　]通りある。

195 赤、白、ロゼの3種のワインを組み合わせて6本購入する。赤、白、ロゼをそれぞれ少なくとも1本は買うとすると、その組み合わせは[　　]通りある。

196 4種類のパンからよりどり3個を選べるセールが行われている。同じパンを複数選んでもよく、選ばないパンがあってもよいとすると、3個のパンの組み合わせは[　　]通りある。

13 確率の基礎

● 必ずマスターすべき確率の問題。まずは基礎から学習していこう。

確率の基本

- **Aの起こる確率＝$\dfrac{\text{Aの起こる場合の数}}{\text{すべての場合の数}}$**
- **AかつB→Aの確率×Bの確率**（同時に起こる）
- **AまたはB→Aの確率＋Bの確率**（同時には起こらない）

例題 解答・解説は右ページ

制限時間3分

空欄にあてはまる数値を求めなさい。

1 1から13まであるトランプのハートのカードから1枚取り出したとき、その数字が2でも3でも割り切れない確率は[　　]/[　　]である。

[　　] / [　　]

2 あるカフェではセットメニューに紅茶かコーヒーを選ぶことができる。男性客の7割はコーヒー、女性客の6割は紅茶を選ぶ場合、セットメニューを注文した1組の男女が2人とも紅茶を選ぶ確率は[　　]/[　　]である。

[　　] / [　　]

3 Pの袋には黒のボール3個、白のボール2個、Qの袋には黒のボール4個、白のボール6個が入っている。両方の袋からボールを1個ずつ無作為に取り出すとき、取り出した2個のボールの色が同じである確率は[　　]/[　　]である。

[　　] / [　　]

30秒で解ける超解法!! ●同時に起こるかどうかに注目

1 1から13まで書いて、2の倍数と3の倍数を消していくとよい。

1 ~~2~~ ~~3~~ ~~4~~ 5 ~~6~~ 7 ~~8~~ ~~9~~ ~~10~~ 11 ~~12~~ 13

2でも3でも割り切れない数字は、1、5、7、11、13の5つ。**13の数字のうちの5つ**なので、確率は**5/13**。

正解 5/13

2 男性客の**7割**がコーヒーを選ぶ。
男性客の**3割**は紅茶を選ぶので、
男性客が紅茶を選ぶ確率は、**3/10**
女性客の6割は紅茶を選ぶので、
女性客が紅茶を選ぶ確率は、**6/10**
男性客が紅茶を選び、かつ女性客が紅茶を選ぶ確率は、

3/10 × 6/10 = 9/50

正解 9/50

3 「2個のボールの色が同じ色である」とは、「どちらも黒である」または「どちらも白である」ということ。
どちらも黒である確率は、Pからは**3/5**、Qからは**4/10**で黒が出るので、
3/5 × 4/10 = 6/25
どちらも白である確率は、Pからは**2/5**、Qからは**6/10**で白が出るので、
2/5 × 6/10 = 6/25
どちらも黒、またはどちらも白である確率は、
6/25 + 6/25 = 12/25

正解 12/25

即解▶「2つの事象が同時に起こるか」に着目しよう

「AかつB」か「AまたはB」かを判断するコツは「同時に起こるかどうか」。
2 の場合、男性が紅茶を選ぶ事象と女性が紅茶を選ぶ事象は同時に発生する。→掛け算
3 の場合、「どちらも黒」「どちらも白」は同時には発生しない。→足し算

AかつB➡A×B
AとBが同時に起こる

AまたはB➡A＋B
AとBは同時に起こらない

確認問題 サイコロを3回振り、3回とも同じ目が出る確率はいくつか。

解答➡次ページ下

▶解答・解説は別冊43ページ

練習問題　確率の基礎

目標時間 15分　点　13問

空欄にあてはまる数値を求めなさい。

197 あるネット占いでは小吉と中吉と大吉の3種類が出る。小吉が出る確率は50%で、中吉が出る確率は小吉が出る確率の58%であるとき、大吉が出る確率は[　　]%である（必要なときは、最後に小数点以下第1位を四捨五入すること）。

198 P課の社員が5人、Q課の社員が3人、R課の社員が2人いる。この中から代表者3人をくじ引きで選ぶとき、3人ともP課の社員になる確率は[　　]/[　　]である。約分した分数で答えなさい。

199 男性5人、女性3人の8人の班の中から、班長と副班長をそれぞれ1名ずつくじ引きで決めたい。このとき、班長も副班長も男性になる確率は[　　]/[　　]である。約分した分数で答えなさい。

200 ある同好会のメンバーは3年生が2人、2年生が3人、1年生が1人である。この中から代表者2人をくじで選ぶとき、2人とも同じ学年になる確率は[　　]/[　　]である。約分した分数で答えなさい。

201 1から9までの数字が1つずつ書かれた9個の玉が入っている抽選箱から、玉を3個続けて取り出すとき、3個とも偶数である確率は[　　]/[　　]である。約分した分数で答えなさい。

202 5本のくじに2本の当たりが入っている。5人が1人ずつ順番にくじを引いて戻さないとき、4番目の人が2本目の当たりを引く確率は[　　]/[　　]である。約分した分数で答えなさい。

正解 1/36　1回目はどの目でもよい。2回目は1回目と同じ目になるので1/6、3回目も同様に1/6。1×1/6×1/6＝1/36。

□□ **203** 男子7人、女子3人から抽選で3人を選ぶとき、女子が2人以上選ばれる確率は[　　]/[　　]である。約分した分数で答えなさい。

□ / □

□□ **204** 大人6人、子ども3人の計9人が一列になり山登りする。登る順番をくじで決めるとき、先頭と最後尾が大人になる確率は[　　]/[　　]である。約分した分数で答えなさい。

□ / □

□□ **205** 1から13までの数字が1つずつ書かれたカード13枚をよくきってカードを2枚同時に取り出す。このとき、どちらのカードの数字も3でも割り切れる確率は[　　]/[　　]である。約分した分数で答えなさい。

□ / □

□□ **206** 2から8までの数字が1つずつ書かれた7枚のカードがある。この中から3枚のカードを引いたとき、3つの数字の和が奇数になる確率は[　　]/[　　]である。約分した分数で答えなさい。

□ / □

□□ **207** 1組のトランプの絵札12枚をよくきり、2枚を取り出してテーブルに並べたとき、その中にスペードのカードが1枚だけある確率は[　　]/[　　]である。約分した分数で答えなさい。

□ / □

□□ **208** 1から9までの数字が1つずつ書かれた9枚のカードから無作為に3枚を同時に引くとき、3枚のカードの数字の和が10になる確率は[　　]/[　　]である。約分した分数で答えなさい。

□ / □

□□ **209** 白玉4個と黒玉6個が入った箱Xと、白玉3個と黒玉9個が入った箱Yがある。サイコロを振り、偶数が出たら箱Xから、奇数が出たら箱Yから玉を1個取り出すことにした。このとき、黒玉を出す確率は[　　]/[　　]である。約分した分数で答えなさい。

□ / □

14 確率の応用

● 確率を求める問題のうち、難問を集めた。これが解ければぐっと合格率が上がる。

確率の応用テクニック

- **少なくともA → 1 −余事象（Aの起こらない）確率**

  サイコロで「奇数の目が出る」の余事象は「偶数の目が出る」

- **じゃんけんでは、1人の手に対して他の人が勝ち/あいこ/負けの手を出す確率はそれぞれ1/3**

例題　解答・解説は右ページ

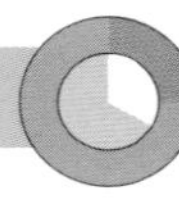

制限時間2分

空欄にあてはまる数値を求めなさい。

1 ある神社のおみくじは、大吉・吉・中吉・小吉の4つの運勢が同じ割合で入っており、引いたおみくじは元の箱に戻す。この神社で3人がおみくじを引いたとき、同じ運勢を引いた人がいる確率は[　　]/[　　]である。

[　　] / [　　]

2 1回目でXとYとZが3人でじゃんけんをしてXとYが勝ち、2回目でXとYがじゃんけんをしてXが勝つ確率は[　　]/[　　]である。ただし、あいこも1回と数えることとする。

[　　] / [　　]

30秒で解ける超解法!! ●余事象＝反対の事象

1 **すべての確率1から「同じ運勢を引いた人がいる」の余事象である「全員が違う運勢を引く」確率を引いて求める。**4つの運勢が同じ割合で入っているので、箱には4つの運勢が1枚ずつ入っていると考える。引いたくじは元の箱に戻すので、分母は常に4になる。

1人目はどれを引いてもよいので、**確率**は**4/4＝1**

2人目が1人目と違う運勢を引く確率は、**3/4**

3人目が1人目、2人目と違う運勢を引く確率は、**2/4**

全員が違う運勢を引く確率は、**1×3/4×2/4＝3/8**

よって**同じ運勢を引いた人がいる確率**は、**1－3/8＝5/8**

正解 5/8

2 ①1回目でXとYが勝つ確率と、②2回目にXとYでXが勝つ確率を分けて考える。

①1回目…XとYとZのじゃんけんで、XとYが勝つ確率

Xが出す手に対し、YがXと同じ手を出し（確率1/3）、ZがXに負ける手を出す（確率1/3）ので、

XとYが勝つ確率は、**1/3×1/3＝1/9**

②2回目…XとYのじゃんけんでXが勝つ確率

YがXに負ける手を出す確率なので1/3。

よって**Xが勝つ確率**は、**1/9×1/3＝1/27**

正解 1/27

即解▶確率ジャンルでの意外な難問「じゃんけん」攻略法

2 WEBテスティングでは3人でするじゃんけんの確率問題が頻出する。1人の手に対し、他の2人が勝ち、あいこ、負けの手を出す確率（それぞれ1/3）から考えていく。

全部のパターンを列記して解くのは、時間がかかるので避けたい。

XとYが勝ちZが負け

Xはどの手でもよいので確率1

YはXと同じなので確率1/3

ZはXに負けるので確率1/3

1×1/3×1/3＝1/9

確認問題 コインを2回投げたとき、少なくとも1回以上は表が出る確率はいくつか。

解答➡次ページ下

▶解答・解説は別冊46ページ

練習問題 確率の応用

目標時間 15分

点 11問

空欄にあてはまる数値を求めなさい。

210 赤玉が3つと白玉が4つ入った箱から玉を同時に2つ取り出す。このとき、2つとも赤玉である確率は[　]/[　]である。約分した分数で答えなさい。

[　] / [　]

211 100円玉1枚、50円玉2枚、10円玉1枚ある。この4枚の硬貨を同時に投げて表が出た硬貨の金額を合計する。このとき合計額が110円になる確率は、[　]/[　]である。約分した分数で答えなさい。

[　] / [　]

212 10円玉が2枚、5円玉が2枚ある。この4枚の硬貨を同時に投げ、表が出たものの金額を足す。このとき合計額が20円になる確率は[　]/[　]である。約分した分数で答えなさい。

[　] / [　]

213 10枚の封筒があり、そのうちの1枚には10000円が、2枚には5000円が入っており、残りの7枚は空である。これらの封筒の中から2枚を選ぶとき、中に入っている金額の合計が10000円になる確率は[　]/[　]である。約分した分数で答えなさい。

[　] / [　]

214 金貨が1枚、銀貨が2枚、銅貨が3枚入っている袋がある。取り出したコインが金貨のとき3点、銀貨のとき2点、銅貨のとき1点を与えることとする。コインを同時に3枚取り出したとき、点数の合計が5点になる確率は[　]/[　]である。約分した分数で答えなさい。

[　] / [　]

正解 3/4　余事象は「2回とも裏が出る」確率で、1/2 × 1/2 = 1/4。よって少なくとも1回以上は表が出る確率は、1 − 1/4 = 3/4。

215 4人が1つずつ贈り物を用意して贈り物の交換をする。くじで贈り物を割り当てるとき、全員が自分以外からの贈り物をもらえる確率は[　　]/[　　]である。約分した分数で答えなさい。

[　　] / [　　]

216 ある作品展にXは1つ、Yは2つ、Zは3つの作品を出す。3人の作品は第1会場と第2会場の2カ所に3作品ずつ展示されることになり、場所はくじ引きで決まった。このとき、Yの2作品が両方とも第1会場に展示される確率は[　　]/[　　]である。約分した分数で答えなさい。

[　　] / [　　]

217 花の球根が6個あり、そのうちの3個は赤、2個は白、1個は黄色の花が咲くが、どの球根が何色の花かがわからなくなってしまった。
これらの球根のうち3個を植えたとき、3個とも違う色の花が咲く確率は[　　]/[　　]である。約分した分数で答えなさい。

[　　] / [　　]

218 X、Y、Zの3人がじゃんけんをする。1回目はあいこで勝負がつかず、2回目にXだけがグーを出して勝つ確率は[　　]/[　　]である。ただし、あいこも1回と数えることとする。約分した分数で答えなさい。

[　　] / [　　]

219 3人でじゃんけんをするとき、1回目はあいこで勝負がつかず、2回目で1人だけが勝つ確率は[　　]/[　　]である。約分した分数で答えなさい。

[　　] / [　　]

220 A、B、C、D、Eの5枚のカードをランダムに横一列に並べるとき、BとEの間に他のカード1枚が入る確率は[　　]/[　　]である。約分した分数で答えなさい。

[　　] / [　　]

15 集合

● 集合とは、何らかの条件によって明確にグループ分けできる「もの」の集まりのこと。「Aは○人、Bは○人」など、グループごとの数があれば集合の問題。

ベン図とカルノー表

- **ベン図とカルノー表の基本的な書き方を覚えよう**
- **3つ以下の集合 ☞ ベン図で解く**
- **ベン図では複雑な場合 ☞ カルノー表で解く**

例題 解答・解説は右ページ

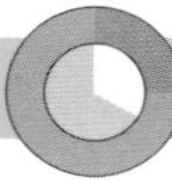

制限時間2分

空欄にあてはまる数値を求めなさい。

1 ある研修会では、3つのコースP、Q、Rのうち1つ以上を受講することになっている。研修生は80人で、各コースの受講人数はPが36人、Qが28人、Rが33人だった。3つとも受講した人がいなかったとき、2つのコースを受講した人は[　　]人である。

2 あるカフェで、来店した男性客55人と女性客70人を対象にアンケート調査をした。そのうち「今回が何回目の来店か」について、「初めて」は52人、「2回目」は35人、「3回目以上」は38人だった。今回が「2回目以上」の男性客が合わせて22人だったとすると、今回が「初めて」の女性客は[　　]人である。

30秒で解ける超解法!! ●ベン図・カルノー表を覚えよう

1 ベン図で整理する。

ベン図…集合間の関係を表す図法の一つ。集合の範囲を円などの図形で表し、図形の重なりによって共通部分を表現する。

3つとも受講した人がいないベン図は右のようになる。**P＋Q＋Rの合計から全体80を引けば、円が重複した部分（2つのコースを受講した人数）**が求められる。

全体80

P 36　Q 28　R 33

36＋28＋33－80＝17人

正解　17

2 カルノー表で整理する。

カルノー表…論理式を簡単に示すための図。計算表で情報を整理する。

	初めて	2回目	3回目以上	計
男性	① **55－22＝33**	22		**55**
女性	② **52－33＝19**			70
計	52	35	38	

①「初めて」の男性…**55－22＝33人**

②「初めて」の女性…**52－33＝19人**

正解　19

即解▶2種類の解き方ができるようにしよう

ほとんどはベン図でもカルノー表でも解けるが、どちらかでしか解きにくい問題もある。1 のように3つ以上の集合があるときはベン図、2 のようにベン図が描きにくい問題はカルノー表で解くとよい。

【集合】の解き方
step❶ベン図
➡ベン図が複雑になったら…
step❷カルノー表

確認問題　10人の買い物客のうち、8人が野菜を、4人が果物を購入した。野菜と果物の両方を購入した人が3人だったとき、どちらも購入しなかったのは何人か。 解答➡次ページ下

▶解答・解説は別冊49ページ

練習問題 集合

目標時間 30分　点 28問

空欄にあてはまる数値を求めなさい。

221 ある家電量販店を訪れた客200人に来店目的を聞いたところ、一般家電を見たいという人が123人、情報家電を見たいという人が18人、そのどちらでもない人が71人だった。このとき、一般家電と情報家電の両方を見たいという人は[　　]人である。

222 あるイベント会場の来場者1200人のうち、会場内で買い物をした人は65%、会場内で食事をした人は18%、買い物も食事もしなかった人は25%だった。このとき、買い物と食事の両方をした人は[　　]人である。

223 ある小学校の6年生61人のうち、兄弟がいる人は21人、姉妹がいる人は24人、両方ともいる人は4人だった。このとき、ひとりっ子は[　　]人である。

224 ある喫茶店では、40人の客のうち、紅茶を注文した客は17人、ケーキを注文した客は21人、どちらも注文しなかった客は13人いた。このとき、紅茶とケーキの両方を注文した客は[　　]人である。

正解 1人　野菜8人と果物4人の延べ12人のうち、3人がどちらも買ったので、どちらかを買った人は12－3＝9人。どちらも買わなかったのは10－9＝1人。

□□ **225** インフルエンザを予防するために、「うがい・手洗い」と「マスク」をしているかについて150人に尋ねたところ、「うがい・手洗い」をしている人はどちらもしていない人より57人多く、「マスク」のみの人は27人、両方している人は54人であった。「うがい・手洗い」のみの人は[　　]人である。

□□ **226** 120人の主婦に普段使っている味噌について尋ねた。その結果、X社とY社の両方の味噌を使っている人が16人、そのどちらも使っていない人は45人だった。両社のうち、X社の味噌だけを使っている人が36人だったとき、Y社の味噌だけを使っている人は[　　]人である。

□□ **227** 300人を対象に先週末の過ごし方について調べたところ、土曜日に出かけた人は60%、日曜日に出かけた人は35%だった。また、土曜日と日曜日の両日とも出かけた人は、土曜日だけ出かけた人の1/4だった。両日とも出かけなかった人は[　　]人である。

□□ **228** あるイベント会場の来場者1500人のうち、会場内で買い物をした人は70%、会場内で食事をした人は15%、買い物と食事の両方をした人は12%だった。このとき、買い物と食事のどちらか一方だけをした人は[　　]人である。

□□ **229** 100人にアンケートを行って、2つの新商品PとQの知名度を調べた。その結果、Qを知っている人はPを知っている人の3倍で、どちらも知っている人は10人、どちらも知らない人は18人だった。このとき、Qだけを知っている人は[　　]人である。

□
□ **230** 200人を対象に好きなお菓子についてアンケートをとった。スナック菓子が好きな人は全体の65％で、そのうちの40％はチョコレート菓子も好きと答えた。スナック菓子とチョコレート菓子のどちらも好きではないと答えた人は18人いた。チョコレート菓子が好きな人は[　　]人である。

□
□ **231** ある学年の児童85人のうち、夏休みに動物園に行った人は水族館に行った人よりも15人多かった。動物園には行かなかったが水族館には行った人が8人、どちらにも行かなかった人が43人だとすると、動物園と水族館の両方に行った人は[　　]人である。

□
□ **232** ある展覧会の入場者1000人のうち、展示Xを見学した人は640人、展示Yを見学した人は540人、展示XもYも見学しなかった人は120人だった。このとき、展示XとYの両方を見学した人は[　　]人である。

□
□ **233** 150人を対象に旅行の宿泊施設の好みについてアンケートをとった。旅館が好きな人は全体の60％で、そのうちの40％はホテルも好きであった。また、旅館・ホテルのいずれも好きではない人が25人いた。このとき、ホテルが好きな人は[　　]人である。

□
□ **234** ある学校の生徒のうち、去年、遊園地Xに行った人は136人で、そのうちの3/8は遊園地Yにも行った。また、遊園地Xに行かなかったが遊園地Yには行った人は64人いた。遊園地Yに行った人のうちの2/5はそこで観覧車に乗った。このとき、遊園地Yで観覧車に乗った人は[　　]人である。

235 あるスーパーマーケットで来店者の購入状況を調べたところ、「日用品」は55%、「衣料品」は27%の人が購入していた。「日用品」か「衣料品」のいずれか一方だけを購入した人が38%であるとすると、「日用品」と「衣料品」のどちらも購入しなかった人は[　　]%である。

236 コンサートPのチケット78枚とコンサートQのチケット72枚がある。各コンサートごとに1人1枚が上限で、PとQのチケット1枚ずつ、またはどちらかのチケット1枚は必ずもらえるように、86人ですべて分けた。コンサートPとコンサートQの両方のチケットをもらった人は[　　]人である。

237 200人を対象に習い事について尋ねたところ、英会話を習っている人は58%、ピアノを習っている人は31%いた。また、いずれも習っていない人は両方とも習っている人の1.5倍だった。英会話を習っているがピアノは習っていない人は[　　]人である。

238 100人の読者に、特に興味をもって読む新聞紙面を3つまで挙げてもらった。その結果、経済面を挙げた人が38人、スポーツ面を挙げた人が73人、そのどちらも挙げなかった人が9人いた。このとき、経済面とスポーツ面の両方を挙げた人は[　　]人である。

239 あるマンションには100世帯が入居している。マンション内の駐車場を利用している世帯は25世帯、駐輪場を利用している世帯は70世帯、どちらも利用していない世帯は18世帯だった。このとき、駐車場と駐輪場の両方を利用している世帯は[　　]世帯である。

240 ある湖水の1リットル中のプランクトンは245個体だった。その中で、光合成を行うものが175個体、運動能力を持つものが45個体、光合成を行い、かつ運動能力を持つものが13個体だったとすると、運動能力を持たず光合成も行わないプランクトンは[　　]個体である。

241 あるスーパーマーケットで来店者の購入状況を調べたところ、「食料品」は85%、「日用雑貨」は55%の人が購入していた。「食料品」か「日用雑貨」のいずれか一方だけを購入した人が44%であるとすると、「日用雑貨」だけを購入した人は[　　]%である。

242 健康講座を受講した45人に、講師が挙げた3つの野菜P、Q、Rのうち、食べる頻度の高いものから2つを選んで投票してもらった。Pに投票した人は38人、Qに投票しなかった人は10人だったとすると、Rに投票した人は[　　]人である。

243 40人を対象に英語と数学の試験を行った。英語で70点以上の人が18人、数学で70点以上の人が12人いた。英語だけ70点未満だった人が10人いたとすると、どちらも70点未満だった人は[　　]人である。

244 大学生350人に講義X、Yの履修状況を尋ねた。講義Xの履修者と講義X、Yのどちらも履修していない人の比率が3：1で、講義X、Yを両方とも履修している人は講義Yのみを履修している人の半数だった。講義X、Yの少なくとも一方は履修している人が287人のとき、講義Yのみを履修している人は[　　]人である。

245 あるテニスサークルでは、新メンバーのうち硬式テニス経験者が56%、軟式テニス経験者が16%で、どちらも経験がない者は36%だった。このとき、両方とも経験がある者は、新メンバー全体の[　　]%である。

246 あるボランティアサークルでは、60歳以上の会員が男女合わせて23人いて、そのうち女性は11人だった。また、65歳以上の会員が男女合わせて10人いて、そのうち女性は6人だった。このとき、60歳以上65歳未満の男性会員は[　　]人である。

247 あるコーラスグループのメンバーは男女合わせて60人である。そのうち男性が24人、60歳以上の人が31人であるとき、60歳以上の女性のメンバーは最も少なくて[　　]人である。

248 チョコレート、クッキー、キャンディの3種類の中から1～3種類が入った詰め合わせが70袋ある。チョコレートが入ったものが40袋、クッキーが入ったものが32袋、キャンディが入ったものが26袋で、このうち1種類だけが入ったものは47袋だった。3種類とも入った袋は[　　]袋である。

16 損益算

● 物を売ったときの利益（損失）に関する問題。解法さえ覚えれば得点できる。

売値 − 仕入れ値 ＝ 利益

- **定価×(1 − 割引率)＝売値**
- **鶴亀算を利用して解ける問題もある**

例題 解答・解説は右ページ  制限時間２分

空欄にあてはまる数値を求めなさい。

1 ある洋服は定価の20％引きで売っても、仕入れ値の8％にあたる200円の利益が得られる。この商品を定価で売ると、仕入れ値の[　　]％の利益が得られる（必要なときは、最後に小数点以下第１位を四捨五入すること）。

2 １個200円の果物を50個仕入れて、仕入れ値の５割の利益を見込んだ定価をつけて売ったところ、売れ残った分があったので、売れ残った分を定価の２割引きですべて売り切った。総利益が4400円だった場合、定価で売れたのは[　　]個である。

30秒で解ける超解法!!　●仕入れ値から定価を導く

1 仕入れ値・定価・売値・利益（＝売値－仕入れ値）を整理する。
定価の20％引きで売ったときの利益が200円。
200円が仕入れ値の8％にあたるので、
仕入れ値…200 ÷ 0.08 ＝ 2500円
売値…2500 ＋ 200 ＝ 2700円
2700円が定価の20％引き（1 － 0.2 ＝ 0.8）にあたるので、
定価…2700 ÷ 0.8 ＝ 3375円
定価で売ったときの利益…3375 － 2500 ＝ 875円
875円の仕入れ値2500円に対する割合は、
875 ÷ 2500 ＝ 0.35
定価で売ると仕入れ値の**35％**の利益が得られる。

正解　35

2 【鶴亀算で解く】定価は**200 ×（1 ＋ 0.5）＝ 300円（利益100円）**。2割引きの定価は**300 ×（1 － 0.2）＝ 240円（利益40円）**。全部を2割引きで売った場合の利益は**40 × 50 ＝ 2000円**で、この場合、実際の利益との差は**4400 － 2000 ＝ 2400円**。定価で1つ売るごとに**100 － 40 ＝ 60円**ずつ利益が増えて、**2400円の差が埋まっていく**ので、定価で売った個数は、
2400 ÷ 60 ＝ 40個
【方程式で解く】**定価300円（利益100円）**で**x個**売ったとすると、2割引きの**240円（利益40円）**で売った個数は**（50 － x）個**。**総利益は4400円**なので、
100x ＋ 40（50 － x）＝ 4400
x ＝ 40個

正解　40

即解▶鶴亀算とは？

問題：鶴と亀が5匹、合計の足が14本。亀は何匹？（鶴の足は2本、亀の足は4本）
答え：すべてが鶴の場合、足の数は2×5＝10本。14－10＝4本足りない。一羽の鶴を亀に変えるたびに4－2＝2本足が増える。4÷2＝2で亀が2匹だとわかる。

鶴の足は4本
亀の足は2本
1羽の鶴を亀に…
➡4－2＝2本増える

確認問題　仕入れ値が1本50円のバナナを3本1セットにして、1セット200円で販売した。売れ残りはなく、利益が300円だったとき、何セット売れたか。

解答➡次ページ下

▶解答・解説は別冊56ページ

練習問題 損益算

目標時間 10分　点　11問

空欄にあてはまる数値を求めなさい。

249 仕入れ値が720円の品物を定価の8%引きで25個売るときの利益の合計は、定価の10%引きで30個売るときの利益の合計と等しくなる。この品物1個の定価は[　　]円である。

250 原価が1000円の商品300個のうち、100個は定価の1割引き、残りの200個は定価の2割引きで販売する。総利益を25000円にするには、定価を[　　]円にすればよい。

251 コーヒーカップを1個100円で400個仕入れた。このうちの1割が割れて販売できなかったとしても、全体で1割以上の利益が出るように売値を設定したいとき、1個の売値を[　　]円以上に設定すればよい。

252 ある商品を25個仕入れ、仕入れ値の40%増しの価格で売った。いくつか売れ残りが出たので廃棄したところ、1個あたりの利益は仕入れ値の12%になった。このとき、売れた個数は[　　]個である。

253 ある商品は定価の20%引きで売っても、仕入れ値の8%にあたる120円の利益が得られる。この商品の定価は[　　]円である。

254 ある商品は定価で売ると258円の利益が得られるが、定価の3割引きで売ると利益も損失もない。この商品の定価は[　　]円である。

正解 6セット　1セットあたりの仕入れ値は50×3＝150円。売値は200円なので、利益は1セットあたり200－150＝50円。300÷50＝6で6セット売れた。

255 Pはバーゲン初日に定価の３割引きで靴を買い、Qは同じ靴をバーゲン最終日に定価の５割引きで、Pより1500円安く買った。この靴の定価は[　　]円である。

256 ある商品は２個購入すると定価の５%引き、５個購入すると定価の９%引きになる。この商品を５個購入すると、２個購入するときに比べて１個につき116円安くなる。このとき、この商品の定価は[　　]円である。

257 ある商品を定価の25%引きで売ると、定価の15%引きで売るときに比べて利益が270円少なくなる。この商品の定価は[　　]円である。

258 １房に８本ついたバナナを１房70円で20房仕入れた。１房単位の売値は160円で、１本単位の売値は30円である。バナナがすべて売り切れ、利益が2680円であったとすると、１房単位で売れたバナナは[　　]房である。

以下について、ア、イの情報のうち、どれがあれば［問い］の答えがわかるかを考え、A～Eまでの中から正しいものを１つ選び、答えなさい。

A　アだけでわかるが、イだけではわからない
B　イだけでわかるが、アだけではわからない
C　アとイの両方でわかるが、片方だけではわからない
D　アだけでも、イだけでもわかる
E　アとイの両方があってもわからない

259 ある商品１個を定価の20%引きで売った。

[問い] この商品の定価はいくらか。

ア　54円の利益が得られた
イ　定価で売ったときに比べ、126円利益が減った

A　B　C　D　E

17 速度算

● 速度、距離、時間を計算する。公式さえ覚えておけば解ける問題が多い。

速度×時間＝距離

- **速度×時間＝距離　50m/分で3分→150m進む**
- **距離÷時間＝速度　6kmを2時間→3km/時**
- **距離÷速度＝時間　4kmを2km/時→2時間**

例題　解答・解説は右ページ

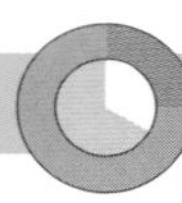

制限時間2分

空欄にあてはまる数値を求めなさい。

1 1.5m/秒の速さで流れている川をボートで下っている。200m進むのに20秒かかったとき、ボート自体の速さは[　　]km/時である（必要なときは、最後に小数点以下第2位を四捨五入すること）。

2 家から2.4km離れた映画館で友人と待ち合わせをしている。映画館まで50m/分の速さで歩くと、待ち合わせの時刻に18分遅れる。このとき、ちょうど待ち合わせの時刻に着く速さは[　　]m/分である（必要なときは、最後に小数点以下第1位を四捨五入すること）。

30秒で解ける超解法!!　●秒速を時速に変換！

1 200m進むのに20秒かかったので、速さは、

200 ÷ 20 = 10m/秒　←1秒に10m進む速さ

1.5m/秒の流速に乗って川を下っているので、ボート自体の速さは、

10 − 1.5 = 8.5m/秒

これを時速に直すと、

8.5 × 3.6 = 30.6 km/時

正解　30.6

【時速⇔秒速の変換】

1秒間に1m進むとき、1時間つまり60 × 60 = 3600秒では3600m = 3.6km進む。時速3.6km = 秒速1mを利用して、

【km/時】を3.6で割ると【m/秒】への変換ができる。

《例》5.4km/時 → **5.4 ÷ 3.6 = 1.5 m/秒**

【m/秒】に3.6をかけると【km/時】への変換ができる。

《例》3m/秒 → **3 × 3.6 = 10.8km/時**

2 2.4km = 2400mを50m/分で歩くので、かかる時間は

2400 ÷ 50 = 48分

48分かかると18分遅れるので、待ち合わせは

48 − 18 = 30分後

30分かけて着けばよいので、ちょうど待ち合わせの時刻に着く速さは、

2400 ÷ 30 = 80m/分

正解　80

即解▶速度算が苦手な場合…「き・は・じ」の法則

慣れていない場合は「きはじ」で覚えよう。き=距離　は=速さ　じ=時間。縦に割り算、横に掛け算。き÷は=じ、き÷じ=は、は×じ=き。距離が8km、速さが2km/時なら、き÷は=8÷2=4時間。速さが3m/秒で10秒歩いたら、は×じ=3×10=30m。

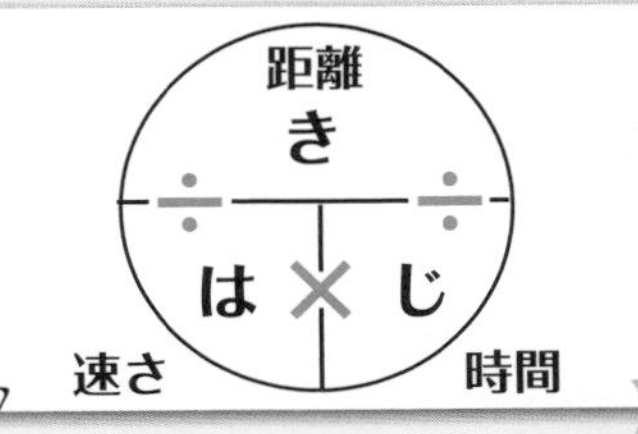

確認問題　家から3.6km離れたコンビニまで歩いたところ、30分かかった。このとき、秒速何mで歩いたことになるか。

解答➡次ページ下

▶解答・解説は別冊58ページ

練習問題　速度算

空欄にあてはまる数値を求めなさい。

260 家から駅まで6.3km/時の速さで走ったところ、4.2km/時の速さで歩いたときに比べて3分早く着いた。このとき、家から駅までの道のりは[　　]kmである（必要なときは、最後に小数点以下第3位を四捨五入すること）。

261 XとYが1周400mのトラックを12周した。Xは12周するのに14分24秒かかった。Yの平均時速がXより2km/時遅かったとき、Yは12周するのに[　　]分かかった（必要なときは、最後に小数点以下第1位を四捨五入すること）。

262 ある遊歩道をPが50m/分の一定の速さで歩き始めてから10分後に、Qが70m/分の一定の速さで追いかけた。QがPに追いつくのは、Qが歩き始めてから[　　]分後である（必要なときは、最後に小数点以下第1位を四捨五入すること）。

263 18km/時の速さで進むボートで川を下る。川が1m/秒の速さで流れているとき、このボートが180m進むのにかかる時間は[　　]秒である（必要なときは、最後に小数点以下第1位を四捨五入すること）。

264 家から1.5km離れた図書館まで60m/分の速さで歩くと、待ち合わせの時刻に5分遅れる。このとき、ちょうど待ち合わせの時刻に着く速さは[　　]m/分である（必要なときは最後に小数点以下第1位を四捨五入すること）。

正解　2m　3.6kmに30分（0.5時間）かかったので、3.6 ÷ 0.5 = 時速7.2km。7.2 ÷ 3.6 = 2より、秒速2mで歩いたことになる。（時速/km→秒速/mの変換は3.6で割る）

265 Xは自宅から1.54km離れた喫茶店まで、行きは平均時速6.6km/時で、帰りは平均時速4.2km/時で歩いたので、往復するのに[　　]分かかった（必要なときは、最後に小数点以下第1位を四捨五入すること）。

266 Xは自宅から図書館まで行きは自転車に乗り、帰りは自転車を押して歩いた。行きは平均時速10.5km/時で走り、帰りは平均時速4.2km/時で歩いたので往復するのに42分かかった。このとき、自宅から図書館までの距離は[　　]kmである（必要なときは、最後に小数点以下第2位を四捨五入すること）。

267 家から1.6km離れた喫茶店まで64m/分の速さで歩くと、ちょうど待ち合わせの時刻に着く。このとき、自転車に乗って200m/分の速さで行くと、待ち合わせの時刻よりも[　　]分早く着く（必要なときは、最後に小数点以下第1位を四捨五入すること）。

以下について、ア、イの情報のうち、どれがあれば［問い］の答えがわかるかを考え、A〜Eまでの中から正しいものを1つ選び、答えなさい。

A　アだけでわかるが、イだけではわからない
B　イだけでわかるが、アだけではわからない
C　アとイの両方でわかるが、片方だけではわからない
D　アだけでも、イだけでもわかる
E　アとイの両方があってもわからない

268 PとQは運動場の400mトラックをスタート地点から反対方向に向かって同時に走り始めた。

［問い］ 2人が出会うまでにPは何m走ったか。

ア　同じ速度で走った

イ　同じ時間だけ走った

A　B　C　D　E

18 年齢算

●平均年齢、年齢の差、○年後の年齢、○倍などの前提条件から年齢を求める問題。

X年後は「現在の年齢＋X」

- X年後には、登場人物全員がX歳の年をとる
- 平均Y歳ならば、Y×人数＝合計年齢

例題　解答・解説は右ページ　　制限時間2分

空欄にあてはまる数値を求めなさい。

1　現在P、Q、Rの3人の平均年齢は23歳である。3年後にはP、Q、Rの年齢の比が2：5：6になるとすると、現在のRの年齢は［　　］歳である。

［　　　　］

以下について、ア、イの情報のうち、どれがあれば［問い］の答えがわかるかを考え、A〜Eまでの中から正しいものを1つ選び、答えなさい。

2　X、Y、Zの平均年齢は70歳である。

［問い］Xは何歳か。

ア　XとYの平均年齢は70歳である

イ　YとZの平均年齢は60歳である

A　アだけでわかるが、イだけではわからない
B　イだけでわかるが、アだけではわからない
C　アとイの両方でわかるが、片方だけではわからない
D　アだけでも、イだけでもわかる
E　アとイの両方があってもわからない

A　B　C　D　E

30秒で解ける超解法!! ●合計年齢から計算する

1 現在の3人の**合計年齢は23×3＝69歳。3年後には3人が3歳ずつ歳を取っている**ので、**合計年齢は3×3＝9歳増える。3年後の合計年齢**は、

69＋9＝78歳

3年後に**P**、**Q**、Rの年齢の比が**2：5：6（合計＝2＋5＋6＝13）**なので、**3年後のRの年齢は3年後の3人の合計年齢78歳の6/13**にあたる。

78×6/13＝36歳

よって3年前である現在のRの年齢は、

36－3＝33歳

正解 33

2 Xの年齢がわかればよい。

X、Y、Zの平均年齢は70歳なので、

合計年齢は70×3＝210歳

ア Xと Yの平均年齢は70歳である

XとYの合計年齢は、**70×2＝140歳**

210－140＝**70**よりZが70歳ということはわかるが、**Xの年齢はわからない。アだけではわからない。**

イ YとZの平均年齢は60歳である

YとZの合計年齢は、**60×2＝120歳**

Xの年齢は、

210－120＝90歳

イだけでわかる。

よって「**イだけでわかるが、アだけではわからない**」。

正解 B

考え方▶比を理解する

1 3年後にP、Q、Rの年齢の比が2：5：6になる。3年後の3人の合計年齢は78歳。P：Q：Rが2：5：6のとき、比の合計は、2＋5＋6＝13。合計年齢78歳を13分割すると78÷13＝6歳。Rは13分割のうちの6を占めるので、6×6＝36歳。

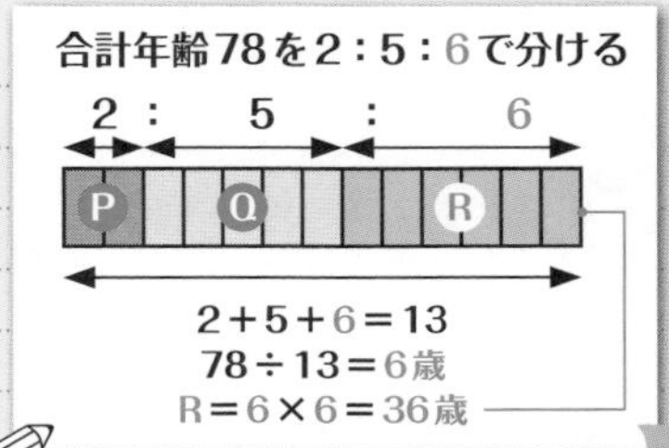

1章 18 年齢算

確認問題 兄Xと弟Yは、5歳差である。2年後には兄Xの年齢が弟Yの年齢の2倍になる。現在、兄Xは何歳か。

解答➡次ページ下

▶解答・解説は別冊60ページ

練習問題 年齢算

空欄にあてはまる数値を求めなさい。

269 現在Pは10歳であり、6年後にPの年齢はQの年齢の半分になる。現在、Qは[　　]歳である。

270 3人の兄弟がおり、現在、長男の年齢は三男の2倍である。数年後、次男が20歳になったとき、三男の年齢は長男の年齢の8/11になる。現在の次男の年齢は[　　]歳である。なお、双子や三つ子はいないものとする。

271 父と母の年齢差は8歳で、父、母の年齢はそれぞれ子の年齢の9倍、7倍である。このとき、母の年齢は[　　]歳である。

272 Pの年齢はQよりも10歳若く、またQの年齢の3/5である。このとき、Pは[　　]歳である。

273 X、Y、Zの3人の平均年齢は10歳である。だれが何歳かについて、以下のことがわかっている。

　ア　X、Y、Zの順に年長である
　イ　XとYの年齢差はZの年齢に等しい

このとき、Xは[　　]歳である。

正解 8歳　現在はY＝X－5 → 2年後はX＋2＝(Y＋2)×2＝2Y＋4
2年後の式のYにX－5を代入して解くとX＝8。現在兄Xが8歳、弟Yが3歳。

274 ある部署には９人の社員がおり、平均年齢は36.0歳である。新たに１人が配属されて平均年齢が35.2歳になったとすると、新たに配属された社員は[　　]歳である。

275 ３人の兄弟の年齢について、以下のことがわかっている。

ア　３人の平均年齢は33歳である

イ　長男と三男の年齢差は８歳である

このとき、三男は最も若くて[　　]歳である。

276 現在ＰはＱよりも20歳若く、９年後にＰの年齢はＱの年齢の半分になる。現在、Ｑは[　　]歳である。

以下について、ア、イの情報のうち、どれがあれば［問い］の答えがわかるかを考え、A～Eまでの中から正しいものを１つ選び、答えなさい。

A　アだけでわかるが、イだけではわからない
B　イだけでわかるが、アだけではわからない
C　アとイの両方でわかるが、片方だけではわからない
D　アだけでも、イだけでもわかる
E　アとイの両方があってもわからない

277 現在、Ｘの年齢はＹのちょうど２倍である。

［問い］Ｘは何歳か。

ア　４年前、Ｘの年齢はＹのちょうど３倍だった

イ　８年後、Ｘの年齢はＹのちょうど1.5倍になる

A　B　C　D　E

19 仕事算

● データ入力などの仕事算、水槽や風呂を水道水で満たす水槽算が出題される。

時間あたりの仕事量を試算

- **時間あたりの仕事量＝全体の仕事量÷かかった時間**
- **整数の計算にすることでスピーディに解く**

例題 解答・解説は右ページ

制限時間２分

空欄にあてはまる数値を求めなさい。

1 ある資料の整理をPが１人で行うと15時間、Qが１人で行うと16時間かかる。この作業をPが３時間行った後、Qが４時間行った。残りをPが１人で行うとすると、[　　]時間かかる（必要なときは、最後に小数点以下第３位を四捨五入すること）。

2 ある建築会社では、建築作業を30日間で終わらせなければならない。18人で12日間かけて１/3を終わらせた。残りの日数で業務を終わらせためには、何人で行えばよいか。ただし１人の１日あたりの仕事量は同じとする。

30秒で解ける超解法!!　●残りの仕事量÷Pの仕事量

1　計算しやすいように、仕事量全体を１ではなく、ＰとＱがかかった時間である15と16の最小公倍数**240（＝15×16）**として計算する。

Ｐの１時間あたりの仕事量＝240÷15＝16 → ３時間の仕事量**16×3＝48**

Ｑの１時間あたりの仕事量＝240÷16＝15 → ４時間の仕事量**15×4＝60**

残りの仕事量は、**240－48－60＝132**

Ｐは１時間に**16**の仕事を行うので、P1人で残りの仕事量132を行うと、

132÷16＝8.25時間

別解　**仕事量全体を1**としても解けるが、分数の計算が多くなる。

１時間あたりで**Pは1/15、Qは1/16**の仕事を行う。

Ｐの３時間の仕事量…**1/15×3＝3/15＝1/5**

Ｑの４時間の仕事量…**1/16×4＝4/16＝1/4**

残りの仕事は**1－1/5－1/4＝1－9/20＝11/20**

これをＰが行うので

11/20÷1/15＝33/4＝8.25時間

正解　8.25

2　**1人が1日に行う仕事量を1**とする。**18人で12日間**かけた仕事量は、

1×18×12＝216

この**216が全体の1/3**にあたるので、残りの**1－1/3＝2/3**の仕事量は、

216×2＝432

残りの日数**30－12＝18日**で業務を終わらせるための１日の仕事量は、

432（残りの仕事量全体）÷18（日）＝24（１日の仕事量）

1人の仕事量1の**24人分なので、24人**で行えばよい。

正解　24

即解▶整数での計算のほうが手早くミスなく解ける

なるべく整数での計算を意識して解こう。
例①Ｐは３時間で、Ｑは５時間で終わる。
→全体の仕事量を１でなく、最小公倍数の15にする→Ｐは１時間あたり5、Ｑは３の仕事
例②６人で７日間で終わる。
→１人１日に１の仕事、全体の仕事量は42。

①仕事量が異なる
→最小公倍数で計算
②全員同じ仕事量
→１人の仕事量を１に

確認問題　８人で10日かかる作業を、何人かで行って８日間で終えた。何人で行ったか。なお、１人が１日でする仕事量は同じとする。

解答➡次ページ下

▶解答・解説は別冊61ページ

練習問題 仕事算

目標時間 10分　点　8問

空欄にあてはまる数値を求めなさい。

278 ある業務を終わらせるために、はじめにSが1人で20日間働き、その仕事の3分の2を仕上げた。残りをSとTの2人で6日間働いて仕上げた。この仕事全部をT1人で仕上げるには[　　]日かかる。

279 容積が500ℓの水槽がある。X、Yの2つの管を使って水を入れるのに、X管で4時間入れた後、Y管だけを使って3時間入れると満水になる。また、X管で2時間入れた後、Y管だけを使って6時間入れると満水になる。X管とY管を同時に使って水を入れると、この水槽は[　　]時間[　　]分で満水になる。

□時間□分

280 ある水槽を満水にするのに、AとBの2つのポンプを使うと10時間かかった。また、はじめにAだけを4時間使った後、残りをBだけで18時間入れたところで満水になった。Aだけで満水にすると[　　]時間[　　]分かかる。

□時間□分

281 ある銭湯では浴槽にお湯を入れるのに、水道管Aでは40分、水道管Bでは30分かかる。この浴槽の排水口は、満水の状態で開けると、60分で空にすることができる。ある日、最初の20分間、空の浴槽に排水口を開けたまま水道管Aでお湯を入れてしまったので、水道管Aと排水口を閉じ、B管だけでお湯を入れ始めた。浴槽は最初に水道管Aでお湯を入れ始めたときから、[　　]分後に満水になる。

正解 10人　8人で10日かかる作業の仕事量は8×10＝80。これを8日間で終わらせたので、80÷8＝10人で行った。

282 ある仕事を40日間で終わらせる予定で38人で取りかかった。しかし予定内に終わらせることができないことがわかったため、途中から5人増やしたところ、延べ1700人で予定通り40日で仕上げることができた。38人で仕事をしたのは[　　]日間である。

283 あるデータ入力を8人で行うと、10人で行う場合に比べて1人あたりの入力件数が160件増える。このとき、入力するデータの件数は全部で[　　]件である。

284 320部の資料をとじる作業を、まずPが1分あたり13部の速さで始めた。6分遅れてQも作業に加わり一定の速さで進めたところ、Pが始めてから17分後に作業が終了した。Qの速さは1分あたり[　　]部である。

以下について、ア、イの情報のうち、どれがあれば［問い］の答えがわかるかを考え、A〜Eまでの中から正しいものを1つ選び、答えなさい。

A　アだけでわかるが、イだけではわからない
B　イだけでわかるが、アだけではわからない
C　アとイの両方でわかるが、片方だけではわからない
D　アだけでも、イだけでもわかる
E　アとイの両方があってもわからない

285 あるデータの入力を3日間で行った。

［問い］3日目は全体のどれだけの量を入力したか。

ア　3日目は1日目の2倍の量を入力した
イ　1日目と3日目は合わせて2日目と同じ量を入力した

A　B　C　D　E

20 代金精算

● 複数人で支払った後の精算額や代金を求める問題。

先に1人あたりの負担額を求める

- **負担額＝支払った金額 － 受け取った金額**
- **1人あたりの負担額×人数＝かかった費用の総額**

例題 解答・解説は右ページ

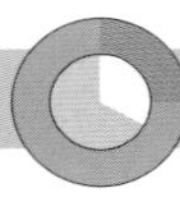

制限時間2分

空欄にあてはまる数値を求めなさい。

1 P、Q、Rの3人で友人の就職祝いをすることになり、Pが食事代の9600円を、Qがプレゼント代を支払った。食事代とプレゼント代を3等分することにし、RがPに3800円、Qにもいくらか支払って精算した。このとき、プレゼント代の総額は[　　]円である。

2 A、B、Cの3人で水族館へ行った。水族館の入場料12000円をAが支払い、交通費4200円をBが支払った。その後、食事へ行き、Cが飲食代を2400円支払おうとしたが、2000円しか持っていなかったので不足分400円はBが支払った。3人が同額ずつ負担するように精算する場合、BがAに支払うべき金額は[　　]円である。

30秒で解ける超解法!!　●1人が負担した額に注目する

1 1人あたりの負担額を求める。Pは食事代の9600円を支払い、Rから3800円を受け取って精算が終わったので、P1人の負担額は、

9600 − 3800 ＝ 5800円

P、Q、Rの負担額は同額なので、食事代とプレゼント代を合わせた総額は、

5800 × 3 ＝ 17400円

このうち食事代が**9600円**なので、プレゼント代は、

17400 − 9600 ＝ 7800円

別解 Pの負担額が5800円だとわかれば、Rの負担額も5800円とわかる。RがQに支払った金額は、

5800 − 3800 ＝ 2000円

Qはプレゼント代を支払い、Rから2000円を受け取って負担額が5800円になったので、プレゼント代は、**2000 ＋ 5800 ＝ 7800円**。

正解　7800

2 かかった費用は全部で、

12000 ＋ 4200 ＋ 2400 ＝ 18600円

3人が同額ずつ負担するので1人あたりの負担額は

18600 ÷ 3 ＝ 6200円

Bが支払った金額は交通費4200円と飲食代不足分400円で、

4200 ＋ 400 ＝ 4600円

BがAに支払うべき金額は、

6200 − 4600 ＝ 1600円

なお、CからはAに4200円支払うことになる。

正解　1600

即解▶1人あたりの負担額を最優先で計算！

1 精算が終わっているPの負担額から計算することがポイント。【負担額＝支払った金額 − 受け取った金額】より、Pが支払った金額→9600円、Pが受け取った金額→3800円で9600円−3800円＝5800円。1人あたりの負担額に人数を掛ければ総額が出る。

食事代	＋9600
精算時	−3800
Pの負担額	5800
総額 … 5800×3	

確認問題　A、B、Cの3人が飲み会を行い、代金はBとCが同額で負担した。のちに3人の割り勘で精算をし、AがBとCへ1500円ずつ支払ったとき、飲み会の総額はいくらか。解答➡次ページ下

▶解答・解説は別冊63ページ

練習問題 代金精算

目標時間 6分

点 6問

空欄にあてはまる数値を求めなさい。

□□ **286** P、Q、Rの3人で友人のお祝いをすることになり、Pが食事代を、Qがプレゼント代を支払った。食事代とプレゼント代を3等分することにし、RがPに3800円、Qに2000円を支払って精算した。このとき、食事代の総額は[　　]円である。

□□ **287** P、Q、Rの3人で同僚のお祝いをすることになり、Pが食事代を、Qがプレゼント代を支払った。食事代とプレゼント代を3等分することにし、PがQから800円、Rから6600円を受け取って精算した。このとき、食事代の総額は[　　]円である。

□□ **288** X、Y、Zの3人で、Pの誕生日のお祝いをすることにした。12900円の誕生日プレゼントをXが買い、4人のレストランでの食事代の9600円はYが支払った。レストランでの食事の後、全員で飲みにいき、その代金はZが支払った。これまでのプレゼント代、レストラン代 、飲み代をすべて合計して、X、Y、Zの3人が同額ずつ負担するように精算した結果、YはXに700円、ZはXに1900円支払った。このとき、飲み代はいくらだったか。

正解 9000円　Aの精算額である1500＋1500＝3000円が、1人あたりの負担額なので、飲み会の総額は3000円×3＝9000円。

289 P、Q、Rの３人が友人の就職祝いのプレゼントを買いに出かけた。Pは38000円のスーツ代を支払い、Qは25000円のかばん代を支払った。その後、３人が友人の家に行った。その際、Rがタクシー代を支払った。３人で同額ずつ負担するように精算したところ、RはPに16000円支払った。RはQに[　　]円支払えばよい。

290 P、Q、Rの３人で、友人に結婚祝いを贈ることになった。Pが6300円のプレゼント代を、Qが花束代を負担した。代金を３人で同額ずつ負担するように計算した結果、RがPに3000円渡し、RがQに300円を渡した。このとき、花束の代金は[　　]円である。

291 QはPから1000円、Rから3000円を借りていた。P、Q、Rの３人で友人の誕生祝いに行くことになり、Pは5000円の品物を、Qは7000円の品物を買って、２つの代金は３人で同額ずつ負担してプレゼントすることにした。貸し借りとプレゼントの２つの代金の精算をまとめて行うと、QはPに[　　]円支払うことになる。

2章 言語検査

- 能力検査の時間は約35分、そのうち言語検査は約15分で約40問です。
- 熟語の成り立ちは1問（5熟語）で約25〜30秒、それ以外の言語問題は1問15〜40秒で解くことを意識して取り組みましょう。

◎本書に掲載されている解法を習得することが合格への近道！

【例題】出題問題から、解法手順を学びやすい基本パターンを選んであります。まずは、例題の解法をきちんと覚えておきましょう。

【練習問題】時間を計って取り組み、「目標時間」内に解く訓練をすることで、実際のWEBテスティングに十分に対応できる力を養えるようになっています。目標時間を意識して解くようにしましょう。

【頻出語句 221】「熟語の成り立ち」は熟語を見たらすぐ選択肢を選ぶことが大切。そのためには出題語句をとにかく数多くインプットしておくことが一番の攻略法です。154ページの「頻出語句 221」を確実に覚えておきましょう。

言語検査【攻略のポイント】

能力検査（言語検査＋非言語検査）の試験時間は約35分です。そのうち**言語検査は約15分で約40問**（回答状況によって出題される問題数は異なります）**を解きます。熟語の成り立ちは1問（5熟語）で約25〜30秒**、それ以外の問題は**1問15〜40秒**で解くことを意識して取り組みましょう。

いかに早く正答にたどりつけるかが高得点の鍵となります。

◆熟語の成り立ち（142〜159ページ）

二字熟語の成り立ち方を判別する問題です。

5つの熟語の成り立ち方（5つの選択肢）を必ず覚えておきましょう。

① **似た意味を持つ漢字を重ねる** ▶【例】身体、戦争、錯誤

② **反対の意味を持つ漢字を重ねる** ▶【例】陰陽、終始、師弟

③ **前の漢字が後の漢字を修飾する** ▶【例】正解、誤答、永住

④ **主語と述語の関係にある** ▶【例】国立、気楽、船出

⑤ **動詞の後に目的語をおく** ▶【例】造園、遷都、登山

前の漢字と後ろの漢字が①〜⑤のうちのどれに該当するかを、

- **前後の漢字を1字ずつ分け、それぞれ訓読みや熟語にして意味を考える**
- **前後の漢字を訓読みにして文章にする**

などの方法で見分けていきます。

なお、実際の問題では、1〜5の選択肢のうちの3つ＋「いずれにもあてはまらない」という4選択の問題となっています。

◆3文の完成（160〜165ページ）

文中の[　　]にあてはまる選択肢を選んで、3つの文を完成させる問題です。

- **設問文と選択肢、それぞれの語句同士のつながりを考えて選択肢を選ぶ**
- **一読で適切な選択肢を選ぶことができる設問文から先に正解を出していくと、選択肢の数を減らすことができるので難しい問題も解きやすくなる**

◆語句の並べ替え（166～171ページ）

連続する４つの[　　]にあてはまる選択肢を選んで文を完成させる問題です。

- **文章全体の論理やつながり（修飾関係、主語と述語、言い換え、時系列など）を考えて選択肢を選ぶ**
- **先頭と最後の[　　]にあてはまる選択肢から見つけていくるのが速解のコツ**

◆適語選択（172～177ページ）

３つの[　　]にあてはまる選択肢［語句］を選ぶ問題です。

- **空欄の前後との意味のつながりから自然にあてはまりそうな語句を第一印象で選んでいっても正解できる問題が多い**
- **簡単で確実な空欄の選択肢から選んでいって、選択肢を減らしてから難しい空欄を解くのがコツ**

◆適文選択（178～183ページ）

文中にある１つの[　　]にあてはまる選択肢［文］を選ぶ問題です。

- **文章全体の結論・趣旨に沿った選択肢を選ぶことがポイント**
- **空欄に選択肢をあてはめて、文意に沿っているかどうかを判定する。少しでも違和感を感じる選択肢は不正解だと思ってよい**

◆長文読解（184～188ページ）

文の挿入、空欄補充、要旨を読み取る問題などが出題されます。

- **空欄補充問題は、選択肢をあてはめてみて前後の語句とのつながりを確認する**
- **長文より先に設問を読んで、設問のキーワードと同じ（または同じ意味合いの）語句を長文の中で検索するのが一番のコツ**

1 熟語の成り立ち

● 二字熟語の漢字の成り立ち方を選択肢から選ぶ問題。

5つの選択肢と解き方

- **前後の漢字を訓読みや熟語にして比べる**
- **前後の漢字を訓読みにして文章にする**

選択肢（成り立ち方）	出題例
似た意味を持つ漢字を重ねる **訓読み・熟語が似た意味**	**分割　分ける ≒ 割る** ▲どちらも「1つを2つ以上に分ける」という意味 **露顕　露出・暴露 ≒ 顕示・顕著** ▲両方とも「あらわ、明らかになる」の意味がある
反対の意味を持つ漢字を重ねる **訓読み・熟語が反対の意味**	**軽重　軽い ⇔ 重い** ▲「軽い」の反対は「重い」 **単複　単数 ⇔ 複数** ▲「単数」の反対は「複数」
前の漢字が後の漢字を修飾する **前の漢字が後ろの漢字を形容、説明している**	**初雪　初の → 雪** ▲「初」が「雪」を形容している **直轄　直に → 管轄する** ▲「直」が「轄」を説明している
主語と述語の関係にある **前が主語、後ろが述語。「〜が〜する」**と読める	**気絶　気が ⇒ 絶える** ▲「気」が主語、「絶える」が述語 **雪崩　雪が ⇒ 崩れる** ▲「雪」が主語、「崩れる」が述語
動詞の後に目的語をおく **後ろの漢字が前の漢字の目的や対象を表す。「〜を〜する」「〜に〜する」**	**失脚　失う ⇐ 脚を** ▲「〜を〜する」…「脚（ささえとなるもの）」を「失う」 **遅刻　遅れる ⇐ 時刻に** ▲「〜に〜する」…「時刻」に「遅れる」

例題　解答・解説は下

制限時間30秒

熟語の成り立ち方としてあてはまるものをA〜Dの中から１つずつ選びなさい。

1 弱点

2 精密

3 遅速

4 市営

5 変形

A　似た意味を持つ漢字を重ねる
B　前の漢字が後の漢字を修飾する
C　主語と述語の関係にある
D　AからCのいずれにもあてはまらない

	A	B	C	D
1	○	○	○	○
2	○	○	○	○
3	○	○	○	○
4	○	○	○	○
5	○	○	○	○

30秒で解ける超解法!!　●漢字を意味で考える

1 弱点（弱い点。短所。不十分な箇所）
弱い → **点**…「弱い」が「点」を形容している。「前の漢字が後の漢字を修飾する」関係。
正解　B

2 精密（細かい点にまで注意が行き届いていること）
精 ≒ **密**…「精（精通・精巧）」も「密（細密・綿密）」も「こまかい」という意味を持つ漢字。「似た意味を持つ漢字を重ねる」関係。
正解　A

3 遅速（遅いことと、速いこと）
遅い ⇔ **速**い…前後の漢字が反対の意味を持つ。「反対の意味の漢字を重ねる」関係。「AからCのいずれにもあてはまらない」。
正解　D

4 市営（市が経営すること）
市が ⇒ **営**む…「市」が主語で、「営む」が述語の役目。「主語と述語の関係にある」。
正解　C

5 変形（物が形を変えること）
変える ⇐ **形**を…「変える」が動詞、「形を」が目的語。「動詞の後に目的語をおく」関係。「AからCのいずれにもあてはまらない」。
正解　D

▶解答・解説は別冊65ページ

練習問題 熟語の成り立ち❶

点
7問

各問の５つの熟語の成り立ち方としてあてはまるものをそれぞれのA～Dの中から１つずつ選びなさい。（各１点）

1

1 正邪
2 炉辺
3 威嚇
4 変装
5 安泰

A 似た意味を持つ漢字を重ねる
B 前の漢字が後の漢字を修飾する
C 動詞の後に目的語をおく
D AからCのいずれにもあてはまらない

	A	B	C	D
1	○	○	○	○
2	○	○	○	○
3	○	○	○	○
4	○	○	○	○
5	○	○	○	○

2

1 加筆
2 道路
3 承諾
4 晴雨
5 視線

A 反対の意味を持つ漢字を重ねる
B 前の漢字が後の漢字を修飾する
C 動詞の後に目的語をおく
D AからCのいずれにもあてはまらない

	A	B	C	D
1	○	○	○	○
2	○	○	○	○
3	○	○	○	○
4	○	○	○	○
5	○	○	○	○

3

1 媒介
2 供給
3 点火
4 別荘
5 昇降

A 似た意味を持つ漢字を重ねる
B 反対の意味を持つ漢字を重ねる
C 前の漢字が後の漢字を修飾する
D AからCのいずれにもあてはまらない

	A	B	C	D
1	○	○	○	○
2	○	○	○	○
3	○	○	○	○
4	○	○	○	○
5	○	○	○	○

4

1 錠剤
2 主従
3 融資
4 稲穂
5 繁栄

A　反対の意味を持つ漢字を重ねる
B　前の漢字が後の漢字を修飾する
C　主語と述語の関係にある
D　AからCのいずれにもあてはまらない

	A	B	C	D
1	○	○	○	○
2	○	○	○	○
3	○	○	○	○
4	○	○	○	○
5	○	○	○	○

5

1 細大
2 着陸
3 天命
4 碁石
5 周囲

A　似た意味を持つ漢字を重ねる
B　前の漢字が後の漢字を修飾する
C　主語と述語の関係にある
D　AからCのいずれにもあてはまらない

	A	B	C	D
1	○	○	○	○
2	○	○	○	○
3	○	○	○	○
4	○	○	○	○
5	○	○	○	○

6

1 架橋
2 輪郭
3 辛勝
4 続出
5 禍福

A　反対の意味を持つ漢字を重ねる
B　主語と述語の関係にある
C　動詞の後に目的語をおく
D　AからCのいずれにもあてはまらない

	A	B	C	D
1	○	○	○	○
2	○	○	○	○
3	○	○	○	○
4	○	○	○	○
5	○	○	○	○

7

1 比肩
2 支柱
3 破損
4 公私
5 天賦

A　似た意味を持つ漢字を重ねる
B　反対の意味を持つ漢字を重ねる
C　動詞の後に目的語をおく
D　AからCのいずれにもあてはまらない

	A	B	C	D
1	○	○	○	○
2	○	○	○	○
3	○	○	○	○
4	○	○	○	○
5	○	○	○	○

▶解答・解説は別冊66ページ

練習問題　熟語の成り立ち❷

目標時間 3分　　点 / 7問

各問の５つの熟語の成り立ち方としてあてはまるものをそれぞれのA～Dの中から１つずつ選びなさい。（各１点）

8

1 苦楽
2 解熱
3 服従
4 握力
5 鳥瞰

A　似た意味を持つ漢字を重ねる
B　主語と述語の関係にある
C　動詞の後に目的語をおく
D　AからCのいずれにもあてはまらない

	A	B	C	D
1	○	○	○	○
2	○	○	○	○
3	○	○	○	○
4	○	○	○	○
5	○	○	○	○

9

1 午睡
2 愛憎
3 始業
4 心痛
5 高貴

A　前の漢字が後の漢字を修飾する
B　主語と述語の関係にある
C　動詞の後に目的語をおく
D　AからCのいずれにもあてはまらない

	A	B	C	D
1	○	○	○	○
2	○	○	○	○
3	○	○	○	○
4	○	○	○	○
5	○	○	○	○

10

1 投票
2 善悪
3 法則
4 円陣
5 年長

A　似た意味を持つ漢字を重ねる
B　前の漢字が後の漢字を修飾する
C　動詞の後に目的語をおく
D　AからCのいずれにもあてはまらない

	A	B	C	D
1	○	○	○	○
2	○	○	○	○
3	○	○	○	○
4	○	○	○	○
5	○	○	○	○

11

1 豪雨
2 停泊
3 遭難
4 授受
5 天授

A　似た意味を持つ漢字を重ねる
B　主語と述語の関係にある
C　前の漢字が後の漢字を修飾する
D　AからCのいずれにもあてはまらない

	A	B	C	D
1	○	○	○	○
2	○	○	○	○
3	○	○	○	○
4	○	○	○	○
5	○	○	○	○

12

1 逸話
2 天誅
3 制約
4 需給
5 拡大

A　似た意味を持つ漢字を重ねる
B　前の漢字が後の漢字を修飾する
C　動詞の後に目的語をおく
D　AからCのいずれにもあてはまらない

	A	B	C	D
1	○	○	○	○
2	○	○	○	○
3	○	○	○	○
4	○	○	○	○
5	○	○	○	○

13

1 地震
2 勝因
3 生誕
4 献身
5 動静

A　反対の意味を持つ漢字を重ねる
B　前の漢字が後の漢字を修飾する
C　動詞の後に目的語をおく
D　AからCのいずれにもあてはまらない

	A	B	C	D
1	○	○	○	○
2	○	○	○	○
3	○	○	○	○
4	○	○	○	○
5	○	○	○	○

14

1 国禁
2 外界
3 激烈
4 匿名
5 盛衰

A　似た意味を持つ漢字を重ねる
B　反対の意味を持つ漢字を重ねる
C　前の漢字が後の漢字を修飾する
D　AからCのいずれにもあてはまらない

	A	B	C	D
1	○	○	○	○
2	○	○	○	○
3	○	○	○	○
4	○	○	○	○
5	○	○	○	○

▶解答・解説は別冊67ページ

練習問題 熟語の成り立ち③

目標時間 3分　　点 / 7問

各問の５つの熟語の成り立ち方としてあてはまるものをそれぞれのA～Dの中から１つずつ選びなさい。（各１点）

15

1 厳重
2 雌雄
3 及第
4 国交
5 人造

A　反対の意味を持つ漢字を重ねる
B　前の漢字が後の漢字を修飾する
C　主語と述語の関係にある
D　AからCのいずれにもあてはまらない

	A	B	C	D
1	○	○	○	○
2	○	○	○	○
3	○	○	○	○
4	○	○	○	○
5	○	○	○	○

16

1 軽装
2 挑戦
3 習慣
4 屈伸
5 私選

A　似た意味を持つ漢字を重ねる
B　前の漢字が後の漢字を修飾する
C　主語と述語の関係にある
D　AからCのいずれにもあてはまらない

	A	B	C	D
1	○	○	○	○
2	○	○	○	○
3	○	○	○	○
4	○	○	○	○
5	○	○	○	○

17

1 修繕
2 改心
3 公設
4 恩師
5 前後

A　反対の意味を持つ漢字を重ねる
B　主語と述語の関係にある
C　動詞の後に目的語をおく
D　AからCのいずれにもあてはまらない

	A	B	C	D
1	○	○	○	○
2	○	○	○	○
3	○	○	○	○
4	○	○	○	○
5	○	○	○	○

18

1 真贋
2 仮説
3 留意
4 自我
5 雷鳴

A　似た意味を持つ漢字を重ねる
B　反対の意味を持つ漢字を重ねる
C　動詞の後に目的語をおく
D　AからCのいずれにもあてはまらない

	A	B	C	D
1	○	○	○	○
2	○	○	○	○
3	○	○	○	○
4	○	○	○	○
5	○	○	○	○

19

1 白墨
2 砕氷
3 賞罰
4 隔離
5 雲散

A　似た意味を持つ漢字を重ねる
B　主語と述語の関係にある
C　動詞の後に目的語をおく
D　AからCのいずれにもあてはまらない

	A	B	C	D
1	○	○	○	○
2	○	○	○	○
3	○	○	○	○
4	○	○	○	○
5	○	○	○	○

20

1 墜落
2 新入
3 即位
4 首尾
5 波動

A　前の漢字が後の漢字を修飾する
B　主語と述語の関係にある
C　動詞の後に目的語をおく
D　AからCのいずれにもあてはまらない

	A	B	C	D
1	○	○	○	○
2	○	○	○	○
3	○	○	○	○
4	○	○	○	○
5	○	○	○	○

21

1 貯蓄
2 捕鯨
3 壁画
4 霧散
5 内外

A　似た意味を持つ漢字を重ねる
B　前の漢字が後の漢字を修飾する
C　動詞の後に目的語をおく
D　AからCのいずれにもあてはまらない

	A	B	C	D
1	○	○	○	○
2	○	○	○	○
3	○	○	○	○
4	○	○	○	○
5	○	○	○	○

▶解答・解説は別冊68ページ

練習問題　熟語の成り立ち④

目標時間 3分　点 / 7問

各問の5つの熟語の成り立ち方としてあてはまるものをそれぞれのA～Dの中から1つずつ選びなさい。（各1点）

22

1. 援助
2. 除湿
3. 利害
4. 王政
5. 船出

A　似た意味を持つ漢字を重ねる
B　前の漢字が後の漢字を修飾する
C　動詞の後に目的語をおく
D　AからCのいずれにもあてはまらない

	A	B	C	D
1	○	○	○	○
2	○	○	○	○
3	○	○	○	○
4	○	○	○	○
5	○	○	○	○

23

1. 断絶
2. 帰結
3. 欠礼
4. 理非
5. 長寿

A　反対の意味を持つ漢字を重ねる
B　前の漢字が後の漢字を修飾する
C　動詞の後に目的語をおく
D　AからCのいずれにもあてはまらない

	A	B	C	D
1	○	○	○	○
2	○	○	○	○
3	○	○	○	○
4	○	○	○	○
5	○	○	○	○

24

1. 予知
2. 破壊
3. 光陰
4. 失速
5. 避暑

A　似た意味を持つ漢字を重ねる
B　反対の意味を持つ漢字を重ねる
C　前の漢字が後の漢字を修飾する
D　AからCのいずれにもあてはまらない

	A	B	C	D
1	○	○	○	○
2	○	○	○	○
3	○	○	○	○
4	○	○	○	○
5	○	○	○	○

25

1 樹木
2 好漢
3 変心
4 高低
5 調髪

A　反対の意味を持つ漢字を重ねる
B　前の漢字が後の漢字を修飾する
C　主語と述語の関係にある
D　AからCのいずれにもあてはまらない

	A	B	C	D
1	○	○	○	○
2	○	○	○	○
3	○	○	○	○
4	○	○	○	○
5	○	○	○	○

26

1 鋭敏
2 耐震
3 断念
4 山頂
5 攻守

A　似た意味を持つ漢字を重ねる
B　前の漢字が後の漢字を修飾する
C　主語と述語の関係にある
D　AからCのいずれにもあてはまらない

	A	B	C	D
1	○	○	○	○
2	○	○	○	○
3	○	○	○	○
4	○	○	○	○
5	○	○	○	○

27

1 剣道
2 借金
3 懐古
4 攻防
5 頑固

A　反対の意味を持つ漢字を重ねる
B　主語と述語の関係にある
C　動詞の後に目的語をおく
D　AからCのいずれにもあてはまらない

	A	B	C	D
1	○	○	○	○
2	○	○	○	○
3	○	○	○	○
4	○	○	○	○
5	○	○	○	○

28

1 賢明
2 防火
3 断罪
4 傑作
5 増減

A　似た意味を持つ漢字を重ねる
B　反対の意味を持つ漢字を重ねる
C　動詞の後に目的語をおく
D　AからCのいずれにもあてはまらない

	A	B	C	D
1	○	○	○	○
2	○	○	○	○
3	○	○	○	○
4	○	○	○	○
5	○	○	○	○

▶解答・解説は別冊69ページ

練習問題 熟語の成り立ち⑤

目標時間 3分 点 7問

各問の5つの熟語の成り立ち方としてあてはまるものをそれぞれのA～Dの中から1つずつ選びなさい。(各1点)

29

1 建築
2 避難
3 去年
4 巧拙
5 変色

A 似た意味を持つ漢字を重ねる
B 前の漢字が後の漢字を修飾する
C 動詞の後に目的語をおく
D AからCのいずれにもあてはまらない

	A	B	C	D
1	○	○	○	○
2	○	○	○	○
3	○	○	○	○
4	○	○	○	○
5	○	○	○	○

30

1 入門
2 参加
3 天地
4 河岸
5 離陸

A 反対の意味を持つ漢字を重ねる
B 前の漢字が後の漢字を修飾する
C 動詞の後に目的語をおく
D AからCのいずれにもあてはまらない

	A	B	C	D
1	○	○	○	○
2	○	○	○	○
3	○	○	○	○
4	○	○	○	○
5	○	○	○	○

31

1 造形
2 干満
3 連載
4 屈折
5 保健

A 似た意味を持つ漢字を重ねる
B 反対の意味を持つ漢字を重ねる
C 前の漢字が後の漢字を修飾する
D AからCのいずれにもあてはまらない

	A	B	C	D
1	○	○	○	○
2	○	○	○	○
3	○	○	○	○
4	○	○	○	○
5	○	○	○	○

32

1 噴火
2 災難
3 偽造
4 点灯
5 可否

A 反対の意味を持つ漢字を重ねる
B 前の漢字が後の漢字を修飾する
C 主語と述語の関係にある
D AからCのいずれにもあてはまらない

	A	B	C	D
1	○	○	○	○
2	○	○	○	○
3	○	○	○	○
4	○	○	○	○
5	○	○	○	○

33

1 興亡
2 反映
3 遭遇
4 加勢
5 敬老

A 似た意味を持つ漢字を重ねる
B 前の漢字が後の漢字を修飾する
C 主語と述語の関係にある
D AからCのいずれにもあてはまらない

	A	B	C	D
1	○	○	○	○
2	○	○	○	○
3	○	○	○	○
4	○	○	○	○
5	○	○	○	○

34

1 言行
2 遺失
3 投資
4 話題
5 施錠

A 反対の意味を持つ漢字を重ねる
B 主語と述語の関係にある
C 動詞の後に目的語をおく
D AからCのいずれにもあてはまらない

	A	B	C	D
1	○	○	○	○
2	○	○	○	○
3	○	○	○	○
4	○	○	○	○
5	○	○	○	○

35

1 平均
2 歌人
3 徹夜
4 圧巻
5 乾湿

A 似た意味を持つ漢字を重ねる
B 反対の意味を持つ漢字を重ねる
C 動詞の後に目的語をおく
D AからCのいずれにもあてはまらない

	A	B	C	D
1	○	○	○	○
2	○	○	○	○
3	○	○	○	○
4	○	○	○	○
5	○	○	○	○

頻出語句221

「熟語の成り立ち」に出題された語句221語

▼ 熟語の成り立ち方を答えなさい		解答
□□ 屋外	建物の外	前が後を修飾
□□ 視界	目に見える範囲	前が後を修飾
□□ 名実	名声と功績、評判と実際のこと	反対の意味
□□ 日課	毎日行う仕事	前が後を修飾
□□ 逸脱	本来の意味や決められた範囲から外れること	似た意味
□□ 欠陥	本来あるべきものが、欠けていて足りないこと	似た意味
□□ 模造	本物に似せてつくること	前が後を修飾
□□ 是非	正しいことと正しくないこと	反対の意味
□□ 腐朽	腐って形が崩れいたむこと	似た意味
□□ 診察	病状判断のため医師が患者を調べること	似た意味
□□ 美醜	美しいか醜いかの度合い	反対の意味
□□ 共同	二人以上で一緒に事を行うこと	似た意味
□□ 当落	当選と落選のこと	反対の意味
□□ 遷都	都を他の地に移すこと	動詞の後に目的語
□□ 慎重	注意深くふるまい、軽々しく行動しないこと	似た意味
□□ 公営	地方公共団体など公の機関が事業を経営すること	主語と述語
□□ 貴賤	地位や身分が高いことと低いこと	反対の意味
□□ 日没	太陽が地平線に沈むこと。日の入り	主語と述語
□□ 多寡	多いか少ないかの度合い	反対の意味
□□ 確信	信じて疑わないこと	前が後を修飾
□□ 被害	損害や危害を受ける（被る）こと	動詞の後に目的語
□□ 存亡	存続するか消滅してしまうかということ	反対の意味
□□ 策略	相手を陥れるはかりごと	似た意味
□□ 速報	出来事・事件をすぐ知らせること	前が後を修飾
□□ 廃屋	住む人もなく荒れはてた家	前が後を修飾
□□ 誠実	真心があって、まじめな様子	似た意味
□□ 気楽	心配や苦労がなく、のんきなさま	主語と述語
□□ 健康	心身ともに正常で元気な様子	似た意味
□□ 幹線	主要な道筋となる線	前が後を修飾
□□ 勤務	会社や役場など組織で働くこと	似た意味
□□ 絶食	食物をまったくとらないこと	動詞の後に目的語

□□	罷免	職務を強制的にやめさせること	似た意味
□□	王冠	王位を象徴してかぶる冠	前が後を修飾
□□	秀逸	他より飛び抜けて優れていること	似た意味
□□	悪漢	悪事を働く男。悪人	前が後を修飾
□□	貧乏	収入や財産が少なく経済的に苦しいこと	似た意味
□□	享受	受け入れて、味わい楽しむこと	似た意味
□□	再起	悪い状態から盛り返して再び起き上がること	前が後を修飾
□□	微動	わずかに動くこと	前が後を修飾
□□	師弟	師匠と弟子や教師と生徒のこと	反対の意味
□□	賛否	賛成か不賛成かということ	反対の意味
□□	養蚕	蚕を飼育し、繭を生産すること	動詞の後に目的語
□□	培養	細胞や組織の一部を人工的に育てること	似た意味
□□	救援	困難な状況にある人を助けること	似た意味
□□	国営	国家が事業を経営すること	主語と述語
□□	早速	行動や対応がすみやかなこと	似た意味
□□	往復	行って帰ること	反対の意味
□□	往来	行ったり来たりすること	反対の意味
□□	採決	構成員の賛否を採って決めること	動詞の後に目的語
□□	披露	広く人に知らせること	似た意味
□□	直営	本社や出資者が直接に経営すること	前が後を修飾
□□	提携	互いに協力して助け合うこと	似た意味
□□	私立	個人や民間が設立すること	主語と述語
□□	賢愚	賢いこと（人）と愚かなこと（人）	反対の意味
□□	解約	契約を取り消すこと	動詞の後に目的語
□□	傾斜	傾いて斜めになること	似た意味
□□	強弱	強いことと弱いこと。強さと弱さの度合い	反対の意味
□□	耐寒	寒さに耐えること	動詞の後に目的語
□□	卒業	学校などの全課程を終えること	動詞の後に目的語
□□	開閉	開けたり閉めたりすること	反対の意味
□□	過去	過ぎ去ってしまった時	似た意味
□□	惜敗	わずかな差で負けること	前が後を修飾
□□	液体	水や油のように流動性のある物質の状態	前が後を修飾
□□	旋回	円を描いてぐるぐる回ること	似た意味
□□	直立	まっすぐに立つこと	前が後を修飾
□□	諾否	引き受けることと、断ること	反対の意味
□□	功罪	手柄になる点と責められる点	反対の意味
□□	寸暇	ほんの少しの空き時間	前が後を修飾
□□	汽笛	船や鉄道車両で、蒸気を使って鳴らす仕組みの笛	前が後を修飾

□□	完成	不足なく完全に仕上がること	前が後を修飾
□□	苦笑	苦々しく思いながら仕方なく笑うこと	前が後を修飾
□□	逆境	不運で苦労の多い状況	前が後を修飾
□□	失礼	礼儀に欠けること	動詞の後に目的語
□□	重症	病状が重いこと	前が後を修飾
□□	仮病	病気のふりをすること	前が後を修飾
□□	疎外	よそよそしくて仲間外れにすること	似た意味
□□	永住	長く、その土地に住み着くこと	前が後を修飾
□□	奨励	よいこととして人に強く勧めること	似た意味
□□	良否	良いか悪いかということ	反対の意味
□□	窮屈	ゆとりがなく心身の自由がきかないこと	似た意味
□□	佳作	できばえのよい作品	前が後を修飾
□□	快晴	雲もなく晴れ渡ること	前が後を修飾
□□	傍観	そばで何もせずに見ていること	前が後を修飾
□□	手腕	物事を処理する腕前や実力	似た意味
□□	朝夕	朝と晩。朝から晩まで。毎日。いつも	反対の意味
□□	陰陽	相反する性質を持つ２種の気	反対の意味
□□	究極	きわめること。最後の到達点	似た意味
□□	慈雨	恵みの雨	前が後を修飾
□□	円満	物事や人柄が穏やかで満ち足りていること	似た意味
□□	終始	物事の始めから終わりまで	反対の意味
□□	障害	物事の進行や達成の妨げになること	似た意味
□□	優良	物事の状態が他より優れていること	似た意味
□□	史跡	歴史上で重要な事件や施設の痕跡が残る場所	前が後を修飾
□□	造園	庭や公園などを造ること	動詞の後に目的語
□□	起源	物事の起こりや始まりのこと	似た意味
□□	衰微	物事の勢いが衰えて弱くなること	似た意味
□□	循環	物事が巡り、同じように繰り返すこと	似た意味
□□	通貨	支払い手段などとして国内で流通する貨幣	前が後を修飾
□□	節約	無駄を省いて切り詰めること	似た意味
□□	悲惨	悲しく痛ましい様子	似た意味
□□	逸品	特に優れた品物	前が後を修飾
□□	厚遇	手厚くもてなすこと	前が後を修飾
□□	探索	未知の事柄などを探し求めること	似た意味
□□	空疎	見せかけだけで内容がないこと	似た意味
□□	官製	政府がつくること	主語と述語
□□	慶弔	お祝い事と、葬儀など不幸な出来事のこと	反対の意味
□□	抑揚	音声などの調子を上げ下げすること	反対の意味

□□	錯誤	思い違い。事実と認識が一致しないこと	似た意味
□□	読書	本を読むこと	動詞の後に目的語
□□	鈍器	凶器ともなる固くて重みのある器具	前が後を修飾
□□	壮観	規模が大きく、立派ですばらしい眺め	前が後を修飾
□□	抵触	触れること。衝突すること。規則に違反すること	似た意味
□□	厳禁	厳しく禁止すること	前が後を修飾
□□	滅亡	滅び絶えてなくなること	似た意味
□□	戦争	武力による国家間の争いのこと	似た意味
□□	造船	船を建造すること	動詞の後に目的語
□□	虚飾	外見だけの飾りや体裁	前が後を修飾
□□	沈没	船などが水中に沈むこと	似た意味
□□	泳法	泳ぎ方。泳ぎの方法。	前が後を修飾
□□	開幕	舞台、行事などが始まること	動詞の後に目的語
□□	漆器	漆を塗って仕上げた器や工芸品	前が後を修飾
□□	祝宴	祝い事で催す宴会	前が後を修飾
□□	惰性	今まで続いてきた習慣や勢い	前が後を修飾
□□	開封	封筒や容器などを開けること	動詞の後に目的語
□□	困窮	貧乏で苦しむこと。困り果てること	似た意味
□□	海洋	広く大きな海のこと	似た意味
□□	常任	いつもその任務に就いていること	前が後を修飾
□□	散在	あちこちに散らばってあること	前が後を修飾
□□	哀悼	人の死を悲しむ気持ちのこと	似た意味
□□	選択	必要なものを選び取ること	似た意味
□□	左右	左と右。かたわら	反対の意味
□□	邪推	他人の言葉や行為を悪く推量すること	前が後を修飾
□□	人為	人の力で何かを行うこと	主語と述語
□□	漸進	順を追って少しずつ進むこと	前が後を修飾
□□	催促	早くするように急かすこと	似た意味
□□	既成	すでに出来上がっていること	前が後を修飾
□□	雨天	雨の降る天気	前が後を修飾
□□	伸縮	伸び縮みすること	反対の意味
□□	催眠	眠気をもよおすこと。眠くならせること	動詞の後に目的語
□□	断熱	熱が伝わることを防ぐこと	動詞の後に目的語
□□	少量	わずかな分量	前が後を修飾
□□	身体	人間のからだ。肉体。	似た意味
□□	拾得	落とし物を手に入れること	似た意味
□□	緩急	ゆるやかなことと厳しいこと	反対の意味
□□	煙害	煙やガスなどによる災害	前が後を修飾

	熟語	意味	構成
□□	怠惰	なまけてだらしない様子	似た意味
□□	歓声	喜びのあまりに叫ぶ声	前が後を修飾
□□	空虚	内容や価値が何もないこと。むなしいこと	似た意味
□□	換気	内部の空気を外の空気と入れかえること	動詞の後に目的語
□□	排気	内部の空気を外側に出すこと	動詞の後に目的語
□□	着脱	取りつけたり外したりすること	反対の意味
□□	摂取	取り入れて自分のものにすること	似た意味
□□	悲哀	悲しく哀れなこと	似た意味
□□	顕示	よくわかるようにはっきりと示すこと	前が後を修飾
□□	暗躍	ひそかに陰で計画を立てて活躍すること	前が後を修飾
□□	指名	人や物の名前をあげて指定すること	動詞の後に目的語
□□	昇天	天高くのぼること。死ぬこと	動詞の後に目的語
□□	廉価	値段が安いこと	前が後を修飾
□□	急病	突然に起こった病気	前が後を修飾
□□	入院	治療のために一定期間、病院に入ること	動詞の後に目的語
□□	果樹	食べられる果物がなる木	前が後を修飾
□□	減退	力や勢いが衰えること	似た意味
□□	圧迫	力で押さえつけること、威圧すること	似た意味
□□	辞退	勧められたことを遠慮して断ること	似た意味
□□	除名	名前を除き去ること。構成員の資格を奪うこと	動詞の後に目的語
□□	互譲	互いに譲り合うこと	前が後を修飾
□□	発音	単語や言語を発声すること	動詞の後に目的語
□□	飢餓	食物がなく栄養不足になること。飢えること	似た意味
□□	大会	大規模な集まりや会合	前が後を修飾
□□	超越	他のものをはるかにこえ、ずば抜けていること	似た意味
□□	縦横	たてとよこ。東西と南北	反対の意味
□□	概論	全体の内容を大まかに述べること	前が後を修飾
□□	堪忍	堪え忍ぶこと。じっと我慢すること	似た意味
□□	日照	太陽が地上を照らすこと	主語と述語
□□	端末	回線などの「末端」に位置する機器	似た意味
□□	異同	一致しないこと。違っている点	反対の意味
□□	崇高	偉大で気高く尊いこと	似た意味
□□	検査	異常や問題などがないか、よく調べること	似た意味
□□	推測	ある事柄をもとに想像して判断すること	似た意味
□□	有無	あることとないこと	反対の意味
□□	硬軟	硬いことと軟らかいこと	反対の意味
□□	併合	合わせて一つにすること	似た意味
□□	解散	集まっている人がわかれ散ること	似た意味

	熟語	意味	成り立ち
□□	祖国	先祖から住んできた国。自分が生まれた国	前が後を修飾
□□	我流	正統ではない、自分独自のやり方のこと。自己流	前が後を修飾
□□	側面	正面に対して横の面	前が後を修飾
□□	加入	組織や団体などの仲間の一員になること	似た意味
□□	清濁	善と悪。善人と悪人	反対の意味
□□	延期	予定された期日や期限を延ばすこと	動詞の後に目的語
□□	株価	証券市場での株式の価格	前が後を修飾
□□	地異	地震や洪水など、地上に起こる異変	前が後を修飾
□□	市立	市（し）が設置し、管理すること	主語と述語
□□	模倣	すでにあるものをまねること	似た意味
□□	概算	厳密ではなく大まかに計算すること	前が後を修飾
□□	加護	神仏の力で守り助けること	動詞の後に目的語
□□	昨晩	きのうの晩。昨夜	前が後を修飾
□□	字典	漢字などの文字を集めて分類した辞典	前が後を修飾
□□	外因	外部から生じた原因	前が後を修飾
□□	救護	傷病者などを救助し、看護すること	似た意味
□□	益鳥	人や農産物などに良い影響を与える鳥類	前が後を修飾
□□	議題	会議で討議する問題	前が後を修飾
□□	宣伝	主張や効能などを広く伝えること	似た意味
□□	本末	もととすえ。物事の根本とそうでないもの	反対の意味
□□	満足	十分に満ち足りて不満がないこと	似た意味
□□	執務	事務や業務をとりおこなうこと	動詞の後に目的語
□□	排他	自分や仲間以外のものを受け入れないこと	動詞の後に目的語
□□	柔軟	やわらかく、しなやかで適応性に富むこと	似た意味
□□	下降	下に向かって移動・変化すること	似た意味
□□	後悔	自分の行為を後になって失敗だったと悔やむこと	前が後を修飾
□□	永遠	時間を超えて果てしなく続くこと	似た意味
□□	方円	四角形と円形のこと	反対の意味
□□	純粋	まじりけがないこと	似た意味
□□	録画	再生を目的に、画像を記録すること	動詞の後に目的語
□□	栄華	権力や財力で富み栄えること	似た意味
□□	慰労	苦労をいたわり、ねぎらうこと	動詞の後に目的語
□□	救済	苦しむ人を救い助けること	似た意味
□□	預金	金融機関に金銭を預けること	動詞の後に目的語
□□	制覇	他を押さえつけて権力を握ること	似た意味
□□	実感	実際に物事に接したときに得る感じ	前が後を修飾
□□	打撲	強い衝撃で筋繊維や血管が損傷すること	似た意味
□□	濃淡	色や味などのが濃いことと薄いこと。その度合い	反対の意味

2 3文の完成

● 文中の[　　]にあてはまる選択肢を選んで、3つの文を完成させる問題。

例題　解答・解説は次ページ

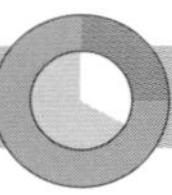

制限時間90秒

各問の3つの文を完成させるために、A～Eの中から最もつながりのよいものを1つずつ選びなさい。ただし、同じ選択肢を重複して使うことはありません。

1　西洋では既存する権威に立ち向かう新人の経験の積み重ねで科学という制度が確立したが、[　　]。

2　日本では科学技術を移入するために国家が選出した秀才たちを派遣したという歴史から、[　　]。

3　日本では西洋の社会制度をそのまま明治時代に移入した後に科学技術の専門家が誕生したため、[　　]。

A　日本における科学とは国家の権威に基づいて成立した制度であった

B　古来からの伝統や道徳までを手放していいのかという反発があった

C　19世紀後半に知的な権威は科学から宗教へと移行していった

D　日本の科学者には真面目一方の堅物で〈体制側の科学者〉という印象が持たれるようになった

E　当初から科学者のイメージは社会に順応した組織人であってアウトサイダーや自由人といったものではなかった

	A	B	C	D	E
1	○	○	○	○	○
2	○	○	○	○	○
3	○	○	○	○	○

30秒で解ける超解法!! ●語句同士のつながりから解く

●設問文と選択肢、各々の語句同士のつながり**（主語と述語、原因と結果、言い換え、修飾関係、対比など）**を考えながら選択肢を読んでいく。

●直感で自然なつながりになる選択肢を選んでいって解ける問題も多いので、迷ったらすぐ次の設問文に目を移して、**一読で適切な選択肢を選ぶことができる設問文から先に正解を出していく**と、選択肢の数を減らすことができるので難しい問題も解きやすくなる。

1　[　　]の前にある「**制度が確立したが**」という逆接の接続助詞がヒントになる。設問文の「**西洋では既存する権威に立ち向かう新人の経験の積み重ねで科学という制度が確立したが**」と、選択肢A～Eとをさっと読み比べて、Aの「**日本における科学とは国家の権威に基づいて成立**」が設問文と対比関係「**西洋←→日本**」「**権威に立ち向かう←→権威に基づいて**」にあることを読み取れば解ける。

正解　A

2　設問文の「**日本では科学技術を移入するために国家が選出した秀才たちを派遣したという歴史から**」と、選択肢B・C・D・E（**1**の解答のAは除く）とをさっと読み比べて、D「**真面目一方の堅物で〈体制側の科学者〉という印象**」が同じニュアンスである「**国家が選出した秀才≒体制側の科学者**」ことを読み取れば解ける。

正解　D

3　残った選択肢B・C・E（**1**と**2**の解答のAとDは除く）の中では、Eのみがあてはまる。設問文の「**日本では西洋の社会制度をそのまま明治時代に移入した後に科学技術の専門家が誕生したため**」と、選択肢B・C・Eとをさっと読み比べて、「**社会制度をそのまま移入した後に**」→E「**社会に順応した組織人**」というつながりからも正解は導ける。

正解　E

▶解答・解説は別冊71ページ

練習問題 3文の完成

点
33問

各問の3つの文を完成させるために、A～Eの中から最もつながりのよいものを1つずつ選んで［　］に記号を入れなさい。ただし、同じ選択肢を重複して使うことはありません。

36　中世の日本の風習では贈り物とその返礼品がほぼ同じ価値であることが求められ、［　］。

37　中世の日本の風習では正式な物品の贈呈には必ず書状を添えて、［　］。

38　現代では時候の挨拶やお祝い・お礼などの意味を兼ねて贈り物をすることもあるが中世では無礼な行為とされ、［　］。

A　その品を贈る理由や品目、数量などを記すことが礼儀であった
B　武士同士では馬や太刀を贈る習慣もあった
C　当時は「謹呈」や「啓上」などの儀礼的な文言は必要なかった
D　贈り物にはそれぞれ個別の理由・目的があることが求められた
E　贈り物の量や価値で相手より優位に立とうとする意識はなかった

39　［　］、北日本の日本海沿岸地域では冬季に雷が多く発生する。

40　［　］、周囲の主だった山々の名前から赤城雷・日光雷などと呼ばれることがある。

41　［　］、摩擦による静電気で雲と地面の間に発生した電位差で起こる放電現象が雷である。

A　雷とは積乱雲の中で発生し激しい光や音が出る放電現象であるが
B　有数の雷多発地域である栃木県で雷を「らいさま」の愛称で呼ぶのは
C　北関東の山岳地帯で発生する上昇気流が起こした雷が平野部に移動するため
D　雲の中で氷の粒や霰（あられ）などが上昇気流でぶつかり合い
E　大陸からの冷たい季節風が温度の高い海上で多量の水蒸気を得て雷雲となるため

42 自分に似合うスーツ探しが意外に難しいのは、[　　]。

43 スーツとネクタイの組み合わせに悩むのは、[　　]。

44 無意識でよく似たデザインの服ばかり何度も買ってしまうのは、[　　]。

A　まだ着るスーツを決めていないからだ
B　配色と柄が合わないという理由によることがほとんどである
C　好みや意識が一定のものに常に同調してしまうからだ
D　自分に似合うか否かは自分の好みとは違っているからである
E　配色の基本が理解できていれば迷うことはないはずだ

45 [　　]、自然の脅威とは度重なる水害をおいてほかにはなかった。

46 [　　]、治水と干拓など水利技術の普及が進むにつれてのことである。

47 [　　]、人が居住できる低地は河口周辺などを含めて30%前後しかない。

A　灌漑技術が河川の氾濫などとの闘いの中で進歩したように
B　日本の国土は険しい山地がその大部分を占め
C　自然の恩恵とは川が運ぶ水と肥沃な土壌の恵みにほかならず
D　河川が運んできた土砂が下流地域で堆積した三角州には
E　水稲を中心とした日本の農業が大きな河川の下流域に広がったのも

48 [　　]、弱音も強音も出せるものが発明され「ピアノ」と呼ばれるようになった。

49 [　　]、音を大きくする場合は木材が、防音・遮音する場合はカーペットなどが適している。

50 [　　]、鍵盤楽器の一種であるものの、打楽器や弦楽器または打弦楽器とされることもある。

A　ピアノは接地面も振動させて音を響かせるため床の材質は重要で
B　ピアノの鍵盤数は音楽の発展とともに増えて現在は主に88鍵となり
C　ピアノは張られた弦を木のハンマーでたたいて音を出す構造なので
D　チェンバロは小さな爪が弦をはじくものなので音量調節が難しかったが
E　音に強弱を出せるチェンバロの特徴から奏者の表現の幅が広がり

☐ **51** [　　]、見る者に音の記憶を呼び覚ますきっかけとなっている。

☐ **52** [　　]、日本語には一語で音を表現する単語が数多くある。

53 [　　]、まったくの無音以上に静けさを際立てる日本古来の演出である。

A 「○○のような音」ではなく「潮騒」や「蝉時雨」のように
B 歌舞伎や能では拍子木や太鼓、鉦などが効果音によく使われており
C 俳句には「蛙飛び込む水の音」など音を書き込んだものが多く
D 水がたまると竹筒が傾いて音を出す「ししおどし」などの庭園装置は
E 広重の「東海道五十三次」には雨や滝などが生き生きと描き込まれ

☐ **54** 江戸期の様々な情報を大まかに分けると、[　　]。

☐ **55** 伝達手段の変化などその時期にもよるが、江戸時代は[　　]。

56 庶民の間で「旅」が広く普及したことも、[　　]。

A 情報の波及に拍車をかけることになった
B 概して情報が発達した時代であったと考えられる
C いわゆる「口コミ情報」と「文字情報」に大別できる
D 情報をかなりの精度と速度で地方に伝えたのが旅人であった
E 飛脚や旅人などがもたらす情報量や伝達速度は現代と比べようもない

☐ **57** [　　]、これらの人に対して国は特別助成金を毎年交付している。

☐ **58** [　　]、その「わざ」を体得・相伝する個人や集団によって具体化・体現化されるものである。

59 [　　]、同時にその「わざ」を体現できる個人や集団を保持者または保持団体として認定する。

A 国は認可した団体の重要無形文化財保存事業に補助金を交付し
B 国は無形文化財のなかで特に重要なものを重要無形文化財に指定し
C 世界無形文化遺産である能楽、文楽、歌舞伎などの後継者養成事業は
D 無形文化財とは芸能や工芸技術など、人間の「わざ」自体を指し
E 「人間国宝」とは重要無形文化財の保持者として認定された人物であり

60 予算は年度で縛られているため、[　　]。
61 毎日メールで情報を交換していても、[　　]。
62 何の話題でもよいので、互いに話をすることが、[　　]。

A 文化の隔たりを感じざるを得ないのだ
B 顔をつきあわせる会議は欠かせない
C 社員に社風を尊ぶという気風がある
D 難しい仕事を共同で進める連帯感を生む
E 計画の進行にあわせた使い方ができない

63 大陸地殻の上部を構成する主要な岩石を花こう岩というが、[　　]。
64 地震波速度で地球内部の物質や構成などの情報を得られるのは、[　　]。
65 19世紀に確立した地質学によると、地質からわかることは地球表面だけに過ぎず、[　　]。

A これは海底地殻など下部を構成する玄武岩より軽いことがわかっている
B 伝わる速度により通過部分の密度や硬さなどを推測できるからである
C 大陸地殻と海底地殻を主に構成する岩石は違うということがわかっている
D 地球内部の構造や変化を理解するには地質以外の情報も必要であった
E 地震波速度が震源地との距離に比例しないからである

66 積乱雲が発達する暑い日には地表の空気が暖められて上昇すると気圧が下がり、[　　]。
67 熱帯や亜熱帯の海では海水温が高く空気中に水蒸気が多く含まれ、[　　]。
68 球体の地球の自転で起きる「コリオリの力」は赤道付近では働かないので渦ができず、[　　]。

A 海水温が高く大量の水蒸気が存在しても熱帯低気圧は発生しない
B 渦巻きの中心に強風が吹き込み雲のない空洞部分「台風の目」ができる
C 熱帯低気圧は発生地域で台風、ハリケーン、サイクロンと名前が変わる
D 大量の水蒸気で雨雲が次々と発生し巨大な積乱雲の集合体に発達する
E 気圧が低下すると周囲から空気が吹き込み地球の自転により渦を巻く

3 語句の並べ替え

● 連続する4つの[　　]にあてはまる選択肢を選んで文を完成させる問題。

例題　解答・解説は次ページ 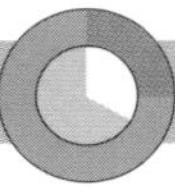 制限時間1分

ア～エの空欄にA～Dの語句を入れて文を完成させるとき、最も適切な組み合わせを答えなさい。

1　西ヨーロッパ諸国が世界へと進出していった

[　ア　][　イ　][　ウ　][　エ　]

実状である。

A　ほとんど残されていないのが
B　過去500年ほどの歴史に関しては
C　侵略された側の視点による記録は
D　西ヨーロッパ諸国側は数多くの記録を残しているが

	A	B	C	D
ア	○	○	○	○
イ	○	○	○	○
ウ	○	○	○	○
エ	○	○	○	○

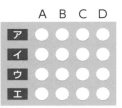

2　地球環境問題には生態系という

[　ア　][　イ　][　ウ　][　エ　]

側面がある。

A　自然界からの逆襲という
B　自然界には存在しない化学物質を注ぎ込んだり
C　技術を過剰に投入したりしてきたことに対する
D　巨大で複雑な未知のシステムを支配しようとして

	A	B	C	D
ア	○	○	○	○
イ	○	○	○	○
ウ	○	○	○	○
エ	○	○	○	○

30秒で解ける超解法!! ●自然な文になるように並べる

- 文章全体の論理やつながり**（修飾関係、主語と述語、言い換え、時系列など）**を考えて選択肢を選んでいけば正解を導くことができる。
- **アとエに入る選択肢を先に見つけるのが速解のコツ。**

1 最初の［ ア ］には、「**西ヨーロッパ諸国が世界へと進出していった→過去500年ほどの歴史に関しては**」という**修飾関係から**Bが入ることがわかる。

最後の［ エ ］には、「ほとんど残されていないのが→**実状である**」という**主語述語のつながりで**Aが入る。

残ったCとDは、「D **西ヨーロッパ諸国側は数多くの記録を残しているが→**C **侵略された側の視点による記録は→ほとんど残されていない**」というつながりがわかる。C→Dでは意味がつながらない。

全体…西ヨーロッパ諸国が世界へと進出していった［B **過去500年ほどの歴史に関しては**］［D **西ヨーロッパ諸国側は数多くの記録を残しているが**］［C **侵略された側の視点による記録は**］［A **ほとんど残されていないのが**］実状である。

正解	
ア	B
イ	D
ウ	C
エ	A

2 最初の［ ア ］には、「生態系という→巨大で複雑な未知のシステム」という**修飾関係から**Dが入ることがわかる。

最後の［ エ ］には、「自然界からの逆襲という→側面がある」という**修飾関係から**Aが入る。

BとCについては、「B **自然界には存在しない化学物質を注ぎ込んだり→**C **技術を過剰に投入したりしてきたことに対する→自然界からの逆襲**」というつながりが最も自然である。C→Bでは意味がつながらない。

全体…地球環境問題には生態系という［D **巨大で複雑な未知のシステムを支配しようとして**］［B **自然界には存在しない化学物質を注ぎ込んだり**］［C **技術を過剰に投入したりしてきたことに対する**］［A **自然界からの逆襲という**］側面がある。

正解	
ア	D
イ	B
ウ	C
エ	A

▶解答・解説は別冊74ページ

練習問題　語句の並べ替え

目標時間 8分　点 / 15問

ア〜エの空欄にA〜Dの語句を入れて文を完成させるとき、最も適切な組み合わせを答えなさい。

69 開国した日本から［ ア ］［ イ ］［ ウ ］［ エ ］まで及んだ。

A　大量に持ち込まれたことで
B　その影響は印象派の画家たちに
C　浮世絵や陶器、漆器などの美術品が
D　ヨーロッパでは日本ブームが巻き起こり

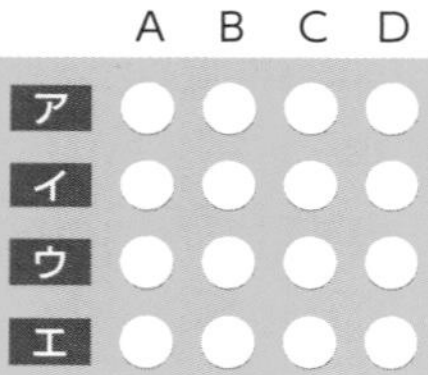

70 若草伽藍の発掘により［ ア ］［ イ ］［ ウ ］［ エ ］再建されたものであることが証明された。

A　現在の法隆寺が
B　日本書紀に書かれている
C　史実であり
D　創建法隆寺の落雷による焼失が

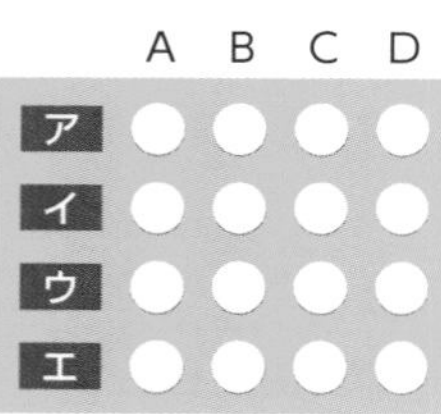

71 身体障害者補助犬法の施行により［ ア ］［ イ ］［ ウ ］［ エ ］聴導犬や介助犬にいたってはいずれも数十匹にすぎない。

A　社会の認知度は高まりつつあるが
B　以前から広く知られていた
C　盲導犬でさえ全国で千匹に満たない現状で
D　さまざまな補助犬について

	A	B	C	D
ア	○	○	○	○
イ	○	○	○	○
ウ	○	○	○	○
エ	○	○	○	○

□ **72** メディアの変容は［ ア ］［ イ ］［ ウ ］［ エ ］こともできる。
□

A 根本的に変えてしまう
B 構造的な転移ととらえる
C 人々の世界観や思考の様式を
D 伝達手段の変化というだけでなく

	A	B	C	D
ア	○	○	○	○
イ	○	○	○	○
ウ	○	○	○	○
エ	○	○	○	○

□ **73** 自然人類学とともに［ ア ］［ イ ］［ ウ ］［ エ ］であることが多い。
□

A かつて「未開」と呼ばれた伝統社会
B その研究対象とされるのは
C 人間の文化的側面を研究する学問だが
D 人類学の柱とされる文化人類学は

	A	B	C	D
ア	○	○	○	○
イ	○	○	○	○
ウ	○	○	○	○
エ	○	○	○	○

□ **74** ある生命科学研究所のチームが［ ア ］［ イ ］［ ウ ］［ エ ］動物実験で突き止めた。
□

A 脳内における記憶の
B アクチンというタンパク質が
C 筋肉を収縮させる役割を持つ
D 保存・維持に必要な物質であることを

	A	B	C	D
ア	○	○	○	○
イ	○	○	○	○
ウ	○	○	○	○
エ	○	○	○	○

□ **75** 大腰筋は加齢による衰えが顕著な筋肉で［ ア ］［ イ ］［ ウ ］［ エ ］日常生活の中でも鍛錬が可能な筋肉である。
□

A 大股で歩いたりすることで
B ここが衰えると歩行時に足を持ち上げ
C 前方に踏み出す動作にも支障をきたすが
D 例えば階段を一段飛ばしで上ったり

	A	B	C	D
ア	○	○	○	○
イ	○	○	○	○
ウ	○	○	○	○
エ	○	○	○	○

□ **76** 民主主義というものはこれまでに［ ア ］［ イ ］［ ウ ］［ エ ］いま
□ だ身につけていない。

A 学習を重ねてきたが
B 制御する手法については
C グローバリゼーションという最近の趨勢を
D 市場経済をコントロールする方法について

	A	B	C	D
ア	○	○	○	○
イ	○	○	○	○
ウ	○	○	○	○
エ	○	○	○	○

□ **77** 予防接種についての報道では［ ア ］［ イ ］［ ウ ］［ エ ］という視
□ 点が必要となる。

A どう捉えていくか
B ワクチンによって引き起こされる
C 副反応による健康被害という側面を
D 個人防御や社会防衛などの効果面だけでなく

	A	B	C	D
ア	○	○	○	○
イ	○	○	○	○
ウ	○	○	○	○
エ	○	○	○	○

□ **78** かつて人工衛星といえば［ ア ］［ イ ］［ ウ ］［ エ ］活発化してい
□ る。

A 超小型の衛星を用いた打ち上げが
B 国や大企業が打ち上げの主体となっていたが
C 1辺10センチほどの箱型の
D 近年では大学や中小企業などが自ら開発した

	A	B	C	D
ア	○	○	○	○
イ	○	○	○	○
ウ	○	○	○	○
エ	○	○	○	○

□ **79** ガラパゴス諸島に生息するダーウィン・フィンチの［ ア ］［ イ ］［ ウ ］
□ ［ エ ］着想を与えたといわれている。

A ビーグル号での航海中に
B 多様なくちばしの形状は
C 自然淘汰による進化論の
D この島を訪れたダーウィンに

	A	B	C	D
ア	○	○	○	○
イ	○	○	○	○
ウ	○	○	○	○
エ	○	○	○	○

80 火山が隆起してできた海洋島である小笠原諸島は［ ア ］［ イ ］［ ウ ］［ エ ］島として知られている。

A　進化を遂げた
B　数多く見られる
C　固有種が
D　周囲と隔絶した環境で

81 地球上で起きた事件が瞬く間に［ ア ］［ イ ］［ ウ ］［ エ ］不思議には思わない。

A　だれひとりそのことを
B　映像化されて伝わり
C　現在では当たり前のことであり
D　世界中どこでも見ることができるのは

82 社会が平穏無事なときには［ ア ］［ イ ］［ ウ ］［ エ ］求められるリーダーの資質となる。

A　併せ持つことが
B　調整型のリーダーが求められるが
C　広い識見と強い信念を持ち決断力と実行力を
D　非常時ともなれば

83 台風という呼び名は新しく、明治の末に［ ア ］［ イ ］［ ウ ］［ エ ］野分と呼ばれていた。

A　音韻をまねて
B　日本ではそれまで
C　「たいふう」と名づけられたもので
D　英語のタイフーンという言葉の

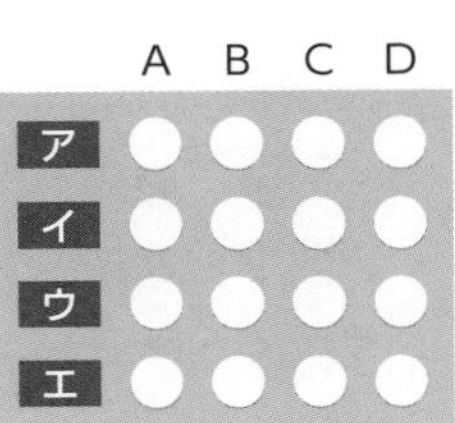

4 適語選択

● 3つの[　　]にあてはまる選択肢［語句］を選ぶ問題。

例題　解答・解説は次ページ　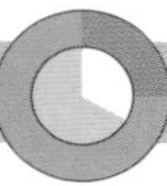　制限時間1分

ア～ウの空欄に入れる語として最も適切なものをA～Cの中から１つずつ選びなさい。ただし、それぞれの語は１カ所のみ用いるものとします。

1　文化の発展に伴う変化とはもちろん、［ ア ］起こることではなくて、むしろ長い時間をかけて徐々に新しい現象が社会通念となり、そのもとにある人間を従わせるようになってくる。そして新たな要素が現れるにつれて、古いものが［ イ ］衰えていったり、あるいは新しいものと混ざり合い全く別の形となって［ ウ ］登場したりするような現象が起こりうる。

A　再び
B　突然
C　次第に

	A	B	C
ア	○	○	○
イ	○	○	○
ウ	○	○	○

2　ある現象の詳細な観測結果の［ ア ］から始まり、それを理論化するのが科学的研究である。理論は対応する現象と照合され、現象と合致しなければ再構築されていく。さらに、理論によって現象の［ イ ］が可能となれば、その理論は現象の本質を捉えていると考えられる。結果的に、良い理論はすでに存在する事象を［ ウ ］するだけでなく、未知の部分も明確にできるのだ。

A　整理
B　蓄積
C　予測

	A	B	C
ア	○	○	○
イ	○	○	○
ウ	○	○	○

30秒で解ける超解法!!　●前後のつながりに着目する

●**空欄の前後との意味のつながり**から自然にあてはまりそうな語句を第一印象で選んでいけばかなり正解できる分野。

●少しでも迷ったら、すぐ次の空欄に移る。**簡単で確実な空欄**から埋めていき、**選択肢を減らしてから難しい空欄を解く**のがコツ。

1　「[ア] **起こること**」に入る語句は、後ろに「**むしろ長い時間をかけて徐々に**」とあるので、この逆の意味であるB［**突然**］が適切とわかる。「**古いものが ［ イ ］ 衰えていったり**」は直前の「**現れるにつれて**」からC［**次第に**］が適当。［ ウ ］は残るB［**再び**］。直前にある「**全く別の形となって**」からも［**再び**］であることがわかる。

全体…文化の発展に伴う変化とはもちろん、［突然］起こることではなくて、むしろ長い時間をかけて徐々に新しい現象が社会通念となり、そのもとにある人間を従わせるようになってくる。そして新たな要素が現れるにつれて、古いものが［次第に］衰えていったり、あるいは新しいものと混ざり合い全く別の形となって［再び］登場したりするような現象が起こりうる。

正解	
ア	B
イ	C
ウ	A

2　［ ア ］の語句は確定しづらいので、［ イ ］から考える。「**理論によって現象の ［ イ ］ が可能となれば**」というつながりからB［**予測**］が適切なことが推定できる。残る選択肢はA［**整理**］とB［**蓄積**］。ここで、「現象の詳細な**観測結果の ［ ア ］ から始まり**」と、「良い理論は**すでに存在する事象を ［ ウ ］ する**だけでなく」とを読み比べれば、アにはB［**蓄積**］が入り、ウにはA［**整理**］が入ることがわかる。

全体…ある現象の詳細な観測結果の［蓄積］から始まり、それを理論化するのが科学的研究である。理論は対応する現象と照合され、現象と合致しなければ再構築されていく。さらに、理論によって現象の［予測］が可能となれば、その理論は現象の本質を捉えていると考えられる。結果的に、良い理論は既に存在する事象を［整理］するだけでなく、未知の部分も明確にできるのだ。

正解	
ア	B
イ	C
ウ	A

▶解答・解説は別冊75ページ

練習問題　適語選択

目標時間  分

点

15問

ア〜ウの空欄に入れる語として最も適切なものをA〜Cの中から１つずつ選びなさい。ただし、それぞれの語は１カ所のみ用いるものとします。

84　日本の着物はすべて裁断法も形も同じなので、自分をひきたたせる［ ア ］を見つけなければ本当に着こなしたことにはならないといわれている。裾の長さ、衿の合わせ方、帯の位置と結び方など、ミリ単位の違いで［ イ ］が生まれ、その結果が上品、下品などの目安となる。江戸時代には、着物の着付け方で、士農工商などの［ ウ ］を読み取ることもできたのである。

A　個性　　B　身分　　C　着用法

	A	B	C
ア	○	○	○
イ	○	○	○
ウ	○	○	○

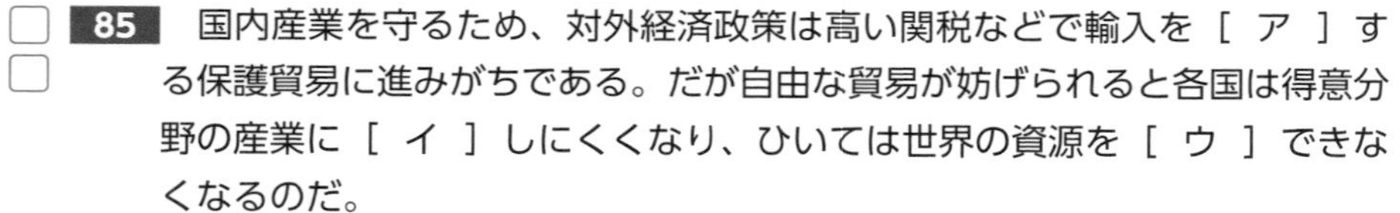

85　国内産業を守るため、対外経済政策は高い関税などで輸入を［ ア ］する保護貿易に進みがちである。だが自由な貿易が妨げられると各国は得意分野の産業に［ イ ］しにくくなり、ひいては世界の資源を［ ウ ］できなくなるのだ。

A　特化　　B　制限　　C　効率利用

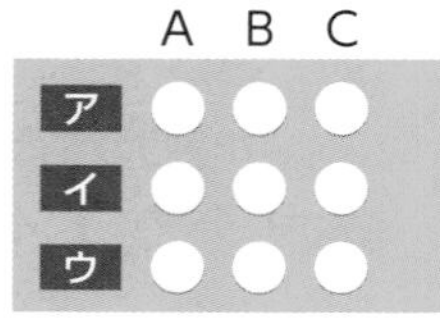

	A	B	C
ア	○	○	○
イ	○	○	○
ウ	○	○	○

86　生活習慣病の対策に、今日［ ア ］されている健康食品というものの多くは無用である。健康食品とされるものの多くは、ある栄養を［ イ ］する目的のものである。生活習慣病への対応はカロリー、コレステロール、その他栄養分の摂取を［ ウ ］することが必要になるからである。

A　抑制　　B　推奨　　C　補充

	A	B	C
ア	○	○	○
イ	○	○	○
ウ	○	○	○

□ □ **87** 近代絵画史上において「印象派」に反発する形で生まれた「後期印象派」は、その代表的な例の１つであるが、歴史に名を残す多くのグループや動向の中には、その［ ア ］が［ イ ］を必ずしも正しく表現していない［ ウ ］もある。

A 実体　B 事例　C 名称

	A	B	C
ア	○	○	○
イ	○	○	○
ウ	○	○	○

□ □ **88** 規則改正により、建設事業者には廃棄物保管場所の［ ア ］を届け出ることを義務付けると同時に、面積や付帯設備、および管理方法にも具体的な［ イ ］が定められた。また、違反した業者には市長が必要な［ ウ ］を講じる命令ができるとしている。

A 基準　B 設置　C 措置

	A	B	C
ア	○	○	○
イ	○	○	○
ウ	○	○	○

□ □ **89** かつて標準語の習得が［ ア ］の１つであった時代、方言は矯正の対象であった。しかし、テレビ放送の影響もあって標準語が普及した1980年代あたりを境に、方言は標準語の［ イ ］に対する［ ウ ］を持つものと考えられるようになってきたのである。

A 均質性　B 教育目標　C 付加価値

	A	B	C
ア	○	○	○
イ	○	○	○
ウ	○	○	○

□ □ **90** フランスの作曲家ラヴェルは、1889年のパリ万博でアジアの民族音楽や日本の浮世絵に触れ、異国への［ ア ］を膨らませ、米国のジャズにも強い［ イ ］を示している。彼は欧州文化との距離を保ちつつ外に目を向け、［ ウ ］の世界に遊び斬新な音楽を生み出した。

A 知　B 夢　C 興味

	A	B	C
ア	○	○	○
イ	○	○	○
ウ	○	○	○

91 アダム・スミスは、高ぶった自分の感情を他人が［ ア ］できうるレベルにまで［ イ ］することによって、心中の平静と落ち着きを［ ウ ］するところに美しさがあると説いた。

A 同感　B 回復　C 抑制

	A	B	C
ア	○	○	○
イ	○	○	○
ウ	○	○	○

92 個人情報保護法とは、個人情報の［ ア ］に配慮しながら個人の［ イ ］を保護することを目的に、個人情報を取り扱う事業者に対し遵守すべき義務などの［ ウ ］を定めた法律である。

A 有用性　B ルール　C 権利利益

	A	B	C
ア	○	○	○
イ	○	○	○
ウ	○	○	○

93 話し言葉の会話語は、その場限りで消散するものであり、時代とともに変遷していく。ところが書き言葉の文章語は次第に洗練されこそすれ、［ ア ］も語彙も大して変化していない。そのため私たちは何百年も昔の［ イ ］を読みこなせるのだ。文章語とは民族の［ ウ ］を磨く努力の結晶であり、その長い伝統を受け継いでいるといえるだろう。

A 言葉　B 文章　C 文法

	A	B	C
ア	○	○	○
イ	○	○	○
ウ	○	○	○

94 文化とは、ある［ ア ］が持つ独自の、祖先から子孫へと学び伝えられていく行動および［ イ ］上の固有の習性である。例えば自分自身のことを示す場合、日本人は人差し指で顔の中心あたりを指すしぐさをするが、西洋人は親指で胸元を突くような動作をすることが多い。この二つの異なる［ ウ ］はそれぞれの文化の違いを示しているといえる。

A 行動様式　B 思考様式　C 人間集団

	A	B	C
ア	○	○	○
イ	○	○	○
ウ	○	○	○

□
□
95 砂漠化により［ ア ］を失った農民や牧畜民は移動せざるを得ず、既に縮小しつつある居住可能な［ イ ］に押しやられていくか、［ ウ ］に移り住むようになる。

A 地域　B 土地　C 都市

	A	B	C
ア	○	○	○
イ	○	○	○
ウ	○	○	○

□
□
96 私たちが世界を見るときは、［ ア ］な距離だけでなく、［ イ ］なストーリーや交通の便、あるいは様々な交流を通じて形作られた、［ ウ ］な距離や親和性、相性などによって遠近を測ります。

A 心理的　B 物理的　C 歴史的

	A	B	C
ア	○	○	○
イ	○	○	○
ウ	○	○	○

□
□
97 情報理論の［ ア ］は、クロード・シャノンの論文から始まる。この論文の［ イ ］は、どんな情報であろうともすべて2進法あるいは「ビット」という単位で記号化できるということである。このことは、文章であれ、交響曲であれ、絵画であれ、どんな情報でもすべてを電気的信号に書き換えられるということを［ ウ ］している。

A 核心　B 意味　C 発達

	A	B	C
ア	○	○	○
イ	○	○	○
ウ	○	○	○

□
□
98 生物は、環境資源が［ ア ］するよりも多く産まれる。これによって同じ種の個体の間に生存と繁殖に関わる競争関係が生まれ、より環境に［ イ ］したものが多くの子孫を残すことになる。この差異の原因となる因子が遺伝するものであれば、この因子を［ ウ ］している個体の子孫が、世代を経るにつれて数を増やしていくことになる。

A 所有　B 許容　C 適応

	A	B	C
ア	○	○	○
イ	○	○	○
ウ	○	○	○

5 適文選択

● 1つの[　　]にあてはまる選択肢［文］を選ぶ問題。

例題　解答・解説は次ページ

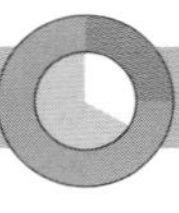

制限時間1分

空欄に入る語句として最も適切なものをA～Dの中から1つ選びなさい。

1　大学には、研究と教育という2つの目的がある。社会から期待されていることは、研究成果をあげると同時に、いい人材を社会に送り出すことなのである。その点をかんがみて、私は、社会が望んでいるような未来を作っていく力のある学生を育てていきたい。つまり[　　]と思っている。

A　教育の面を重視していきたい
B　研究にもっと重点をおきたい
C　新たな役割を担っていきたい
D　2つの目的を同時に担っていきたい

2　私たちは身の回りのことを言葉で事実通りに伝えているつもりになっているが、実際はそうでもない。例えば「風呂が沸く」と言っても、「風呂釜」が「沸く」のではない。これは「風呂」と「(風呂に入れた) 水」の密接な関係による表現なのだ。このように[　　]生活の中に溢れていても、なんの疑問もなく理解しあえるのが言葉の不思議である。

A　事実が正確に伝わりにくい比喩表現が
B　言葉通りに意味をとらえると不合理な表現が
C　言葉の意味がすぐに理解できない表現が
D　正確な表現で相互に理解しあえる表現が

A B C D

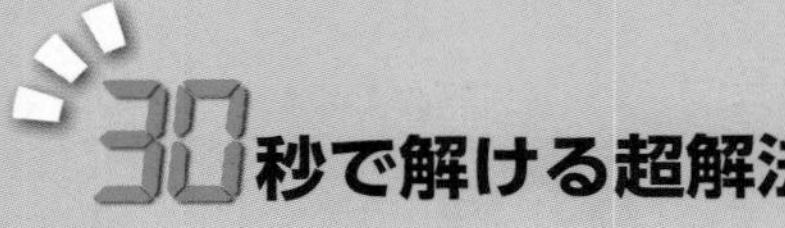

●先に文意をざっくりつかむ

●文章全体の結論・趣旨に沿った選択肢を選ぶことがポイント。

●空欄に選択肢をあてはめて、文意に沿っているかどうかを判定する。少しでも違和感を感じる選択肢は不正解だと思ってよい。

1 最初に、文全体をさっと読んで、**結論・趣旨**を読み取る。

> 大学には、研究と教育という2つの目的がある。**社会から期待されている**ことは、研究成果をあげると同時に、いい人材を社会に送り出すことなのである。その点をかんがみて、私は、**社会が望んでいる**ような未来を作っていく力のある学生を育てていきたい。**つまり[　　]と思っている。**

「つまり[　　]と思っている」が、文章の結論となっている。「**社会が望んでいる**ような～学生を育てていきたい。**つまり～**」とあるので、「**社会から期待されている**」研究成果をあげる、いい人材を社会に送り出すという2つの目的**を満たす選択肢が正解**となる。よってDの「**2つの目的を同時に担っていきたい**」が最も適切であることがわかる。

正解　D

2 最初に、文全体をさっと読んで、**結論・趣旨**を読み取る。

> **私たちは身の回りのことを言葉で事実通りに伝えているつもりになっているが、実際はそうでもない。**例えば「風呂が沸く」**と言っても、**「風呂釜」が「沸く」のではない。これは「風呂」と「(風呂に入れた)水」の密接な関係による表現なのだ。**このように**[　　]生活の中に溢れていても、なんの疑問もなく理解しあえるのが言葉の不思議である。

「**このように**」は前の文の内容を指し、全体をまとめていることから、「風呂が沸く」**という表現が、言葉通りの意味と実際の意味では異なる(=不合理である)こと**を指す。
正解はBの「**言葉通りに意味をとらえると不合理な表現が**」が適切。

正解　B

▶解答・解説は別冊78ページ

練習問題　適文選択

目標時間 7分　点 11問

空欄に入る語句として最も適切なものをA～Dの中から1つ選びなさい。

99 私たち日本人は、古来より河川や湖などの水辺で暮らしを営み、文化を育んできた。その恵みが当たり前となり、水はいつでも簡単に手に入るものと思い込むようなった。無駄遣いを「湯水のように金を使う」と例えるように、水は[　　]の代名詞になってしまったのだ。逆にアラブ諸国では、モノを大切に扱うことを「水のように使う」と例えるのだという。

A　役に立つので大切に使いたいもの
B　いくらたくさんあっても困らないもの
C　惜しげもなくいくらでも使えるもの
D　使えば手元から消えていってしまうもの

A B C D

100 国際化が進む今日、地球人の一員として文化や思想の異なる外国人とどのように協調していくべきか。そのことを考えるにあたっては[　　]ことが大切である。その手掛かりとして日本文化の一側面である日本語から自らを知ることが早道といえる。

A　自国とは異なる生活習慣の中で暮らす
B　多くの外国語を習得する
C　多くの外国の人たちと接する
D　自分と異なる者を知る前に己を知る

A B C D

□
□ **101** 東アジア地域では、高温多湿の気候を巧みに利用した水田稲作が展開されている。しかし、[　　]。卓越した土木技術と管理機構に加え、それを支える社会体制が存在してはじめて、継続した水田稲作を営むことが可能となるのだ。

A　稲作は田植えの時期に大量の水を必要とする
B　小麦の栽培には高温多湿の気候は向かない
C　気候を利用するだけでは水田稲作はできない
D　西アジア地域では小麦農耕が盛んである

A B C D

□
□ **102** 国や地域の正確な人口は、国勢調査により明らかにされる。日本では、1920（大正9）年に第1回の国勢調査が実施されて以来、原則、5年に1度、10月1日に調査されている。[　　]。それは太平洋戦争が終結した1945（昭和20）年で、その代わり1947年に臨時調査が行われた。

A　しかし、原則通りに調査されなかった年がある
B　だが、調査は当初10年に1度の予定であった
C　戦時中は基本的な人口だけ発表された
D　1920年開始は国際的にもかなり遅い

A B C D

□
□ **103** 騒音に対する行動についての調査で、隣家の騒音が不快に感じる場合、日本人は「[　　]」という行動を、最も選ばない国民であるということがわかった。多くの日本人が望む行動は、「第三者に交渉を頼む」「厳しい法規制を求める」といった消極的対処法であった。

A　自分が別の場所へ引っ越す
B　当人と話し合い自粛してもらう
C　しばらくは何もせず我慢して様子をみる
D　知り合いに相談して助言を求める

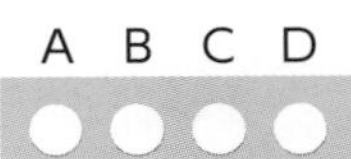

104 「沸点」とは、液体が沸騰して気体に変化するときの温度のこと。物質ごとに決まっていて、水の場合は1気圧下でセ氏100度である。[　　]。例えば気圧が地上の3分の2程度の富士山頂では水が90度以下で沸騰してしまうのだ。

A　ただし沸点は気圧によって変化する
B　つまり水は沸点に達すると蒸発する
C　一般に物質の沸点は分子間の引力に比例する
D　セ氏温度は1気圧下の水を基準にしている

A B C D

105 屋久島では、[　　]。急峻な山々に降る多量の雨が豊かな森を育て、川となって海に至る。そこで太陽の熱により気化した水は、上昇気流となって山腹を駆け上り、積乱雲という空中ダムに姿を変え、再び雨となって山々に降り注ぐのである。

A　亜熱帯から亜寒帯までの気候が共存している
B　標高で異なる植物相の垂直分布が見られる
C　地形の変化が激しく壮大な景観が見られる
D　水の循環を中心にした自然体系が実感できる

A B C D

106 都市空間は単に都市活動を行う場所として存在するだけではない。都市とはそこで広がる様々な活動パターンを定め、人間が持つべき認識パターンをも定める。人は都市を通じて、[　　]。個々の地域共同体の外には他者が存在し、その他者と社会生活を営む場として都市がある。まさに都市は民主主義の学校であり、都市空間はその教室なのである。

A　他者に頼らず生きることを選ぶのだ
B　他者と共同して生きることを学ぶのだ
C　自然の中で生きることを断念するのだ
D　個々が生き生きと活動することを学ぶのだ

A B C D

107 経営学や地震学などは、「後追い学問だ」などと意地悪く言われることがある。つまり、[　　]ことはそれなりに可能で、どうしてこうなったのかを理解してもらうことはできるが、それが起こることを予測するには甚だ非力だということだ。

A　起こる可能性を想定して調査する
B　起こったことについて理由を説明する
C　すでに確立した測定方法に基づいて警告する
D　データを集めて起こることを推測する

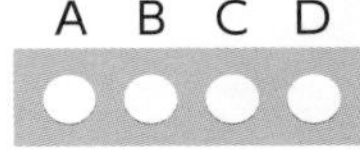

108 敬語とは、幼い頃から自然に覚えて使いこなす言葉ではなく、ある程度成長してから使い方を学んでいく言葉である。実際、幼い子どもが敬語を使うこともないし、[　　]。もし、幼児が「大変お世話になっております」などと話したら不自然極まりない。

A　使わない方が愛らしく感じる風潮さえある
B　成長後に学習させるのでは手遅れである
C　敬語を使うと大人になった自覚が生まれる
D　外国人が敬語を習得することは大変だという

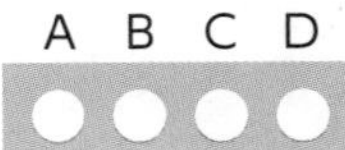

109 外国で生活した経験がある親の中には、とにかく英語が身につくように子どもを外国で教育しようとする者もいる。だが、日本人であっても18歳ぐらいまで日本語をしっかり学ぶ機会がないと、日常的な日本語会話はできても、日本語を自在にあやつることはかなり困難になる。[　　]という厳然たる事実に向き合うことになるのである。

A　外国で日本語を学んでも会話するのは難しい
B　英語教育は成長後でも間に合うものである
C　日本語は一から学び直すには難しい言語である
D　外国での教育で英語が身につくものではない

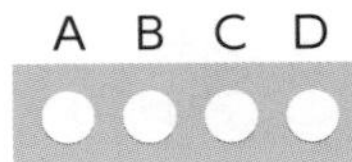

6 長文読解

● 長文について、文の挿入、空欄補充、要旨を読み取る問題などが出題される。

例題

解答・解説は次ページ

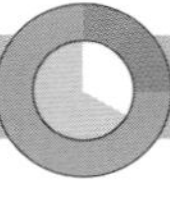

制限時間2分

つぎの文章を読んで問いに答えなさい。この問題は3問組です。

※右の数字は解説用の行数

個人の考えをまとめ、整理するに当っても、人類が歴史の上で行なってきた、ことわざの創出が参考になる。個々の経験、考えたことをそのままの形で記録、保存しようとすれば、煩雑にたえられない。【 a 】一般化して、なるべく、普遍性の高い形にまとめておくと、同類のものが、あとあとその形と照応し、その形式を強化してくれる。つまり、自分だけの"ことわざ"のようなものをこしらえて、それによって、自己の経験と知見、思考を統率させるのである。【 b 】そうして生れる "ことわざ" が相互に関連性をもつとき、その人の思考は■■をつくる方向に進む。【 c 】そのためには、関心、興味の核をはっきりさせる。その核に凝集する具体的事象、経験を一般的命題へ昇華して、自分だけのことわざの世界をつくりあげる。【 d 】このようにすれば、本を読まない人間でも、思考の体系をつくり上げることは充分に可能である。

（外山滋比古『思考の整理学』、筑摩書房）

1 つぎの一文を挿入する最も適切な場所は、文中の【 a 】～【 d 】のうちどこか。

片端から消えてしまい、後に残らない。

A 【a】	B 【b】	C 【c】	D 【d】

A B C D

2 文中の■■に入る最も適切なことばは、つぎのうちどれか。

A 形式	B 体系	C 自己	D 命題

A B C D

3 文中で述べられていることから判断して、つぎのア、イの正誤を答えなさい。

ア 自分だけのことわざの創出が思考を整理することに役立つ

イ ことわざの役割は、自己の経験と知見、思考を統率することである

A アもイも正しい	B アは正しいがイは誤り
C アは誤りだがイは正しい	D アもイも誤り

A B C D

30秒で解ける超解法!!

●長文よりも設問を先に読む

●空欄補充問題は、**選択肢をあてはめて前後の語句とのつながりを確認**する。

●**先に設問**を読んで、**設問にあるキーワードと同じ（または同じ意味合いの）語句を長文の中で検索**するのがコツ。

1 【ａ】～【ｄ】に「片端から消えてしまい、後に残らない」を入れて読んでみる。このとき、【ａ】～【ｄ】の**前の文と意味がつながるかどうか**を判断していくとすぐに解ける。

個々の経験、考えたことをそのままの形で記録、保存しようとすれば、煩雑にたえられない。【片端から消えてしまい、後に残らない。】一般化～

A【ａ】に入れれば、2行目から「個々の経験、考えたことが」→「片端から消えてしまい、後に残らない」という意味でつながる。【ｂ】～【ｄ】では意味が通らない。

正解　A

2 「その人の思考は■■■をつくる方向に進む」の後に続く文章をさっと読む。9行目「このようにすれば、本を読まない人間でも、思考の体系をつくり上げることは充分に可能である」とあるので、Bの「体系」が最適であることがわかる。

正解　B

3 文章の趣旨や内容がわからないと解答できない問題なので、意味をつかむことを意識しながら長文を一読する。このとき、選択肢ア、イの中にあるキーワードを**長文の中で検索**しながら読んでいくと解答を導ける。

ア　自分だけのことわざの創出が思考を整理することに役立つ
1行目「個人の考えをまとめ、整理するに当っても、人類が歴史の上で行なってきた、ことわざの創出が参考になる」とほぼ同じ意味なので、**アは正しい**。

イ　ことわざの役割は、自己の経験と知見、思考を統率することである
4行目「自分だけの"**ことわざ**"**のようなもの**をこしらえて、それによって、自己の経験と知見、思考を統率させるのである」とあるが、「ことわざ」の役割であるとはどこにも書かれていないので、**イは誤り**。

正解　B

2章 6 長文読解

▶解答・解説は別冊79ページ

練習問題　長文読解

目標時間

分

点

6問

つぎの文章を読んで問いに答えなさい。この問題は3問組です。

言葉の世界はどうか。日本語は「何ハ」で始まり「何ダ」で終わる主語・述語で文全体の大枠をまず設定し、その範囲内に情報の内容を割り振っていく。述語の後にかまわずどんどん情報を付け加えていく外国語とは大きな違いがあるが、こんな些細な文法現象にまで、日本的発想の閉鎖性を感じ取ってしまうとは、なんと因果なことであろう。客観的な情報内容は主語・述語の枠内に閉じこめられて閉鎖的だが、その代わり文末には否定や推量や話し手の主観を伝えるさまざまな助動詞、聞き手への心配りを表わす終助詞の類が自由に付いて、日本語の表現を奥深いものに仕立て上げている。客体界の対象には至って閉鎖的な日本語も、■■という点では八面六臂の活躍をしているように見受けられる。思想や論理より、どちらかといえば感情や人間関係に傾斜している日本的な側面が、こんなところにも垣間見られてはっとする。　　　　(森田良行『日本人の発想、日本語の表現』、中央公論新社)

110　文中の■■に入る最も適切なことばは、つぎのうちどれか。

A　客観性　　B　主体性　　C　融通性　　D　汎用性

A B C D

111　日本語について文中で述べられていることは、つぎのうちどれか。

ア　日本語では主語・述語の枠内に主観的な情報内容が割り振られる

イ　日本語において客観的な情報は閉鎖的である

A　アとイの両方　　B　アだけ

C　イだけ　　D　アとイのどちらでもない

A B C D

112　文中で述べられていることから判断して、つぎのア、イの正誤を答えなさい。

ア　日本的な発想は閉鎖的である

イ　日本的な側面は、助動詞、終助詞にも見受けられる

A　アもイも正しい　　B　アは正しいがイは誤り

C　アは誤りだがイは正しい　　D　アもイも誤り

A B C D

つぎの文章を読んで問いに答えなさい。この問題は3問組です。

高知県は、2003年4月「森林環境税」を導入した。1985年、国は「森林・河川緊急整備税」、いわゆる水源税を導入しようとしたが、大量に水を使う業界などが猛反対をして実現しなかった。この場合は、国が業界から徴収しようとして失敗したのだが、高知県は広く県民一人一人に課税した。1人500円である。森の緑と生み出されるきれいな空気は県民皆が■■から、というのがその理念である。増税というと、誰もが拒否反応を示すのが普通だが、この高知県の提案は県民に受け入れられた。県が、かなり長い期間、この構想を丁寧に説明したことが、新しい政策の実現に結びついたと思われる。これは一つの例にすぎない。ただ、各地の住民の間に、環境を守るためにはある程度の負担はやむを得ない、との意識が芽生え始めているとは言えないだろうか。木の下刈りを手伝ったりする森林ボランティアは、全国で1165団体を数えるという（2003年10月現在）。森林は水に結びつく。森林も水も、その環境は共有のものでなければならない。水が共有の財である、という考え方を定着させることが、この際、どうしても必要なのではないか。ボトル・ウォーター・メーカーも、このような、人々の意識の変化を受け止めるべきだろう。自分たちだけが、勝手な行動を取りにくくなるはずである。そして**<u>この発想</u>**が、日本で、この先さらにメーカーの数が増え、自然の水を利用しようとする動きが高まっても、何とか環境を維持していくことができる条件ではないか、と私は考える。　（中村靖彦『ウォーター・ビジネス』、岩波書店）

113　文中の■■に入る最も適切なことばは、つぎのうちどれか。

A　育てていくべきだ
B　汚染している
C　享受している
D　保護している

A　B　C　D

114　文中下線の部分**<u>この発想</u>**にあたるものは、つぎのうちどれか。

A　環境を守るためにはある程度の負担はやむを得ない
B　森林は水に結びつく
C　森林も水も、その環境は共有のものでなければならない
D　水が共有の財である

A　B　C　D

115 文中で述べられていることから判断して、つぎのア、イの正誤を答えなさい。

ア　環境税の導入が、環境保持の条件である

イ　住民への丁寧な説明が、高知県の「森林環境税」実現に結びついた

A　アもイも正しい	B　アは正しいがイは誤り
C　アは誤りだがイは正しい	D　アもイも誤り

A　B　C　D

3章 模擬テスト

- WEBテスティング本番の能力検査に準じた模擬テストです。
- 自分で合格レベルが判定できます。

言語検査40問40点／非言語検査20問20点【計60点】

・メモ用紙、筆記用具、電卓を準備して、時間を計って取り組みましょう。
・一般企業の場合、40点（約6割以上）が取れれば合格範囲に入るでしょう。

50～60点→A：【人気企業合格ライン】合格可能性は極めて高いといえます
40～49点→B：【一般企業合格ライン】合格可能性は高いといえます
20～39点→C：WEBテスティングで落とされる可能性があります
0 ～19点→D：WEBテスティングで落とされる可能性がかなりあります

※各企業によって、合格点は異なります。

▶解答・解説は別冊81ページ

言語検査

回答時間 12分

点

40問(各1点)

各問の5つの熟語の成り立ち方としてあてはまるものをそれぞれのA～Dの中から1つずつ選びなさい。

1

1 真実
2 尽力
3 離合
4 証明
5 早熟

A　似た意味を持つ漢字を重ねる
B　反対の意味を持つ漢字を重ねる
C　前の漢字が後の漢字を修飾する
D　AからCのいずれにもあてはまらない

	A	B	C	D
1	○	○	○	○
2	○	○	○	○
3	○	○	○	○
4	○	○	○	○
5	○	○	○	○

2

1 表裏
2 緩慢
3 署名
4 悲喜
5 凝視

A　反対の意味を持つ漢字を重ねる
B　前の漢字が後の漢字を修飾する
C　動詞の後に目的語をおく
D　AからCのいずれにもあてはまらない

	A	B	C	D
1	○	○	○	○
2	○	○	○	○
3	○	○	○	○
4	○	○	○	○
5	○	○	○	○

3

1 得失
2 瓦解
3 巡回
4 火災
5 取材

A　反対の意味を持つ漢字を重ねる
B　前の漢字が後の漢字を修飾する
C　主語と述語の関係にある
D　AからCのいずれにもあてはまらない

	A	B	C	D
1	○	○	○	○
2	○	○	○	○
3	○	○	○	○
4	○	○	○	○
5	○	○	○	○

各問の３つの文を完成させるために、A～Eの中から最もつながりのよいものを１つずつ選びなさい。ただし、同じ選択肢を重複して使うことはありません。

4 デパートの特徴は女性客の好みに合わせて店内に様々な商品をディスプレイし、[　　]。

5 パリやロンドンなどの大都市でデパートの販売形態が人気を博したことには、[　　]。

6 19世紀末頃のデパートは流行の先端を行く商品を扱いながらも、[　　]。

A　富裕層から中間階層まで消費活動を行う階層が大きく広がったという背景がある
B　日々の暮らしで豊かさを実感できる商品を主軸に置いていた
C　デパートは西洋で始まり20世紀初頭には大発展を遂げた
D　中間階層も富裕層のような豊かで質の高い生活への憧れを高めていた
E　目の前に商品の実物を美しく展示して見せることで購買欲をそそるところにあった

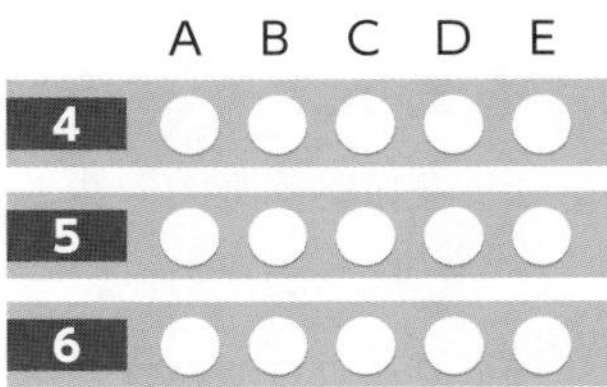

7 左右対称の建築物について好感度を調べた場合には、[　　]。

8 権勢や威光を効果的に表現する対称性の高い設計は、[　　]。

9 英国式庭園は自然の景観を取り入れることが大きな目的で、[　　]。

A　重厚な印象があるため宗教や政治に関係の深い建物で多用された
B　そのためにあえて統一しないで乱調にするという特徴がある
C　権勢と偉大さを感じさせる対称的な設計が権威者に好まれた
D　「不快だ」というような回答はまず出てこない
E　機能と自然美が織りなす合致点が具現化された建造物である

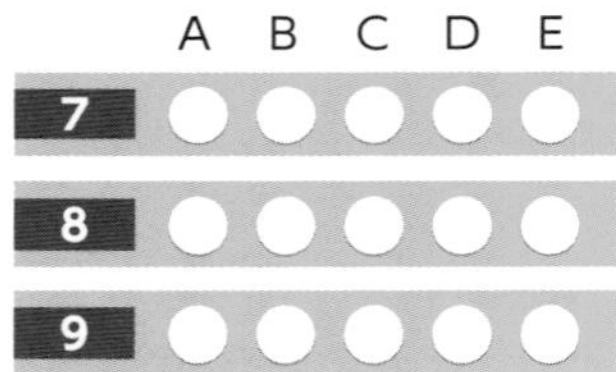

10 [　　]、私たちの心を揺さぶるものである。

11 [　　]、鑑賞に堪えない。

12 [　　]、優れた芸術家の腕にかかると一つの作品となって解き放たれる。

A　芸術とはあらゆる事象に宿っている「美」について
B　美しい富士山の景観も素人が描いたのでは
C　私たちのどうということもない平凡な体験であっても
D　ごく平凡な事物であっても優れた芸術家の腕にかかれば
E　存在するすべての事象はある一つの輝きを内部に秘めているが

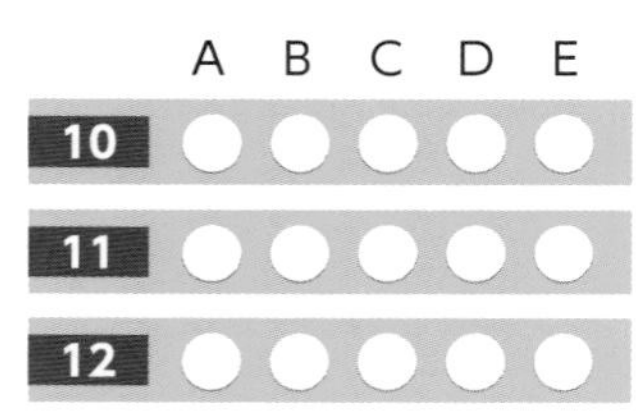

ア〜エの空欄にA〜Dの語句を入れて文を完成させるとき、最も適切な組み合わせを答えなさい。

13 1875年に

[　ア　][　イ　][　ウ　][　エ　]

1メートルと定められた。

A　その1千万分の1の長さが

B　度量衡を国際的に統一するため

C　子午線の長さを測量から求め

D　パリを通る北極から赤道までの

14 20世紀半ばの

[　ア　][　イ　][　ウ　][　エ　]

できごとといえる。

A　トランジスターの発明は

B　われわれの日常生活にとどまらず

C　社会構造をも激変させた革命的な

D　エレクトロニクス全盛時代の扉を開け

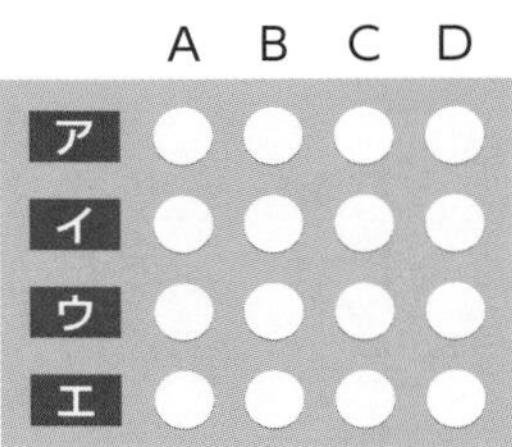

15 ユニバーサルデザインとは年齢や性別、身体の状況といった

[　ア　][　イ　][　ウ　][　エ　]

目指すものである。

A　考慮したうえで

B　ユーザーが持つ個性や違いを

C　製品や生活環境の設計を

D　だれもが利用しやすい

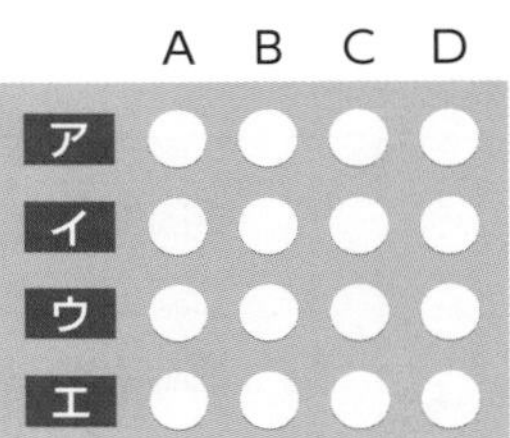

ア～ウの空欄に入れる語として最も適切なものをA～Cの中から1つずつ選びなさい。ただし、それぞれの語は1カ所のみ用いるものとします。

16 イギリスには若者が職を得る過程を生涯学習の一環とする制度がある。支援方法は、若者集団を［ ア ］して扱うのではなく、各人の欲求や願望を［ イ ］して設計されるカウンセリング形式となっている。若者自身による人生設計を援助し、生活全般に［ ウ ］した支援といえるだろう。

A 配慮
B 一括
C 尊重

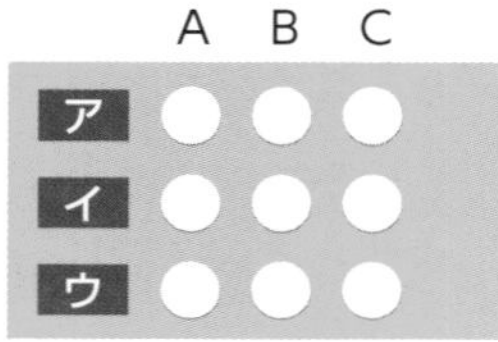

17 現代はストレスの多い社会である。ストレスを生んでいる要因としては、［ ア ］の中での昼夜のリズムの喪失、締切・納期・期日・期限などに追われる［ イ ］が挙げられる。人間は、昼は活動し、夜に寝るという［ ウ ］のリズムから外れると、ストレスが溜まりやすくなる。

A 生活
B 一日
C 自然

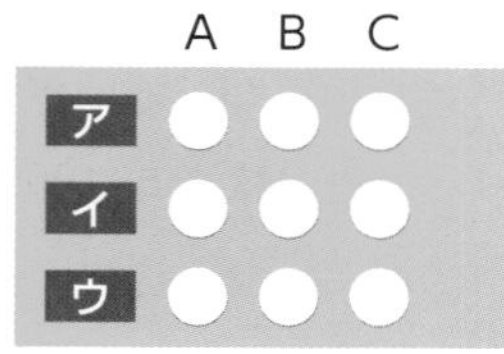

18 平安時代の貴族の住宅は寝殿造と呼ばれ、室町時代以降の書院造とともに［ ア ］日本住宅の二大様式とされる。床、棚、書院などで構成される書院造に対して、寝殿造は広い空間を屏風などで区分けして［ イ ］な間仕切りも少なく［ ウ ］で、玄関や客間などの接客空間が独立していない。

A 開放的
B 伝統的
C 固定的

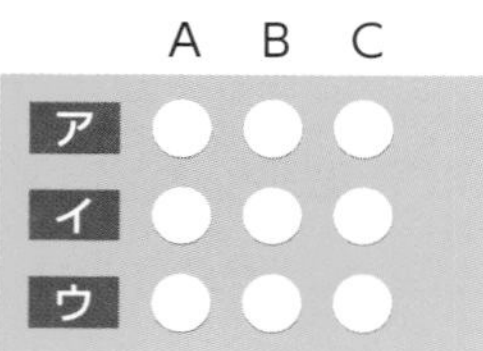

つぎの文章を読んで問いに答えなさい。この問題は3問組です。

哲学は、その起源からいって、多様な考えを持つ人間が集まって、ある問題について共通の了解を創り出そうとする、「開かれた言語ゲーム」として現われた。ここに、哲学が「普遍認識」を求めるゲームだということのもともとの意味がある。【ａ】哲学のテーブルに集まる人々が同じ共同体の人間なら、聖俗や善悪が何であるかははじめから暗黙のうちに合意されている。共同体のテーブルでは、誰がルール権限を持つかを決めることが中心的な課題であって、ここでは、ある問題について多様な考え方がぶつかりあい、そこからこれを鍛えてより大きな■■■を取り出すという必要は、はじめから存在しない。【ｂ】哲学の方法が、物語を使わず概念と原理を使い、再始発によって原理を展開するという独自の方法的原則を持つのはそのためである。【ｃ】哲学の方法を、「物語」によって世界説明を与える宗教の方法と比べれば、その長所は明らかである。【ｄ】それは文化や宗教的枠組みを超えて、より「普遍的な考え方」（＝共通の世界説明）を創り出す方法であって、普遍認識など必要ないと主張することは、すなわち共同体的な世界説明の方法である宗教があれば十分だ、と言うことに等しいのである。

（竹田青嗣『哲学とは何か』、NHKブックス）

19 つぎの一文を挿入する最も適切な場所は、文中の【ａ】～【ｄ】のうちどこか。

だからこそ宗教とは違う思考法として「哲学」と呼ばれたのである。

A【ａ】　B【ｂ】　C【ｃ】　D【ｄ】

A B C D

20 文中の■■■に入る最も適切なことばは、つぎのうちどれか。

A ルール権限　B 暗黙の合意
C 共通了解　D 問題認識

A B C D

21 文中で述べられている哲学について、つぎのア、イの正誤を答えなさい。

ア　共同体の合意を超えた普遍的な認識を創り出す

イ　物語を否定するための説明を創り出す

A アもイも正しい　B アは正しいがイは誤り
C アは誤りだがイは正しい　D アもイも誤り

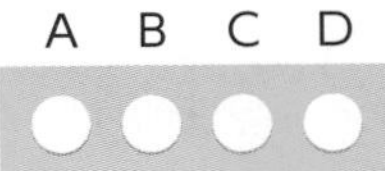

つぎの文章を読んで問いに答えなさい。この問題は3問組です。

体内のほとんどすべての組織が、グリコーゲンを急場のエネルギー源として貯えているが、その量には限りがあり、少し使うとすぐに底をついてしまう。一番多量にグリコーゲンを貯えているのは肝臓で、約110グラムまで貯めこめる、といわれている。【ａ】血糖値が下がってきたときは、これを分解して血液中に放出して正常なレベルを維持しようとする。グリコーゲンがへそくりならば銀行預金に当るのが、脂肪細胞である。【ｂ】銀行で預金しようとする人が、「当行は金庫に限りがございますので、お一人様百万円以上はお預かりいたしかねます」などといわれることがないのと同じである。脂肪細胞は入りたがるブドウ糖を拒むことがない。ブドウ糖は脂肪細胞内に入ると、脂肪に転換されて貯蔵され、その量が増えれば、細胞が風船のように膨らんでくるだけである。【ｃ】大相撲の力士と細身のモデルを比べても、脂肪細胞の数はさして変わらない。それほど脂肪細胞は伸縮自在のものなのだ。肝臓には血糖値が落ちてきても、それを数時間支えられるだけのグリコーゲンが貯えられている。【ｄ】食後何時間も経って、そのグリコーゲンも尽きてしまうと、脂肪細胞から脂肪酸が分解されて血液中に入り、■■として使われはじめる。

（丸元淑生『豊かさの栄養学』、新潮社）

22 つぎの一文を挿入する最も適切な場所は、文中の【ａ】～【ｄ】のうちどこか。

ここは貯蔵に制限がない。

A 【a】　B 【b】　C 【c】　D 【d】

A B C D

23 文中の■■に入る最も適切なことばは、つぎのうちどれか。

A 血糖　B ブドウ糖
C 脂肪　D エネルギー源

A B C D

24 文中で述べられていることから判断して、つぎのア、イの正誤を答えなさい。

ア　脂肪の量は体格による違いはさほどない
イ　血糖値が落ちるとグリコーゲン、脂肪細胞の順に分解される

A アもイも正しい　B アは正しいがイは誤り
C アは誤りだがイは正しい　D アもイも誤り

A B C D

各問の空欄に入る語句として最も適切なものをＡ～Ｄの中から１つ選びなさい。

25 作曲家は、各人の芸術的判断に基づいて独創的な創造活動を営む。バッハやモーツァルトの同じ作品でも、演奏家や指揮者が違えば、異なった印象や感動を与えるものとなる。つまり楽譜はいったん作られると、［　　］ようになるのである。

A　演奏家が作曲家の意思を忖度しない
B　創作者の手を離れて一人歩きする
C　聴く者が演奏家を評価する
D　演奏家や指揮者のものとなる

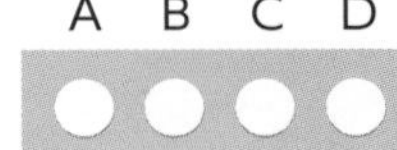

26 私たち日本人の多くが経験する「肩こり」の症状を、欧米人は「肩や背中の痛み」と表現する。こわばり感や重だるさ、痛みなどが混ざり合った「こり」という状態を、彼らにはうまく理解できないらしい。それでも日本人と親しくなり肩こりについて認識するにつれ、欧米人でも「肩がこる」と訴えるようになる。［　　］。

A　言葉を認識しなければ不快な症状を知らないですんだのである
B　概念を認識することで症状が自覚できるようになるのである
C　日本と欧米の医療用語の違いの難しさを示した例である
D　日本人を理解すると自然に覚える言葉の一つである

A　B　C　D

27 [　　]。腐敗とは私利私欲や自己の快楽を目的として悪いと知りつつ悪事を働くことで、退廃とは何が悪いかがわからなくなることである。ゆえに、汚職は腐敗、道徳の混乱は退廃であるといえる。

A　腐敗と退廃は違う
B　いつの時代にも腐敗と退廃がある
C　現代の政治は腐敗している
D　道徳の混乱が腐敗を招いた

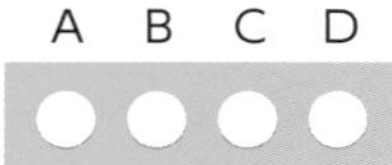

28 客観的な数値である所得と主観的な度合である幸福度との間に相関はあるだろうか。[　　]なら、日本人は経済成長の結果、幸福になったはずだ。しかし、日本の幸福度の長期統計を見ると、所得水準が長期的に上昇していた時期に、平均的な幸福度は上昇していなかった。

A　幸福度と所得水準との間に相関はない
B　幸福度が高くなれば所得水準が上がる
C　所得水準が上がれば幸福度が高くなる
D　所得水準が上がれば幸福度が低くなる

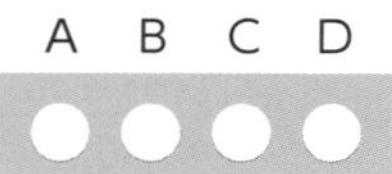

▶解答・解説は別冊85ページ

非言語検査

回答時間 20分

点

20問(各1点)

空欄にあてはまる数値を求めなさい。

29 ある人が家庭菜園でトマトを栽培している。一昨日、昨日、今日の3日間で合計20個のトマトを収穫した。3日間それぞれの日に収穫した数について以下のことがわかっている。

ア　一昨日は昨日の2倍の数のトマトを収穫した

イ　最も多かった日は最も少なかった日より10個多く収穫した

このとき、今日収穫したトマトの数は[　　]個である。

30 P、Q、Rの3人が、1人6回ずつサッカーのシュートをして、成功した回数を競った。3人が成功した回数について、以下のことがわかっている。ただし、成功した回数が同じ人はいなかった。

ア　3人とも2回以上成功した

イ　Pが成功した回数はQの2倍だった

ウ　Rが成功した回数は最も少なかった

このとき、Pが成功した回数は[　　]回である。

31 3つの連続する整数があり、最も小さい数を2乗したものは残りの2つの数の積より23小さい。このとき、最も小さい数は[　　]である。

32 1本のひもがある。このひもの1/7の長さを使った後、残りの1/5の長さを使ったところ、ひもは240cm残った。このひもは最初[　　]cmあった。

33 昨シーズン、ある野球チームの選手の中で、X、YはそれぞれZの6倍、5倍の打点をあげた。XとYの打点の差が7点であったとき、Xの打点は[　　]点であった。

34 ある集会で、参加者が長いすに4人ずつ座ると4人が座れなくなる。5人ずつ座ると最後の長いすには4人が座ることになり、長いすが5脚余る。このとき、長いすは[　　]脚ある。

35 P、Q、R、S、Tの5人が待ち合わせをした。待ち合わせ場所に現れた順番について、以下のことがわかっている。ただし、同時に来た人はいなかったものとする。

ア　Pが来てからQが来るまでに2人来た
イ　Rが来てからSが来るまでに2人来た

このとき、Tは[　　]番目に来た。

36 W、X、Y、Zの４人が夏休みの前と後に長距離走で順位を競った。夏休み前と比べた夏休み後の４人の順位について、以下のことがわかっている。ただし、同着はなかったものとする。

ア　Wは順位を２つ上げたが、Yには及ばなかった
イ　Xの順位は変わらなかった

このとき、夏休み後のZの順位は[　　]位である。

37 ５人のメンバーから２人組を２つ作って卓球のダブルスの試合をするとき、対戦の組み合わせは[　　]通りできる。

38 肉まん６個、あんまん４個をXとYの２人で５個ずつ分ける。２人とも少なくとも１つはあんまんをもらえるようにするとき、組み合わせは[　　]通りある。

39 １から13までの数字が１つずつ書かれた13枚のカードの中から１枚を取り出したとき、そのカードの数字が３でも４でも割り切れない確率は[　　]/[　　]である。約分した分数で答えなさい。

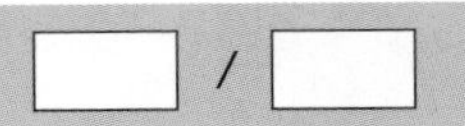

40 10円玉が3枚、5円玉が3枚ある。この6枚の硬貨を同時に投げ、表が出たものの金額を足す。このとき、金額の合計が15円になる確率は[　　]/[　　]である。約分した分数で答えなさい。

[　　] / [　　]

41 3本の当たりくじが入ったくじPと、6本の当たりくじが入ったくじQがある。20人がPを引き、Pにはずれた人のみがQを引いた。このとき、P、Qの両方にはずれる確率は[　　]/[　　]である。ただし、くじはいずれも、くじを引く人数分しかないものとする。約分した分数で答えなさい。

[　　] / [　　]

42 ある学校の生徒のうち、去年、遊園地Xに行った人は126人で、そのうちの3/7は遊園地Yにも行った。また、遊園地Xに行かなかったが遊園地Yには行った人は24人いた。遊園地Yに行った人のうち1/3はそこで観覧車に乗った。このとき、遊園地Yで観覧車に乗った人は[　　]人である。

[　　]

43 家から図書館に向かう。60m/分の速さで歩いて行くと待ち合わせの時刻に5分遅れるが、自転車に乗って210m/分の速さで行くと待ち合わせの時刻より20分早く着く。このとき、家から図書館までの距離は[　　]kmである（必要なときは、最後に小数点以下第2位を四捨五入すること）。

[　　]

44 表は、あるレストランチェーンの創業2年目から4年目までの3年間の売上状況を示したものである（ただし空欄がある）。以下の2問に答えなさい。

	2年目	3年目	4年目
売上高（万円）	13200	15312	
売上高前年比	176%	116%	120%
客数（千人）	160	176	220
客数前年比	160%	110%	125%
客単価（円）	825	870	
客単価前年比	110%	105%	96%

※客単価＝売上高÷客数

1 このレストランチェーンの1年目の売上高は[　　]万円である（必要なときは、最後に小数点以下第1位を四捨五入すること）。

2 つぎのア、イ、ウのうち正しいものはどれか。A～Fまでの中から1つ選びなさい。

ア　4年目の2年目に対する売上高の増加率は36%である
イ　2年目から4年目までの客数合計に占める4年目の割合は45%以下である
ウ　4年目の客単価は2年目より高い

A　アだけ	B　イだけ	C　ウだけ
D　アとイの両方	E　アとウの両方	F　イとウの両方

A B C D E F

以下について、ア、イの情報のうち、どれがあれば［問い］の答えがわかるかを考え、A～Eまでの中から正しいものを1つ選び、答えなさい。

A　アだけでわかるが、イだけではわからない
B　イだけでわかるが、アだけではわからない
C　アとイの両方でわかるが、片方だけではわからない
D　アだけでも、イだけでもわかる
E　アとイの両方があってもわからない

45　ある本を4日間で読み終わった。
［問い］4日目に読んだのは全体のどれだけか。

ア 1日目から3日目までは、それぞれ全体の1/5の量を読んだ
イ 4日目は、それまでの3日間に読んだ量の合計の2/3にあたる量を読んだ

A B C D E

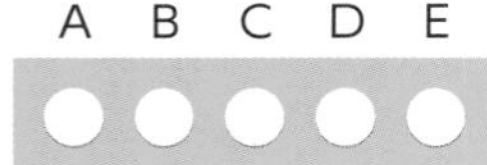

46　P、Q、R、S、T、Uの6人が横一列に並んで座り、Pの位置は片方の端から3番目だった。
［問い］Pの両隣はだれとだれか。

ア　QはR、S、Tのだれとも隣り合わずに座った
イ　両端に座ったのはRとSだった

A B C D E

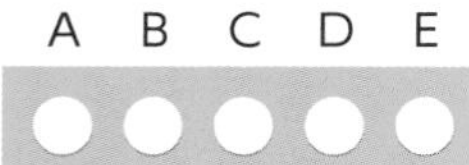

47　ある商品を定価の2割引で売ったところ200円の利益を得た。
［問い］この商品の定価はいくらか。

ア　この商品の仕入れ値は600円である
イ　定価で売ると利益は400円である

A B C D E

4章　性格検査

- 3部構成です。【第1部】【第3部】では自分がＡとＢのどちらに近いかを選び、【第2部】ではどの程度あてはまるかを答えます。
- 制限時間約35分で約290問に回答します（1問約７秒）。

◎「性格検査」で不採用になることも

性格検査での極端なマイナス評価は、不採用の原因になることがあります。

検査結果と面接時の評価はワンセットで、おおむね次のような過程を経て合否が決まります。また入社後の人事異動の参考資料としても使われます。

- **検査結果も面接時の評価も良い → 問題なく合格**
- **検査結果も面接時の評価も悪い → 不合格**
- **検査結果と面接評価のどちらかが悪い → 次回面接で質問を変えて人物を再判断**

1 性格検査例題

● 【第１部】【第３部】では、自分がAとBのどちらに近いかを選択します（1）。
【第２部】では、自分にどの程度あてはまるかを答えます（2）。

回答形式に慣れておく

- 検査のイメージをつかむ
- マイナスになる評価を知っておく

以下の質問に答えなさい

1

以下の質問は、あなたの日常の行動や考え方にどの程度あてはまりますか。最も近い選択肢を１つ選んでください。

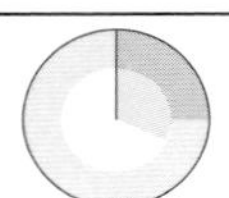

	A	Aに近い	どちらかといえばAに近い	どちらかといえばBに近い	Bに近い	B
1	人見知りするほうだ	○	○	○	○	人見知りしないほうだ
2	体を動かすのが好きだ	○	○	○	○	体を動かすのが好きではない
3	あきらめが悪いほうだ	○	○	○	○	あきらめが早いほうだ
4	考えてから行動する	○	○	○	○	行動してから考える

2

以下の質問は、あなたの日常の行動や考え方にどの程度あてはまりますか。最も近い選択肢を１つ選んでください。

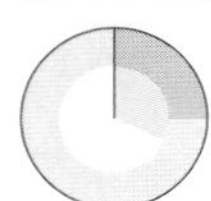

		あてはまらない	どちらかといえばあてはまらない	どちらかといえばあてはまる	あてはまる
1	いろいろなことに挑戦するほうだ	○	○	○	○
2	人からの評価が気になるほうだ	○	○	○	○
3	よく後悔するほうだ	○	○	○	○
4	感情が表に出やすいほうだ	○	○	○	○

解説 マイナス評価の例

1 性格面の行動的側面を測定する質問です。

	A		B
1	人見知りするほうだ	○ ○ ○ ○	人見知りしないほうだ⬅社会的内向性
2	体を動かすのが好きだ	○ ○ ○ ○	体を動かすのが好きではない⬅身体活動性
3	あきらめが悪いほうだ	○ ○ ○ ○	あきらめが早いほうだ⬅持続性
4	考えてから行動する	○ ○ ○ ○	行動してから考える⬅慎重性

1 「人見知りするほうだ」（Aに近い）を選ぶと、**「社会的内向性」が高い**という判定になります。一般的に、内気で人と接するのが苦手だという**マイナス評価**です。

2 「体を動かすのが好きではない」（Bに近い）を選ぶと、**「身体活動性」が低い**という判定になります。一般的に、動くことが嫌いだという**マイナス評価**です。

3 「あきらめが早いほうだ」（Bに近い）を選ぶと、**「持続性」が低い**という判定になります。一般的に、頑張りが続かないという**マイナス評価**です。

4 「行動してから考える」（Bに近い）を選ぶと、**「慎重性」が低い**という判定になります。一般的に、軽率な行動をとりがちだという**マイナス評価**です。

2 性格面の意欲的側面と情緒的側面を測定する質問です。

1	いろいろなことに挑戦するほうだ⬅活動意欲	○ ○ ○ ○
2	人からの評価が気になるほうだ⬅敏感性	○ ○ ○ ○
3	よく後悔するほうだ⬅自責性	○ ○ ○ ○
4	感情が表に出やすいほうだ⬅気分性	○ ○ ○ ○

1 （あてはまらない）を選ぶと、**「活動意欲」が低い**という判定になります。
一般的に、のんびり屋で意欲に欠けるという**マイナス評価**です。

2 （あてはまる）を選ぶと、**「敏感性」が高い**という判定になります。
一般的に、心配症で神経質という**マイナス評価**です。

3 （あてはまる）を選ぶと、**「自責性」が高い**という判定になります。
一般的に、悲観的で落ち込みやすいという**マイナス評価**です。

4 （あてはまる）を選ぶと、**「気分性」が高い**という判定になります。
一般的に、気分に左右されがちだという**マイナス評価**です。

※回答結果から判定される一般的な傾向です。詳細な評価方法は企業により異なります。

2 診断指標

● ここでは性格検査で診断される指標について説明します。

どのような指標があるか知っておこう

- **性格特徴の４つの側面を知る**
- **マイナス評価になる尺度を覚えておく**

性格特徴は、**「行動的側面」「意欲的側面」「情緒的側面」「社会関係的側面」**という４つの側面から診断されます。以下、**各項目ごとに、×がついている特徴が多いと一般的にマイナス評価になります**。特に**敏感性と自責性の２つが高いことは担当者から敬遠される傾向**があるので注意しましょう。×のない項目は、企業・職務によって判定が異なるので、それほど気にしなくて大丈夫です。

行動的側面

対人関係、課題への取り組み方など、行動にあらわれやすい性格的な特徴です。

尺　度	その尺度が低い場合の特徴 ⟷ その尺度が高い場合の特徴
社会的内向性	外向的で交際が広く浅い ⟷ 内向的で交際が狭く深い ×
質問例	「人前で話すことが苦にならない」「人見知りをするほうだ」
内省性	あまり深くは考えない ⟷ 深く考えることを好む
質問例	「考えるよりやってみるほうだ」「じっくり考える仕事がしたい」
身体活動性	× あまり動かず腰が重い ⟷ フットワークが軽くてすぐ動く
質問例	「体を動かすのは好きではない」「外で動き回るのが好きだ」
持続性	× 見切り、あきらめが早い ⟷ 粘り強く頑張る
質問例	「見切りをつけることが大切だ」「最後まで頑張り抜くほうだ」
慎重性	思い切りがよく軽率 ⟷ 見通しを立てて慎重
質問例	「思い切りよく決断するほうだ」「事前にしっかり計画を立てる」

意欲的側面

仕事や課題に取り組むときの意欲の高さを測定します。

尺　度	その尺度が低い場合の特徴 ⟷ その尺度が高い場合の特徴
達成意欲	現実を受け入れる。無欲 ⟷ 目標達成にこだわる。負けず嫌い
質問例	「野心は少ないほうだ」「何事も結果が大切だ」
活動意欲	✕ 非活動的で意欲に欠ける ⟷ 判断が機敏で意欲的
質問例	「なかなか実行できないほうだ」「すぐに行動に移すほうだ」

情緒的側面

感じ方、気持ちの整理の仕方など、情緒的な特徴です。

尺　度	その尺度が低い場合の特徴 ⟷ その尺度が高い場合の特徴
敏感性	小さなことは気にしない ⟷ 心配性で神経質 ✕
質問例	「人からの評価は気にしない」「細かいことが気になるほうだ」
自責性	楽観的でくよくよしない ⟷ 悲観的で落ち込みやすい ✕
質問例	「何事にも楽観的な方だ」「何日も悩むことがある」
気分性	感情、気分の起伏が少ない ⟷ 気分にムラがある ✕
質問例	「気分に左右されることが少ない」「感情を表に出すほうだ」
独自性	常識的で周囲と合わせる ⟷ 個性的で我が道を行く
質問例	「集団で行動することが好きだ」「常識にとらわれないほうだ」
自信性	和を重視。穏やかで弱気 ⟷ 自分重視。自信過剰で強気
質問例	「周囲に合わせることが多い」「自分の意見を通すことが多い」
高揚性	落ち着きがあり感情を出さない ⟷ 明るく、自由で調子が良い
質問例	「気が散ることはあまりない」「調子に乗りやすいほうだ」

社会関係的側面

周囲の人との関わり方、人との距離感など、社会関係的な特徴です。

尺　度	その尺度が低い場合の特徴 ⟷ その尺度が高い場合の特徴
従順性	自分の意見を大切にする ⟷ 人の意見に従いがち
質問例	「人の意見に従うことは少ない」「人の意見に従うことが多い」
回避性	× 人と対立してもかまわない ⟷ 人との対立、衝突を避ける
質問例	「意見の違いを明確にすべきだ」「意見の対立は避けるべきだ」
批判性	自分と違う意見を受け入れる ⟷ 自分と違う意見を批判する
質問例	「人の間違いは見逃すほうだ」「人の間違いを指摘するほうだ」
自己尊重性	人の意見を気にして動く ⟷ 自分の考えを尊重して動く
質問例	「仕事では丁寧な指導を受けたい」「好きなようにやらせてほしい」
懐疑思考性	人を信じやすい ⟷ 人を疑いやすい
質問例	「人とすぐ打ち解けるほうだ」「人と打ち解けにくいほうだ」

●職務適応性と組織適応性

SPI3の性格検査には、上記で紹介した4つの側面のほかに、**会社への適応性を評価する「職務適応性」と「組織適応性」という2つの尺度**があります。これは、性格検査と能力検査の回答結果から総合的に判断されているものと思われます。

職務適応性と組織適応性は、それぞれのタイプに受検者がどの程度適しているかを1（適応に努力を要する）から5（適応しやすい）までの5段階で判定します。

職務適応性

14タイプの職務への適応性を判定します。

例えば「関係構築（人と接することが多い仕事）」に適しているのは、当然ながら外向的で（社会的内向性が低く）、対人関係に敏感ではない（敏感性、自責性が低い）タイプの性格が適していると判定されるわけです。

職務のタイプ	職務の特徴
関係構築	人に働きかけ、多くの人と関係を築く仕事
交渉・折衝	人と折衝することが多い仕事
リーダーシップ	集団をまとめて率いる仕事
チームワーク	周囲と協調、協力する仕事
サポート	人に気を配りサポートする仕事
フットワーク	考え込まずにフットワークよく行動する仕事
スピード対応	素早く判断し、てきぱきと進める仕事
変化対応	予定外のことへの対応が多い仕事
自律的遂行	自分の考え、判断で進める仕事
プレッシャー耐性	課題へのプレッシャーが大きい仕事
着実遂行	粘り強く着実に進める仕事
発想・チャレンジ	前例のないことに取り組む仕事
企画構想	企画、アイデアを生み出す仕事
問題分析	複雑な問題を検討、分析する仕事

組織適応性

4タイプの組織風土への適応性を判定します。

組織適応性は、企業が自社の風土、社風と合わない人材を避けるために行う評価です。しかし、「創造」「結果」「調和」「秩序」の4つは、どれも企業にとって大切な要素ですから、自社が創造重視か結果重視かなど決められないという採用担当者もかなりいます。実際、創造的で結果を重視し、かつチームプレーで進める仕事をするが、規則は厳守といった会社もたくさんあります。**組織適応性についてはあまり気にしないで、常識にかなう回答を心がければ十分**です。

創造重視	新しいことに挑戦する創造的な風土
結果重視	成果、結果、自己責任を重視する風土
調和重視	チームプレー、協調を重視する風土
秩序重視	規則、決まり事を重視する風土

3 回答の心構え

● 性格検査の回答でマイナス評価がつくことを避けられる心構えを紹介します。性格検査の前に本ページを読み返して受検することをお勧めします。

性格検査を受けるときの心構え

- **前向きな気分のときに受検する**
- **社会的に望ましい人物像をイメージする**

性格検査に正答はありません。しかし、❶〜❸の３点を意識しながら回答すれば、過度の「マイナス評価」がつくことを避けることができます。

❶ 明るい気分のときに受検する

SPI の性格検査は自己申告なので、回答者の自己イメージや回答時の気分、体調によって診断結果が左右されることがあります。例えば、何か失敗をして暗い気分のときなどは、「落ち込むことがよくある」などに「あてはまる」と答えてしまいがちです。これは「自責性」や「敏感性」が高く、ストレスに弱いというマイナス評価につながります。

性格検査は、落ち込んでいるときや気分が暗いときに受検するのは控えましょう。前向きで明るい気分のときに受検してください。

❷ 理想的な自己イメージをもって回答する

性格検査を受ける上で一番のコツは、**自分に合った職務、やりたい仕事で活躍している理想的な自分を思い描きながら回答する**ことです。つまり、動き回ることが嫌いで活動意欲が少ない人でも、フットワークよくテキパキ働いている自分のつもりで選択肢を選んでいけば「スピード対応」への適応があるという結果に導くことがある程度できるわけです。

ただし、企業は適性のない人材がミスマッチで入社してすぐ離職するようなことを避けるためにこそ、この検査を利用しています。また、応募者本人にとっても最初から自分の性格と能力に見合った仕事を志望するほうが、好ましいことは言うまでもないでしょう。従って、性格検査への対応以前に、「自分に合わない仕事は選ばないこと」が大切。**そもそも自分の適性がよくわからないという人は、まずやりたい仕事は何かを見つけることが先決**になります。

❸ 社会人・組織人として「望ましい」ほうを選ぶ

性格検査は総合的に評価されますので、「こう回答したら落とされる」のような項目はありません。従って、質問に対して過剰に意識する必要性はありません。しかし、現在のあなたの自己評価をすべて正直に回答するのも考えものです。

性格検査で不要なマイナス評価を受けるのを防ぐためには、**【社会人・組織人として望ましい人物像】を思い描きながら回答する**ことも大切です。

【社会人・組織人として望ましい人物像】

- **人前で話したり、初対面の人と仲良くなれる**
- **精神的にタフで、活動的に行動する**
- **よく考えて、計画を立ててから実行する**
- **目標や課題、仕事に対して粘り強く取り組む**
- **人間関係や組織風土に対する適応力が高い**

これらの自己イメージを持ちながら回答していけば、過度なマイナス判定を受けることはありません。

また、多くの企業が採用ページで**【求める人物像】**を公表しています。性格検査の前に確認しておくことも大切です。

なお、できるだけ**すべての設問に回答するようにしてください。**未回答が多いと、考えた上で作為的に回答したとされることがあります。時間切れにならないためにも、**第一志望の企業の試験前に何度か受検しておきましょう。**

次ページに、自分で診断できる簡易な性格検査を掲載してあります。➡

4 セルフチェックができる 簡易版性格検査

● マイナス評価につながることが多い項目について、セルフチェックができます。一般的に、【判定表】の「○」がプラス評価、「△」がマイナス評価となります。

設問 次の質問は、あなたの普段の行動や考え方にどの程度あてはまるか、最も近い選択肢（④③②①のいずれか）を１つ選びなさい。

● 1～10の回答数字を【判定表１】に記入して合計しましょう。

	A	Aに近い	どちらかといえばAに近い	どちらかといえばBに近い	Bに近い	B
1	集まりやパーティで人に紹介されることが多い	④	③	②	①	集まりやパーティで人を紹介することが多い
2	動いているほうが好きだ	④	③	②	①	じっとしているほうが好きだ
3	一つのことにじっくり取り組むほうだ	④	③	②	①	いろいろなことに手を出すほうだ
4	話の内容はメモをとるほうだ	④	③	②	①	話の内容は頭で覚えるほうだ
5	新しいことには挑戦するほうだ	④	③	②	①	最も無難な方法を取るほうだ
6	人見知りするほうだ	④	③	②	①	初対面から仲良くなれるほうだ
7	外で動き回るほうが好きだ	④	③	②	①	室内にいるほうが好きだ
8	できることならあきらめたくない	④	③	②	①	時にはあきらめも肝心だ
9	旅行は事前にしっかりと計画を立てる	④	③	②	①	旅行は行き当たりばったりが面白い
10	自ら進んでやるほうだ	④	③	②	①	人に言われてからやることが多い

【判定表1】

回答（④〜①）		合計	尺度	3点以下	7点以上	一般的に望ましい
1	6	点	社会的内向性	○	△	低い→外交的
2	7	点	身体活動性	△	○	高い→活動的
3	8	点	持続性	△	○	高い→粘り強い
4	9	点	慎重性	△	○	高い→計画性がある
5	10	点	活動意欲	△	○	高い→意欲的

● 1〜6の回答数字を【判定表2】に記入して合計しましょう。

	あてはまる	どちらかといえばあてはまる	どちらかといえばあてはまらない	あてはまらない
1 どちらかというと心配性だ	④	③	②	①
2 くよくよと考えるほうだ	④	③	②	①
3 やる気のあるときとないときの差が大きい	④	③	②	①
4 他人にどう思われているのかが気になる	④	③	②	①
5 問題が起こると自分が悪いのではないかと思う	④	③	②	①
6 熱しやすく冷めやすいほうだ	④	③	②	①

【判定表2】

回答（④〜①）		合計	尺度	3点以下	7点以上	一般的に望ましい
1	4	点	敏感性	○	△	低い→おおらか
2	5	点	自責性	○	△	低い→楽観的
3	6	点	気分性	○	△	低い→おだやか

マイナス評価でなければ、性格検査は気にする必要はありません。希望企業で働く自分をイメージしながら、前向きな回答を心掛ければ十分クリアできます。

※ SPI3 性格検査の判定、評価方法は、公開されていません。本書で挙げたものは、他の性格検査、適性検査の判定基準から類推されるものであることをご了承ください。

●著者プロフィール
オフィス海【Kai】
学習参考書、問題集、辞典、資格試験対策本等の企画執筆を行う企画制作会社。1989年設立。「日本でいちばんわかりやすくて役に立つ教材」の制作に心血を注いでいる。
著書『史上最強 SPI＆テストセンター超実戦問題集』『史上最強 一般常識＋時事一問一答問題集』『史上最強の漢検マスター準1級問題集』『史上最強のFP２級AFPテキスト』『史上最強のFP２級AFP問題集』『史上最強の宅建士テキスト』『史上最強の宅建士問題集』（ナツメ社）ほか多数。

小社では、みなさまからの就職活動に関する体験記や情報（SPIをはじめとした適性検査や一般常識テストなど採用テストの出題形式、面接の内容、エントリーシート・履歴書の書式など）を募集しております。次年以降の企画に役立てたいと考えています。下記の住所・アドレスにハガキ、封書、Eメールなどでお寄せください。
有益な情報をお寄せいただいた方には薄謝（図書カード等）を進呈いたします。
なお、お寄せいただいた個人情報を公表することはありません。

〒101-0051
東京都千代田区神田神保町1-52　ナツメ社ビル3F
ナツメ出版企画株式会社　就職情報係
Eメールアドレス　saikyo@natsume.co.jp

本書のお問い合わせは、ナツメ社WEBサイト内の、お問い合わせフォームからご連絡を頂くか、FAXにてお送り下さい。電話でのお問い合わせはお受けしておりません。回答まで７日前後の日にちを頂く場合もあります。
※正誤のお問い合わせ以外の書籍内容に関する解説・受験指導は一切行っておりません。
ナツメ出版企画㈱　FAX03-3291-1305

ナツメ社Webサイト
https://www.natsume.co.jp
書籍の最新情報（正誤情報を含む）はナツメ社Webサイトをご覧ください。

史上最強 WEBテスティング超実戦問題集

著　者　オフィス海

発行者　田村正隆

発行所　株式会社ナツメ社
東京都千代田区神田神保町1-52　ナツメ社ビル1F（〒101-0051）
電話　03(3291)1257（代表）　FAX　03(3291)5761
振替　00130-1-58661

制　作　ナツメ出版企画株式会社
東京都千代田区神田神保町1-52　ナツメ社ビル3F（〒101-0051）
電話　03(3295)3921（代表）

印刷所　ラン印刷社

WEB テスティング 超実戦問題集

別冊 解答・解説集

1 推論【内訳】 ▶本冊24〜29ページ

1【35】

100個を3人で分ける。

ア　三男は可能な限り多くもらう

イ　長男＞次男＞三男

最も少ない三男が多くもらうため、できるだけ均等になるように分ける。3等分すると、**100÷3＝33.33…個**。三男が可能な限り多くもらう場合を考えるので、仮に**三男が33個**もらうとすると、最低でも長男から順に**35＋34＋33＝102個**になるので不適。**三男が32個**もらうとすると、長男から順に最少で**34＋33＋32＝99個**になる。残る1個は、長男＞次男＞三男の条件を満たすため長男がもらうので、長男が**34＋1＝35個**。**長男から順に35、33、32**が三男が最も多くもらう場合の個数になる。よって長男は**35個**もらう。

2【20】

レモンをx個、いちごをy個とする。

$x+y=32$…①

$y=32-x$…①'

$$x\times\frac{3}{5}+y\times\frac{1}{3}=16$$

両辺に**5**と**3**の最小公倍数の**15**を掛けると、

$$x\times\frac{3}{5}\times15+y\times\frac{1}{3}\times15=16\times15$$

$9x+5y=240$…②

①'を②に代入して

$9x+5\times(32-x)=240$

$4x+160=240$

$x=20$個

【別解】いちごを(32－x)個としても解ける。

3【840】

ワインの量をxccとする。xの6等分は、7等分より20cc多くなるので、

$$\frac{x}{6}-\frac{x}{7}=20$$

$$\frac{7x}{42}-\frac{6x}{42}=20$$

$$\frac{x}{42}=20$$

$x=20\times42=840$

ボトルに入っている**ワインの量は840cc**。

【別解】6個のグラスに分けた量を7個のグラスに分けると1杯あたり20cc少なくなる。**6個のグラスから20ccずつ取って7個目のグラスに入れる**と考えると、7個目のグラスに入れた量は、

20×6＝120cc

よってワインの量は、

120×7＝840cc

4【2】

120円、180円、200円の3種類の菓子で、

ア　合計金額は980円

イ　180円の菓子が最も多い

3種類の詰め合わせなので、どの菓子も最低1個入る。条件イより180円は最低2個入る。**120＋180＋180＋200＝680円**分が確定している。残る**980－680＝300円**になる組み合わせは、120＋180だけなので、累計すると**120円が2個、180円が3個、200円が1個**。よって120円の菓子は**2個**入っている。

5【9】

120円、180円、200円の3種類の菓子で、

ア　合計金額は1300円

イ　120円の菓子は180円の菓子より多い

3種類の詰め合わせなので、どの菓子も最低1個、条件イより120円は最低2個入っているので、**120＋120＋180＋200＝620円分**が確定している。残る**1300－620＝680**

円の組み合わせを考える。**下2けたが80円**になるのは、180**円が**1**個**か120**円が**4**個**の2パターン。
180**円が**1**個→680－**180**＝500円**…120円＋180円＋200円で500円だが、120円3個と180円3個になってしまい、180円の個数＜120円の個数を満たさないので不適。
120**円が**4**個→680－**120×4**＝200円**…120円が6個、180円が1個、200円が2個で適。よって菓子は全部で**6＋1＋2＝**9**個**。
【別解】合計**13**00円で、下2けたが00になるのは、以下の4パターン。
① 120円と180円が同数(120＋180＝**3**00)…イを満たさないので不適。
②120円6個、180円1個(120×6＋180＝**9**00)…残り400円で200円が2個で適。
③120円が7個、180円が2個(120×7＋180×2＝**12**00)…残り100円では200円の菓子が入らないので不適。
④120円が1個、180円が6個(120＋180×6＝**12**00)……条件イを満たさないので不適。
よって②の6＋1＋2＝9**個**。

6 【6】
計**10問**で、**X＞Y＞Z**。**XはYの2倍**なので2Yとする。Zが最も少ないので、2Y＋**Y**が**10以内で最大**になるパターンを求める。
Y＝4…2Y＋**Y＝8＋4＝12**で10を超えるので不適。
Y＝3…2Y＋**Y＝6＋3＝9**で適(**Z＝1**)。よって**X＝**2Y**＝**6。
【別解】3人それぞれが最初にボタンを押した問題の数をX問、Y問、Z問とする。
X＋Y＋Z＝10…①
ア　XはYの2倍だった
X＝2Y…②
②を①に代入して、
2Y＋Y＋Z＝10
Z＝10－3Y
イ　Zが最も少なかった
ZはYより少ないので、
10－3Y＜Y
4Y＞10
Y＞2.5
Yが3のとき、**Xは6**、**Zは**1となり条件イを満たす。よってXは6**問**。

7 【2】
イ　白と紫が隣り合っているところはないので、白○と紫●の隣は必ず赤●になる。
12株の例…●●●○●●●○●●●○
2株に1株は赤で、同じ色が隣り合わないので、12株のうち**赤6株**が確定する。次に、
ア　赤は白より2株多いので、白は**6－2＝4株**。紫は**12－6－4＝**2**株**に決まる。

8 【20】
平均値から仮の数値をあてはめる。
P、Q、R、Sの4人で40品。
ア　QはPの2倍の品数で、Rより多かった
Q＝2P…①
Q＞R
イ　SはQの2倍の品数だった
S＝2Q…②
4人で40品なので平均すると1人10品。**Qを10**とすると、①より**Pは5**、②より**Sは**20、**Rは40－10－5－20＝5**で、Q＞Rが成立する。よってSが寄付した品数は20**品**。
[検算] (計算の答えが正しいか確かめる)
Q＝2PなのでQは偶数。Qが12**品**だと、S、Q、P、Rは(24、12、6、－2)となり、マイナスが出るので不適。Qが8品だと(16、8、4、12)で、RがQより多くなるので不適。条件にあてはまるQは10品のみと確認できる。
【別解】方程式で解く。
①**P＋Q＋R＋S＝40**
②**Q＝**2P
③**Q＞R**

④2P＞R
⑤S＝2Q
②と⑤より、 S＝2Q＝4P。
①の式にQ＝2P、S＝4Pを代入する。
P＋2P＋R＋4P＝40
7P＋R＝40
7Pは40以下の7の倍数で、最大で35（7×5）になる。従ってPは5以下の整数となる。
2P＞Rと**7P＋R＝40**を満たす組み合わせは**（P・R）＝（5・5）**のみ。**S＝4P**なので、Sが寄付した品数は**5×4＝20品**。

9【42】
ア　PとQの差はQとRの差に等しい
差が等しい3つの数では、真ん中の数が平均値となる。例えば、[5、10、15]では合計30で平均値は30÷3＝10。本問では、3本の平均はQなので、Qは**126÷3＝42個**。
＊方程式でも解けるが、上の解法が速い。

10【9】
30個をX＞Y＞Zになるように分ける。
X＋Y＋Z＝30…①
ア　XとYがもらった個数の差はZがもらった個数に等しい
X－Y＝Z…②
X＝Z＋Y…②'
イ　YとZがもらった個数の差は3個である
Y－Z＝3…③
①②'③の連立方程式を解く。
②'を①に代入すると、
Z＋Y＋Y＋Z＝30
2Z＋2Y＝30
Z＋Y＝15
Z＝15－Y…④
④を③に代入すると、
Y－（15－Y）＝3
2Y＝18　→Y＝9個
Xは**15個**、Zは**6個**である。

11【4】
X、Y、Zの3人でスタンプが12個。
ア　3人とも2個以上のスタンプを集めた
イ　Xのスタンプの数はZの3倍だった
Zが2個ならXは6個、Yは4個で適。Zが3個ならXは9個、Yは0個でアを満たさないので不適。よって**Yのスタンプの数は4個**。

12【4】
XとYが2人合わせて赤い金魚6匹と黒い金魚4匹、計10匹をとった。
ア　Xがとった金魚の数はYの2倍以上だった
イ　Yがとった赤い金魚の数は黒い金魚の数の2倍だった
Yは最少で赤を2匹、**黒を1匹**とったことになる。このときXは**10－3＝7匹**になり、アを満たすので適。赤い金魚6匹のうち2匹をYがとったので、**Xがとった赤は6－2＝4匹**。ちなみに、赤の数が黒の数の2倍になるYの次の候補は6匹「赤赤赤赤**黒黒**」だが、Xが10－6＝4匹でアを満たさないので不適。

13【13】
3日間で合計28人が訪れた。
ア　初日の来場者数は2日目の来場者数のちょうど1.5倍だった→**2日目の人数をx人**とすると、**初日は1.5x人**。また、最多の日は初日か3日目、最少の日は2日目か3日目となる。
イ　最も来場者数の多かった日は最も少なかった日より7人多かった
①最多が初日、最少が2日目の場合
1.5x－x＝7
0.5x＝7
x＝14
2日目が14人、初日が14×1.5＝21人で合計35人となり、合計28人を超えるので不適。
②最多が初日、最少が3日目の場合
1.5x＋x＋（1.5x－7）＝28
4x＝35

x＝8.75

整数にならないので不適。

③最多が３日目、最少が２日目の場合

1.5x＋x＋(x＋7)＝28

3.5x＝21

x＝6

2日目が6人、初日が6×1.5＝9人、3日目が28－6－9＝13人で条件を満たす。よって**3日目の来場者数は13人。**

【別解】**初日が2日目の1.5倍**なので、**2日目は偶数**である（奇数では初日が正の整数にならない）。２人から順に内訳の候補を書くと、

２日目**2人**→初日**3人**、３日目**23人**（計28人）

２日目**4人**→初日**6人**、３日目**18人**（計28人）

２日目**6人**→初日**9人**、３日目**13人**（計28人）

２日目**6人と**３日目**13人**で、イの７人差という条件に合う。

14【10】

大、中、小のチョコの数をそれぞれＸ個、Ｙ個、Ｚ個とする。条件より、

①**X＞Y＞Z**（１個以上）

②**X＝Z＋6…Z1個ならX7個**

③**X＋Y＋2Z＝26**

・**Z1個、X7個**だと、Ｙは**26－2×1－7＝17個**で、Ｘ＞Ｙ＞Ｚにならないので不適。

・**Z2個、X8個**だと、Ｙは**26－2×2－8＝14個**で、Ｘ＞Ｙ＞Ｚにならないので不適。

・**Z3個、X9個**だと、Ｙは**26－2×3－9＝11個**で、Ｘ＞Ｙ＞Ｚにならないので不適。

・**Z4個、X10個**だと、Ｙは**26－2×4－10＝8個**で、Ｘ＞Ｙ＞Ｚになるので適。よって**大の箱には10個入っている。**

【別解】③の**X**に②の**(Z＋6)**を代入する。

(Z＋6)＋Y＋2Z＝26

3Z＋Y＝20…ＹはＺより数が多く２個以上なので、3Zは18以下（Zは６以下）。

・**Z6個**だと、Ｙは**20－3×6＝2個**で、Ｘ＞Ｙ＞Ｚにならないので不適。

・**Z5個**だと、Ｙは**20－3×5＝5個**で、Ｘ＞Ｙ＞Ｚにならないので不適。

・**Z4個**だと、Ｙは**20－3×4＝8個**で、Ｘは②より**4＋6＝10個**。Ｘ＞Ｙ＞Ｚになるので適。よって**大の箱には10個入っている。**

15【9】

ＸとＹが、いちご12個とレモン８個をそれぞれ１個以上もらい、合計10個ずつに分けた。

ア　Ｘがもらったいちごの個数は奇数だった

いちごが１個だと、Ｘのレモンは10－1＝9個となり８個を超えてしまうので不適。Ｘのいちごの数は3、5、7、9個のいずれか。

これを表にまとめると、次の通り。

	いちご12個				レモン8個				
X	3	5	7	9	7	5	3	1	⬅Xの（いちご＋レモン）＝10個
Y	9	7	5	3	1	3	5	7	⬅Yの（いちご＋レモン）＝10個
	↑X＋Y＝12個				↑X＋Y＝8個				

イ　Ｙがもらったいちごの個数はレモンの個数より少なかった

表より、Ｙのいちごがレモンより少ないのは、いちご3個、レモン7個の場合のみ。**よってXがもらったいちごは9個。**

16【C】

10kgをX、Y、Zの３人で分けた。それぞれの量をxkg、ykg、zkgとする。

x＋y＋z＝10…①

ア　XはYより3kg多くもらった

x＝y＋3…②

未知数が３つ、方程式が①と②の２つなので解を求められない。**アだけではわからない。**

イ　XはYの４倍の量をもらった

x＝4y…③

未知数が３つ、方程式が①と③の２つなので解を求められない。**イだけではわからない。**

アとイで、方程式が①②③の３つになるので解ける（**x＝4、y＝1、z＝5**）。よってC「ア

とイの両方でわかるが、片方だけではわからない」。

17【D】
本(x)とCD(y)を合わせて8点借りた。
x＋y＝8…①
ア　本はCDより4点多く借りた
x＝y＋4…②
未知数が2つで、方程式が①と②の2つなので**アだけで解を求められる**(**x＝6、y＝2**)。
イ　借りた本の数は、CDの数の3倍である
x＝3y…③
未知数が2つで、方程式が①と③の2つなので**イだけで解を求められる**(**x＝6、y＝2**)。
よって**D「アだけでも、イだけでもわかる」**。

18【B】
赤、青、緑のボールペンがそれぞれ1本以上、合わせて8本ある。
赤≧1、青≧1、緑≧1…①
赤＋青＋緑＝8…②
ア　赤は青より3本多い
赤＝青＋3…③
青1本なら**赤4本**と**緑3本**、**青2本**なら**赤5本**と**緑1本**。8本になる候補が複数あるので、**アだけではわからない。**
イ　緑は青の3倍の本数である
緑＝青×3…④
青1本なら**緑3本と赤4本**で適。**青2本**なら**緑6本と赤0本**で不適。**青1本・緑3本・赤4本に確定できる。**よって**B「イだけでわかるが、アだけではわからない」**。
＊回答時のメモでは、赤を「カ」や「R」、青を「オ」や「B」、緑を「ミ」や「G」など、速く書けて自分にわかる記号にするとよい。

19【C】
X、Y、Zで5匹の子犬を引き取った。
ア　全員が少なくとも1匹は引き取った
X、Y、Zの順で(1、1、1)以上であることまでは確定しているが、(3、1、1)(2、2、1)など複数あるので、**アだけではわからない。**
イ　XはZよりも1匹多く引き取った
(1、4、0)(2、2、1)など複数あるので、**イだけではわからない。**
アとイの両方で、**Zが1匹のときに(2、2、1)で確定できる。Zが2匹では(3、0、2)で不適。**よって**C「アとイの両方でわかるが、片方だけではわからない」**。

20【C】
黒いペン(B)、赤いペン(R)、緑のペン(G)が合わせて24本ある。
B＋R＋G＝24…①
ア　黒は赤より3本多い
B＝R＋3…②
未知数が3つで、方程式が①と②の2つなので解を求められない。**アだけではわからない。**
イ　黒と緑は合わせて15本ある
B＋G＝15…③
未知数が3つで、方程式が①と③の2つなので解を求められない。**イだけではわからない。**
アとイで、方程式が①②③の3つになるので解を求められる(**B＝12、R＝9、G＝3**)。よって**C「アとイの両方でわかるが、片方だけではわからない」**。

21【C】
具体的な観客数を求める必要はない。どの演劇の観客数が最多かがわかればよい。
ア　Qの観客数はRより310人多かった
Q＝R＋310
Pの情報がないので、**アだけではわからない。**
イ　Pの観客数は280人で、全体の35%だった
Pの280人が全体の35%にあたるので、全体は280÷0.35＝800人、Q＋Rが800－280＝520人。**イだけではわからない。**
アとイの両方で、

非言語・解説 1 推論【内訳】

Q＝R＋310→Qは310人（Rが0人）以上。Pが280人なので、310人以上のQが最も多いことがわかる。
よってC「アとイの両方でわかるが、片方だけではわからない」。

22【A】
500gの米をX、Y、Zに分けたとき、最も重いものがどれかがわかればよい。
ア　XはZより250g重い
全体が500gで、XはZより250g重いので、Y＋Zは250gよりも軽いことになる。**Xが最も重いとわかる。アだけでわかる。**
イ　XはZの6倍の重さである
Xが6g、Zが1gなら、Yは493gで最も重い。Xが300gでZが50gなら、Yは150gでXが最も重い。**最も重いものは確定しない。**
よってA「アだけでわかるが、イだけではわからない」。
＊「最も〜のものはどれか」「どちらが多いか」などの問いでは、求められている比較の結果がわかればよい。数値まで求める必要はない。

23【B】
P、Q、R、Sの4人のうち3人以上が賛成なら実行する。実行することになったとき、Pは賛成したか。
ア　Qは賛成した
Pは賛成、反対どちらもありえる。**アだけではわからない。**
イ　Rは反対した
実行することになったとき、R以外の3人は賛成になる。**イだけでわかる。**よってB「イだけでわかるが、アだけではわからない」。

24【B】
大人46人、子ども69人のメンバーがいる。合宿の参加者はどちらが多かったか。
ア　大人のうち9人が合宿に参加しなかった
46－9＝37人の大人が参加したことはわかるが、子どもの参加者数がわからないので、どちらが多いかは、**アだけではわからない。**
イ　子どものうち20人が合宿に参加しなかった
69－20＝49人の子どもが参加したことがわかる。**大人の人数46人を超えている**ので、**子どものほうが多いことがわかる。**よってB「イだけでわかるが、アだけではわからない」。

25【D】
X、Y、Zの3人で20個を分けた。Xは何個もらったか。
X＋Y＋Z＝20…①
ア　YはXの2.5倍、ZはXの1.5倍の数をもらった
Y＝2.5X…②
Z＝1.5X…③
未知数が3つ、方程式が①②③の3つなので解を求められる（**X＝4個**）。**アだけでわかる。**
イ　Zがもらった数はXより2個多く、Yより4個少なかった
Z＝X＋2…④
Z＝Y－4…⑤
未知数が3つ、方程式が①④⑤の3つなので解を求められる（**X＝4個**）。**イだけでわかる。**
よってD「アだけでも、イだけでもわかる」。

26【C】
P、Q、Rの3人はX高校かY高校の生徒で、少なくとも1人はX高校の生徒である。X高校には制服がない。RはX、Yどちらの高校の生徒か。
ア　Pの高校には制服がある
PはY高校。RとQのどちらが制服がないX高校かわからないので、**アだけではわからない。**
イ　PとQは同じ高校の生徒である
①P・Q・R全員がX高校
②P・QがX高校、RがY高校
③P・QがY高校、RがX高校

という3パターンがあるので、**イだけではわからない**。
アとイの両方で、**PとQがY高校。RがX高校**とわかる。よってC「アとイの両方でわかるが、片方だけではわからない」。

27【A】
和菓子と洋菓子を合わせて80個購入した。和菓子は8個入り、洋菓子は12個入りの箱に入っている。洋菓子の箱は何箱か。和菓子の箱をw箱、洋菓子の箱をy箱として式を立てる。
8w＋12y＝80 →(両辺を4で割って)→
2w＋3y＝20
3y＝20－2w ← **20－2w**は**偶数**なので、**yは必ず偶数**となる。式のyに2、4…をあてはめていく。**w**、**y**の箱の数の組み合わせは、(**7**、2)(**4**、4)(**1**、6)の3つ。
ア　洋菓子の箱の数のほうが和菓子の箱の数より多い
(**1**、6)に確定できる。
イ　洋菓子の個数のほうが和菓子の個数より多い
和菓子は8個入り、洋菓子は12個入り。箱の数では(**4**、4)(**1**、6)の2つがあてはまるので、確定できない。
よってA「アだけでわかるが、イだけではわからない」。
＊方程式にするときの記号はxやyだけでなく、例えば、和菓子ならw(wagashi)・洋菓子ならy(yogashi)、赤ならr(red)・青ならb(blue)など、自分が**式を見て区別しやすい記号**にすると、記号の読み取り間違いによるミスを防ぐことができる。
【別解】12個入りの洋菓子の箱の数は、
80÷12＝6箱あまり8　なので**6箱以下**。
また、和菓子は8個入りなので、総数80個から洋菓子の個数を引いたときに**8の倍数**になる必要がある。洋菓子6箱以下で、これを満たす組み合わせは、以下の3通り。
①洋菓子6箱(72個)、和菓子1箱(8個)
②洋菓子4箱(48個)、和菓子4箱(32個)
③洋菓子2箱(24個)、和菓子7箱(56個)
洋菓子の箱の数のほうが和菓子の箱の数より多いのは①だけ、洋菓子の個数のほうが和菓子の個数より多いのは①と②。よってA。

28【D】
100枚をP、Q、R、S(35枚)の4人のうち何人かで分けて買った。QとS(35枚)のどちらが多く買ったかがわかればよい。仮に**QがSより多い36枚**とすると、**Q＋S＝71枚で、残り29枚**。アでもイでもQ36枚は成り立たないので、QはSより少ないことがわかる。よってD「アだけでも、イだけでもわかる」。
【別解】ア　PはQより多く買った
Rが0枚だと、PとQで65枚。**Qは最も多くて32枚(P33枚)になり、Q<Sとわかる。**
イ　RはQより多く買い取った
イはアのPがRに変わっただけなので、アと同じく**Q<Sとわかる。**

29【D】
1個200円のリンゴと1個300円のナシを合わせて何個か買ったところ、代金は1500円だった。リンゴをr個、ナシをn個とする。
200r＋300n＝1500→(両辺を100で割って)→ **2r＋3n＝15** → **3n＝15－2r**
15－2rは**奇数**なので、**nは必ず奇数**となる。式のnに1、3…をあてはめていく。**r**、**n**の個数の組み合わせは、(**6**、1)(**3**、3)の2つ。
ア　リンゴの個数はナシの個数より多かった
(**6**、1)に**確定する。**
イ　リンゴの代金はナシの代金より高かった
(**6**、1)に**確定する。**
よってD「アだけでも、イだけでもわかる」。
※推論【内訳】は推論の中で最もよく出題される分野です。「方程式の数≧未知数の数なら解ける」という一般原則を覚えておくと速く解けます。

2 推論【整数】 ▶本冊32〜37ページ

30【51】

8で割ると3余る2けたの数は、最大で**8×12＋3＝99**。8ずつ引いていくと、91、**83、75、67、59、**51、**43、35、27、19、**11。**5で割ると1余る数は、5の倍数＋1となり一の位は**1**か**6になる。あてはまるのは91**と**51**と**11。**3で割ると割り切れるのは**51。よってこの数は51。

【別解1】5で割ると1余るので一の位は1か6。一の位が1になる3の倍数は(21、51、81)。一の位が6になる3の倍数は(36、66、96)。このうち、8で割ると3余るのは51。

【別解2】8で割ると3余り、5で割ると1余る2けたの数で最小のものは11(8×1＋3＝11、5×2＋1＝11)。条件を満たす数は8と5の最小公倍数である40ごとに現れるので、40の倍数＋11で求める。2けたの範囲では11と51(40＋11)と91(40×2＋11)。この3つの中で3で割ると割り切れるのは51。

31【−5】

整数Xは整数Yより小さく、XとYの和は18で差は28である。

$X + Y = 18$…①

$X < Y$なので、

$Y - X = 28$…②

①の式から②の式を引いて、Yを消す。

$X + Y - (Y - X) = 18 - 28$

$2X = -10$

$X = -5$

＊「和−差÷2＝小さいほうの数」となる。

32【140】

長いほうのひもをxとすると、短いほうのひもは$\frac{1}{3}x + 20$となる。

$x + \frac{1}{3}x + 20 = 500$

$\frac{4}{3}x = 480$

$x = 480 \div \frac{4}{3} = 360$

短いほうのひもは、**500−360＝**140cm。

33【11】

3つの連続する整数があり、最も小さい数を2乗したものは残りの2つの数の積より35小さい。**小さい順にx、x＋1、x＋2**とする。

$x^2 = (x + 1)(x + 2) - 35$

$x^2 = x^2 + 3x + 2 - 35$

$3x + 2 - 35 = x^2 - x^2$

$3x - 33 = 0$

$x = 11$

よって**最も小さい数**は11。

34【9】

3つの連続する整数があり、最も大きい数を2乗したものは残りの2つの数の積より25大きい。**大きい順にx、x−1、x−2**とする。

$x^2 = (x - 1)(x - 2) + 25$

$x^2 = x^2 - 3x + 2 + 25$

$-3x + 2 + 25 = x^2 - x^2$

$3x - 27 = 0$

$x = 9$

よって**最も大きい数**は9。

35【15】

ビルPの階数はビルQよりも10階低く、またビルQの階数の3/5である。10**階はP(3/5)**と**Q(5/5)**の差である**5/5−3/5＝**2/5にあたるので、Qの階数は10÷2/5**＝25階**。

よってPは**25−10＝**15**階**。

【別解】

$P = Q - 10$…①

$P = Q \times \frac{3}{5}$…②

①を②に代入して

$Q - 10 = Q \times \frac{3}{5}$

$\frac{2}{5} \times Q = 10 \rightarrow Q = 25$

P = 25 − 10 = 15 階

36【4】

X、Yはそれぞれ Zの9倍、7倍の打点をあげ、XとYの打点の差が8点であった。9倍と7倍の差（2倍）が8点にあたるので、Zの打点は8÷2＝4点。よって**Zの打点は4点**。

【別解】**9Z − 7Z = 8**

2Z = 8 → Z = 4点

37【18】

300以下なので**百の位は1か2の2通り。十の位は百の位と同じ数字以外の3通り。一の位は十の位と同じ数字以外の3通り**。よって、**2×3×3＝18個**。

【別解】**百の位を1か2**として、3けたの整数が何通りできるか場合分けして考える。

■**百の位が1→1 ① ②**

①**(十の位)**は、2か3か4の**3通り**。

②**(一の位)**は、1か2か3か4の**4通り**。

つまり、**3×4＝12通り**。このうち隣り合う数字が同じ122、133、144の3つを除くと、**12−3＝9通り**。

■**百の位が2→2 ① ②**

①**(十の位)**は、1か3か4の**3通り**。

②**(一の位)**は、1か2か3か4の**4通り**。

3×4＝12通り。隣り合う数字が同じ211、233、244の3つを除くと**12−3＝9通り**。

百の位が1と2の整数は、**9＋9＝18個**。

38【14】

人数をx人とする。4個ずつ配ろうとすると最後の1人が2個しかもらえないので、いちごは**(4x − 2)個**。3個ずつ配ると2個余るので、いちごは**(3x + 2)個**。この場合のいちごの数は変わらないので、

4x − 2 = 3x + 2

x = 4

よっていちごの数は、**4×4−2＝14個**。

39【6】

水槽Xと水槽Yの魚の数をx匹、y匹とする。

x + y = 60…①

x = 1.5y…②

②を①に代入して、

1.5y + y = 60

y = 24

2つの水槽の魚の数を等しくするためには、どちらも**30匹(60匹の半数)**にすればよいので、**30−24＝6**で、水槽Xから水槽Yへ足りない**6匹**を移せばよい。

【別解】XとYの比は**3：2**。合計を**3＋2＝5**と考えて、Xには$60 \times \frac{3}{5}$**＝36匹**入っている。XからYに**36−30＝6匹**を移せばよい。

40【120】

人数をx人とする。折り紙の数は同じなので、

5x − 10 = 4x + 16

x = 26

5×26 − 10 = 120

よって**折り紙は全部で120枚**。

41【7】

ア　Xを9で割ると1余る

Xは9の倍数＋1。

イ　Xを11で割ると2余る

Xは11の倍数＋2。

数の大きい11の倍数＋2で考えると、2けたのXの候補は**13、24、35、46、57**…。このうち、9で割ると1余る**整数Xは46**。13で割ると**46÷13＝3…7**。よって**余りは7**。

42【5】

ア　Xは2で割り切れない

Xは2の倍数＋1。

イ　Xは3で割ると2余る

Xは3の倍数＋2。

アとイより、**Xに1を足すと2でも3でも割り切れる**ことがわかる。Xは「**2と3の最小公倍数の6の倍数－1**」で、**11、17、23**…。**11、17、23を6で割ると余りはいずれも**5。

43【81】

ア　Xは奇数である

イ　十の位の数と一の位の数を入れ替えると、Xより63小さい数になる

十の位の数をa、一の位の数をbとすると、(10a＋b)と表せる。十の位と一の位を入れ替えると(10b＋a)で、これが(10a＋b)より63小さい。

10a＋b－63＝10b＋a

9a－9b＝63

a－b＝7

(a、b)の組み合わせは(7、0)(8、1)(9、2)のどれかだが、条件アより、**Xは奇数なので**81に確定する。

44【21】

和が31になる3つの正の整数P、Q、Rがある。

ア　PとQの積は24である

積が24になるPとQの組み合わせは、(1と24)(2と12)(3と8)(4と6)のいずれかで、PとQの和を31から引くと、Rの数になる。(1、24、6)(2、12、17)(3、8、20)(4、6、21)…PとQは順不同

イ　RはQの3.5倍である

RがQの3.5倍になるのは、Qが21÷**3.5＝6**の場合だけ。よって**Rは**21。

45【5】

A、B、C、Dが計40品をバザーに寄付した。

ア　BはAの2倍の品数でDより多い

B＝2A

D＜2A

イ　CはBの2倍の品数を寄付した

C＝2B→B＝2Aより**C＝**4A

D＜2Aなので、B＝2A、C＝4A

(A＋B＋C＋D)＜(A＋2A**＋**4A**＋**2A**)**

40＜9A

→A＞4.4

Aは整数なのでA＝**5**とすると、**A**、B、C、Dの順に(**5**、10、20、5)となり、条件を満たす。よってDの寄付した品数は5品である。

＊答えを見つけた時点で回答する。

46【7】

3けたの整数3▲1について、

ア　7の倍数である

イ　9で割ると2余る

7の倍数で下1けたが1になる数は、**7×3＝21**、**7×13＝91**、**7×23＝161**…と、7に3、13、23、33、43、53…を掛けたときに現れる。301～391の範囲では、**7×43＝301**または**7×53＝371**。**9で割ると2余るのは371**。よって▲は7。

【別解】イより3▲1から2を引いた数が9で割り切れる。11から2を引くので3■9となる(301の場合は2■9となるが、301から2を引いた299は9で割り切れない)。9で割り切れる整数は、各位の数字の和が9の倍数になるという法則がある。3＋■＋9＝12＋■となり、12＋■が9で割り切れるのは■＝**6**だけなので**369**。引いていた2を戻せば**371**。

【参考】各位の数の和が9の倍数になる例

117→**1＋1＋7＝9**→9で割り切れる

819→**8＋1＋9＝18**→9で割り切れる

47【3】

3けたの正の整数Mについて、

ア　Mは1200の約数である

イ　Mは2000の約数である
1200と2000の公約数を求める。2けたは求めなくてよいので100で割ってから始める。

```
100 )1200  2000
  2 )  12    20
  2 )   6    10
      ──────────
        3     5
```

左側の100、2、2の積の組み合わせが公約数となる。100以上の公約数は、**100**、100×2＝**200**、100×2×2＝**400**。よってMにあてはまる数は、**100、200、400の3個**。
【別解】3けたの正の整数Mは、1200の約数であり、2000の約数であるため、この2つの数の公約数を求める。数が大きい場合は、小さくして(この場合は100で割って)、12と20の公約数を求めるとよい。
12の約数→1、2、3、4、6、12
20の約数→1、2、4、5、10、20
つまり、公約数は、1、2、4。数字を元の大きさに戻すので、1×100＝100、2×100＝200、4×100＝400。よってMにあてはまる数は、**100、200、400の3個**。

48【28】
ア　この月には第5火曜日がある
イ　第3土曜日は3の倍数にあたる日
第5火曜日を月末の29日、30日、31日のいずれかと仮定すると、第1火曜日は、4週間(28日)前の1日、2日、3日のいずれか。第1火曜日が1日、2日、3日であった場合の、第1→第3土曜日との関係は、次の通り。
第1火 **1**日 →第1土 5日 →第3土 **19**日
第1火 **2**日 →第1土 6日 →第3土 **20**日
第1火 **3**日 →第1土 7日 →第3土 21日
この中で、イの条件を満たすのは第3土曜日が21日の場合。よって**第4土曜日は28日**。

49【3】
ア　Xを7で割ると1余る
イ　Xを11で割ると1余る
7で割っても11で割っても1余るので、**整数Xから1を引いた数は7と11の公倍数になる**。7と11の公倍数で2けたの数字は77なので、整数Xは77＋1＝78。これを15で割ると余りは3。

50【4】
1200の約数であるMについて、
ア　Mはある整数の2乗である
イ　Mは2けた以上の整数である
最初に1200を素因数分解する。

```
2 )1200
2 ) 600
2 ) 300
2 ) 150
3 )  75
5 )  25
    ─────
      5
```

この中(2が4つ、5が2つ)から2けた以上の2乗のペアを作る(3はペアが作れない)。
2×2×2×2＝4×4**＝16**
5×5＝25
2×2×5×5＝10×10＝100
2×2×2×2×5×5＝20×20＝400
よってMにあてはまる数は、**16、25、100、400の4個**。

51【4】
23枚のクッキーをX、Y、Zの3人で分けたので、平均は**23÷3＝7.66**…枚。
イ　Yの食べた枚数はXより多くZより少ないことから、X＜Y＜Z。XとZの間にあるYを7枚と仮定すると、23－7＝16枚で、
X＋Z＝16…①
ア　Zの食べた枚数はXの3倍　より、
Z＝3X…②
②を①に代入して、
X＋3X＝16

非言語・解説　2 推論【整数】

X＝4
Xの食べた枚数は4枚。
【別解】最少のXを1枚(Z3枚、Y＝23－1－3＝19枚)として順に試算していってもよい。**X、Y、Zの順に(4、7、12)のとき、X＜Y＜Zが成立する**ので、Xは4枚。

52 【9】
ア　コーヒーの数は緑茶の2倍だった
イ　3種類とも7杯以上だった
紅茶、コーヒー、緑茶を注文した人の数をそれぞれX、Y、Zとする。条件より、
①X＋Y＋Z＝30
②Y＝2Z
③X、Y、Zは7以上
7以上なので、②よりZ＝7なら、Y＝14、①より**X＝30－7－14＝9**で成立する。よって**紅茶は9杯。**

53 【5】
X、Y、Zの1から9までの数字について、
ア　3人が出した数字の和は20である
イ　Yが出した数字は3の倍数で、Xより大きく、Zより小さい
Yの数字は3の倍数なので、3か6か9だが、X＜Y＜Zから、Yが9のときZは10以上となるので**Yは9ではない。**Yが3のときXは1か2だが、その場合はZが20から4か5を引いた16か15になるので**Yが3もありえない。Yは6に決まる。**
Y＝6からX、Y、Zを考える。イよりYはZより小さい(Zが最も大きい)ので、Zがありえる最大の9から(X、Y、Z)を考えていく。
(5、6、9)…すべての条件を満たす
(6、6、8)…X＜Yを満たさない
よって**Xは5。**

54 【11】
ア　Pが選んだ数はQが選んだ数の3倍である
(P、Q)は(3、1) (6、2) (9、3)のいずれか。
イ　Rが選んだ数はPが選んだ数より4大きい
Rは最大で9なので、4小さいPは最大でも5。Pが5以下の**(P、Q)は(3、1)**だけで、**(P、Q、R)は(3、1、7)**に決まる。よって3人が選んだ数の和は**3＋1＋7＝11**。

55 【300】
P、Q、R、Sの4つの箱の重さは、順不同で100g、200g、300g、500gである。
ア　PとQの重さの和はRの重さと等しい
→P＋Q＝R
Rは次の①か②のどちらか。
①100＋200＝300g
②200＋300＝500g
①と②の場合の重さの候補を表にまとめると以下の通り。

	P	Q	R	S
①	100	200	**300**	500
	200	100		
②	200	300	**500**	100
	300	200		

イ　QとSの重さの差は100g
表で、イの条件にあてはまるのは、
Q＝200g、S＝100gの場合のみ。
よってPの重さは300g。
＊なお、以下のような条件の出題もある。
ア　PとQの重さの和はRの重さと等しい
イ　PとQの重さの差はPとSの重さの差と等しい
この場合には、Pの重さは200g(Q：300g、S：100g)が回答になる。

56 【12】
ア キャンディは8個以下にする
72個のキャンディを8個以下ずつ入れるので**詰め合わせは72÷8＝9セット以上になる。**
イ ガムは10個以上にする
120個のガムを10個以上ずつ入れるので**詰**

め合わせは120÷10＝12セット以下。
9、10、11、12のうち、72と120のどちらでも割り切ることができるのは12だけなので、**詰め合わせは**12**セット**。
【別解】セット数は72と120の公約数になる。
72＝2×2×2×3×3
120＝2×2×2×3×5
公約数は2、3、**2×2＝**4、**2×3＝**6、**2×2×2＝**8、**2×2×3＝**12、**2×2×2×3＝**24の7つ。この7つの数字から、条件を満たすセット数を探すと12。

57 【17】
ア　3人の部屋番号の合計は41である
1号室から18号室のうちの3つで、合計41なので、**平均は41÷3＝約13.7**。
イ　Pの部屋番号はQの部屋番号より8大きい
イより、P＝18、Q＝10が想定できる。順にあてはめていく。
P18・Q10 →R＝41－18－10＝13号室となるが、**13号室は欠番**なので不適。
P17・Q9 →…Qは9号室だが、**9号室は欠番**なので不適。
P16・Q8 …R＝41－16－8＝17**号室**となり、**条件を満たす**。よって**Rの部屋番号は**17。

58 【E】
4cm×6cmの長方形のタイルが正方形の枠内に同じ向きに隙間なく並べて貼られている。
ア　縦の枚数は横の枚数の1.5倍
縦4cm×横6cmの向きでタイルを貼ると考えられる。正方形にするので、1辺は必ず4と6の公倍数になるが、12cm、24cm、36cm…と無限にある→**アだけではわからない**。
イ　縦、横のいずれかの枚数は12枚
正方形の1辺は4cm×12＝48cm、もしくは6cm×12＝72cmの2パターンある。→**イだけではわからない**。
アとイの両方で、正方形に並べると、
縦4cmが12枚なら、正方形の1辺は4cm×12＝48cm。
横6cmが12枚なら、正方形の1辺は6cm×12＝72cm。
正方形の1辺が48cmと72cmの2パターンある。よってE「アとイの両方があってもわからない」。

59 【D】
ア　辺QRの長さは辺RSの長さと等しい
辺QRと辺RSが等しいということは、**点Rから等しい長さの辺が出ていることになるので、正方形になる**。面積が$36cm^2$の正方形なので、1辺6cmに確定できる。
イ　長方形PQRSの周の長さは24cmである
周の長さが24cmなので、縦と横の辺の長さの和は12cm。**足して12cm、掛けて$36cm^2$になるので、この長方形の縦と横の辺の長さはいずれも6cm**に確定できる。
よってD「アだけでも、イだけでもわかる」。

60 【A】
正方形のタイル36枚が横長の長方形の枠内に隙間なく並べて貼られている。横長（横のほうが縦より枚数が多い）なので、36枚の組み合わせは（縦・横）で**(1・36) (2・18) (3・12) (4・9)**の4通りだけ。
ア　横に並んでいる枚数は6の倍数ではない
横が6の倍数でない(4、9)に確定できる。
イ　縦に並んでいる枚数は3の倍数ではない
縦が3の倍数でないのは、(1、36) (2、18) (4、9)の3通りあるので確定できない。
よってA「アだけでわかるが、イだけではわからない」。
※推論「整数」では、組み合わせの候補を書き出して解を探っていく方法と、方程式で解く方法をマスターしましょう。

3 推論【数式】 ▶本冊40〜41ページ

61【24】

XはYより7大きく、Xに10を加えた数はYの2倍に等しい。

X－7＝Y…①

X＋10＝2Y…②

①を②に代入して、

X＋10＝2(X－7)

X－2X＝－14－10

X＝24

62【7】

X、Y、Zは**1から9まで**のいずれかの整数で、

ア　**X＞Y＞Z** …**最大は9＞8＞7**

X＋Zは最大で**9＋7＝16**。

イ　**X＋Z＝4Y** …**4Y≦16 → Y≦4**

また、**Y＞ZなのでYは2以上4以下の整数**とわかる。Yの候補は**2、3、4**。イの式にあてはめていくと、条件を満たすのは**(7、2、1)**のみ。よって**Xは7**。

63【6】

0＜X＜Y＜Z＜10である。

ア　**X＝Z－Y**

イ　**2Z＝XY**

イの**X**に、1から順に整数をあてはめていき、条件を満たすかどうかを検証する。

X＝1…**2Z＝Y→Y＞Z**となるので不適。

X＝2…**2Z＝2Y→Y＝Z**となるので不適。

X＝3…**2Z＝3Y→(Y、Z)**は**(4、6) (6、9)**の2通りある。アのX＝Z－Yを満たすのは、**3＝9－6**で、**(6、9)**。よって**Yは6**。

【参考】X＝4では、X＜YよりYが5以上となる。**2Z＝4Y**のときに、**2Z＝4×5＝20以上**になって、**Zが10以上**になるので不適。

64【5】

X、Y、Zは1から9までの整数のいずれかで、Xは2の倍数(2か4か6か8)、Zは3の倍数(3か6か9)である。

ア　**X＋Y＝11**

イ　**Y＋Z＝14**

候補の少ないZ(3か6か9)をイの式にあてはめて、条件を満たすかどうかを検証する。

Z＝3…**Y＝14－3＝11**→1から9ではないので不適。

Z＝6…**Y＝14－6＝8**→アより**X＝11－8＝3**。Xが2の倍数にならないので不適。

Z＝9…**Y＝14－9＝5**→アより**X＝11－5＝6**。**Xが2の倍数になり、条件を満たす**。よってYは**5**。

65【C】

X、Y、Zは1から9までの整数のいずれかで、X＞Y＞Zである。条件アのXと条件イにあてはまる整数を探す。

ア　**X＜7**

Xは6以下。また**X＞Y＞ZなのでXは3以上**。**3〜6**に絞れるが**それ以上はわからない**。**アだけではわからない**。

イ　**Z＞3**

Zは4以上。また**X＞Y＞ZなのでZは7以下**。**4〜7**に絞れるが**それ以上はわからない**。**イだけではわからない**。

アとイの両方で、**Xが6以下**、**Zが4以上**となり、(X、Y、Z)は**(6、5、4)に確定できる**。よって**C「アとイの両方でわかるが、片方だけではわからない」**。

66【B】

X、Y、Zは1から9までの整数のいずれかで、X＞Y＞Zである。

ア　X＞8
Xが9に決まるが、**YとZはわからない。アだけではわからない。**
イ　Z＞6
X＞Y＞ZかつZ＞6なので、**(X、Y、Z)は(9、8、7)に確定できる。**よってB「イだけでわかるが、アだけではわからない」。

67【A】
X、Y、Zは1から9までの整数のいずれかで、X＞Y＞Zである。
ア　X＝4Y
Y＞Zより、**Yは2以上**なので、**Y＝2**をあてはめて、**X＝4×2＝8、Zは1に確定できる。**
イ　$Z=\frac{1}{2}Y$
(Y、Z)は(2、1)(4、2)(6、3)(8、4)の4通りがあり、**いずれもXの数が成立する**ので**イだけでわからない。**よってA「アだけでわかるが、イだけではわからない」。

68【A】
X、Y、Zは1から9までの整数のいずれかで、X＞Y＞Zである。
ア　X＝Y＋7
Y＞Zより、Yは2以上なので、(X、Y、Z)は**(9、2、1)に確定できる。アだけでわかる。**
イ　Z＝Y－1
(Y、Z)は(2、1)(3、2)(4、3)(5、4)…。**いずれもXの数が成立するので、確定できない。イだけではわからない。**
よってA「アだけでわかるが、イだけではわからない」。
※方程式だけでは解けない問題もあります。与えられた条件を満たす整数の組み合わせをさっとメモして解くことも覚えておきましょう。

4 推論【順序】 ▶本冊44～45ページ

69【1】
P、Q、R、S、Tの5人で、**最初と最後の到着時刻の差は9分**。到着順を場合分けして、時間の差があてはまるパターンを見つける。
ア　PとQの到着時刻の差は5分、QとTの差は6分だった
❶到着順が**P→Q→T**の場合
P――5――Q――6――T
PとTの時間差が**5＋6＝11分**となってしまい、最初に来た人と最後の人の到着時刻の差である**9分をオーバー**するので不適。
❷到着順が**T→P→Q**の場合
T―1―P――5――Q（QとTの差は**6分**）
条件アが成り立つ。また、TとQの到着順が逆のパターンQ→P→Tも成立する。
イ　PとRの到着時刻の差は8分、RとSの差は4分だった
❸到着順が**P→R→S**の場合
P――8――R―4―S
PとSの時間差が**8＋4＝12分**となってしまい、最初に来た人と最後の到着時刻の差である**9分をオーバー**するので不適。
❹到着順が**P→S→R**の場合
P――4――S――4――R（PとRの差は**8分**）
条件イが成り立つ。また、PとRの到着順が逆のパターンR→S→Pも成立する。
条件アとイが成立した❷と❹をPの位置を合わせて並べると下の通り、**T→P→S→Q→R**の順になる(**R→Q→S→P→T**も同様)。
T―1―P――5――Q
P――4――S――4――R
よって**QとSの到着時間の差**は**5－4＝1分**。

なお、**R→Q→S→P→T**の到着順でも**QとSの到着時間の差**は**5－4＝1分**で同じ。

70【R】
P、Q、R、S、T、Uが横一列に並んでいる。
ア　PとQの間には1人いる
　→**P**◎**Q**または**Q**◎**P**
イ　SとTの間には3人いる
　→**S**○○○**T**または**T**○○○**S**
Uが右端の場合なので、イより**S**○○○**TU**または**T**○○○**SU**。○○○には**P**◎**Q**または**Q**◎**P**が入るので、**◎は残ったRに決定する。**
SPRQTUが成り立ち、左から3番目の可能性のある人はRとなる。**TQRPSU**などでも左から3番目はRで変わりはない。

71【2】
V、W、X、Y、Zがスピーチ順をくじで決めた。
ア　VはWのつぎである
　「WV」でワンセット
イ　XはYの2人後だが最後ではない
　Y○**X**○○　または　○**Y**○**X**○
「WV」がワンセットなので、
Y○**X**○○ → **Y**○**XWV**
YZXWVに確定する。**Z**の順番は**2番目**である。

72【4】
1位から4位を○○○○でメモして、確定する順位から埋めていく。
ア　1回目に1位だったRは、2回目は3位。
1回目　R○○○
2回目　○○R○
イ　2回目にPとSは1回目より1つずつ順位が上がった
1回目　**R P S** ●（PSは順不同）
2回目　**P S** R○
よって1回目のQは残った**4位**。
【別解】表で整理してもよい。
ア　1回目に1位だったRは、2回目は3位。

	1回目	2回目
1	R	
2		
3		R
4		

イ　2回目にPとSは1回目より1つずつ順位が上がった

	1回目	2回目
1	R	P(S)
2	P(S)	S(P)
3	S(P)	R
4		

よって1回目のQは残った**4位**。

73【6】
重さの異なるP、Q、R、Sの4つの箱について、
ア　PはSより重い
イ　最も重いのはPではない
アとイの条件を満たす順番を場合分けする。
①○**P**●●…S（●）が3位か4位かの**2通り**。
○とSではない●にはQ→RかR→Qが入るので**2通り**。これを掛け合わせて、
2×2＝4通り
②○○**P S**…Q、Rのどちらかが1位なので、**2通り**。
よって①＋②**＝4＋2＝6通り**。
【別解】ア　PはSより重い
イ　最も重いのはPではない
アとイより、**最も重いのはQまたはR**。
①**Q**○○○…Rが2～4位のどれになるかで**3通り**。残りは**重いほうがP、軽いほうがS**で確定する。
②**R**○○○…同様にQが2～4位のどれになるかで**3通り**。
よって①＋②**＝3＋3＝6通り**。

74【4】
P、Q、R、S、Tのテレビ番組の視聴率を調査

し順位をつけた。1位から○○○○○とする。
ア　先週1位だったPは、今週は3位だった
　　先週　P○○○○
　　今週　○○P○○
イ　Q、R、S(◎のいずれかに入る)は先週より1つずつ順位が上がった
　　先週　P◎◎●◎
　　今週　◎◎P◎○
よって**先週のTは**残った**4位**。

75【2】
P、Q、R、S、T、Uが縦一列に並んでいる。
ア　PはQより2人後ろにいる
　　→Q○P
イ　RはSより2人後ろにいる
　　→S○R
ウ　TはUより3人後ろにいる
　　→U○○T
Q○P、S○R、U○○Tが同時に成り立つ組み合わせは、**○U○○T○だけ**なので、**Uは2番目**。順番は**QUPSTR、SURQTPの2通り**。

※推論【順序】は、問題文を読みながら、すぐに順番をメモしていくことが大切です。左から順に上位、早い、重いなどと決めておきます。本解説では条件を満たさない(不適)パターンも挙げてありますが、本番では条件を満たす順序がわかった時点ですぐ回答してください。

5 推論【人数】 ▶本冊48～49ページ

76【79】
乗り物をx台、団体客をy人とする。
・x台に3人ずつ座ると4人乗れなくなる。
$3x+4=y$…①
・4人ずつ乗せると最後の乗り物には3人が乗ることになり、乗り物が5台余る。乗り物が5台余るので$x-5$台。最後の乗り物には4人より1人少ない3人が乗るので、
$4(x-5)-1=y$
$4x-21=y$…②
①に②を代入して、
$3x+4=4x-21$
$x=21+4$
$x=25$台
$y=3\times25+4=79$人
＊$4(x-5)-1=y$は、$4(x-6)+3=y$としてもよい。

77【17】
・4人ずつのグループに分けると1人余る。
4で割って1余る数なので、**5、9、13、17、21…**。
・5人ずつのグループに分けると2人余る。
4で割って1余る数の**5、9、13、17、21…**の中で、**5で割って2余る最小の数は17**。子どもは最も少なくて**17人**いる。
【別解】4で割って1余る数に3を足すと、4で割り切れる。5で割って2余る数に3を足すと、5で割り切れる。子どもの人数に3を足すと4でも5でも割り切れるので、**4と5の最小公倍数の20から3を引いて17人**。

78【23】
35人が、レモンといちごから好きなものを2個もらったので、合わせて**$35\times2=70$個**。70個のうちいちごは37個なので、レモンは**$70-37=33$個**ある。**レモンを少なくとも1個もらった子どもは28人**なので、**$33-28=5$**で、**5人がレモンを2個もらった**ことになる。よってレモンといちごを1個ずつもらった子どもは、**$28-5=23$人**。

79【19】

P、Q、Rの3つのプロジェクトに各12人、合わせて36人の社員が経理部と人事部から参加している。

ア　P、Q、Rとも経理部と人事部の人数の差は3人以内

各**12人**で、経理部と人事部の人数の差が**3人以内**なので、各プロジェクト12人の経理部と人事部の内訳は、(**5人・7人**)か(**6人・6人**)のどちらかとなる(4人と8人では差が4人になり不適)。

イ　経理部のほうが人数が多いのはPだけ

Pは経理部7人と人事部5人となり、Q、Rでは、人事部が**7人**か、6人となる。人事部が最も多い場合を求めるので、人事部の社員は、

5＋7＋7＝19人

80【13】

表にして空欄❶〜❺を計算していく。

	1年生	2年生	3年生	計
男子	❹ 15−3−1＝11	❸ 14−13＝1	3	15
女子	❺ 18−5−13＝0 11−11＝0	❷ (最も多くて) 18−5＝13	❶ 8−3＝5	18
計	11	14	8	

❶3年生の女子は、8−3＝5人。

❷2年生の女子は最も多くて18−5＝13人。

よって2年生の女子は最も多くて13人。

＊2年生の女子が13人の場合、

❸2年男子は14−13＝1人。

❹1年生の男子は15−3−1＝11人。

❺1年生の女子は女子合計から計算して18−5−13＝0人で、1年生の合計から計算しても11−11＝0人となり、成立する。

81【23】

2年生と3年生合わせて73人が参加して、男女の差は5人。先に、男子と女子で多いほうと少ないほうの人数を算出する。

合計73人で差が5人

多いほう　5人

少ないほう

多いほうの人数…合計73人に差の5人を足して、2で割る。

(73＋5)÷2＝39人…①

少ないほうの人数…合計から①をひく。

73−39＝34人…②

＊少ないほうの人数を計算するには、73人から差の5人を引いて、2で割ってもよい。

イ　男子は3年生が2年生より7人多い

男子が①の39人だった場合、3年生の男子は(39＋7)÷2＝23人…正の整数なので適

男子が②の34人だった場合、3年生の男子は(34＋7)÷2＝20.5人…小数なので不適

よって73人のうち男子は39人だとわかる。39人のうち7人多い3年生男子は23人。

82【D】

100人のうち、Pを知っている人は65人、Qを知っている人は30人。PとQの両方を知っている人の人数を求める。

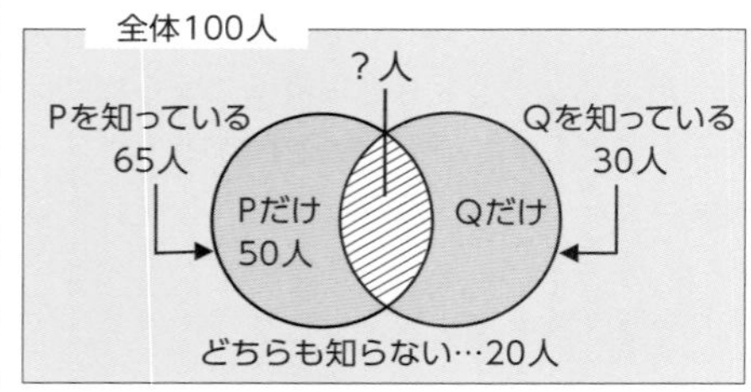

ア　Pだけを知っている人は50人だった

Pを知っている65人からPだけを知っている50人を引けば、**両方を知っている15人**が求められる。**アだけでわかる。**

イ　どちらも知らない人は20人だった

「Pを知っている65人＋Qを知っている30人＋どちらも知らない20人」から全体の100人を引けば、**両方を知っている15人**が求められる。**イだけでわかる。**

よってD「アだけでも、イだけでもわかる」。

83【B】

男女どちらが多いかがわかればよい。

男性56人、女性75人がいる。

ア　男性の25%が飲み会に参加しなかった

参加した男性は、**56×(1－0.25)＝42人**。男女どちらが多いかは不明。**アだけではわからない**。

イ　女性の20%が飲み会に参加しなかった

参加した女性は**75×(1－0.2)＝60人**。

＊0.75は3/4、0.8は4/5で計算してもよい。

この時点で女性が男性56人より多いことがわかる。**イだけでわかる**。よって、

B「イだけでわかるが、アだけではわからない」。

※推論【人数】では「最も多くて」「最も少なくて」という表現が頻出します。手がかりが見つからなくても、数字をメモしたり、方程式や表にしたりして、とにかく視覚化してみましょう。必ず正解にたどり着くことができます。

6 推論【金額】 ▶本冊52～53ページ

84【7150】

3個入りは1セット450円、5個入りは1セット700円で販売した。

ア　売れた製品の個数は**全部で50個**だった

全部で50個なので、**3個入り**のセットで売れた個数(セット数ではない)は**5の倍数**となり、**15個(5セット)、30個(10セット)、45個(15セット)**のいずれかだとわかる。

イ　3個入りセットより5個入りセットのほうが多く売れた

5個入りのほうが多く売れたので、**3個入りは5セット(15個)**で、**5個入りが7セット(50－15＝35個)**だとわかる。3個入りが10セット(30個)では、5個入りが3個入りより少ない4セット(20個)になってしまう。

よって売上合計は、

450×5＋700×7＝7150円

85【600】

Pは900円、Qは700円持っている。本の代金をx円とすると、それぞれの残金は、Pが**900－x円**、Qが**700－x円**。

Pの残金＝Qの残金の3倍なので、

900－x＝3(700－x)

900－x＝2100－3x

－x＋3x＝2100－900

2x＝1200

x＝600円

【別解】残金はP3に対してQ1で、**差は2**。

PとQの**差額200円は残金の差2にあたる**ので、**Qの残金1は200÷2＝100円**。本は、

700－100＝600円

86【184】

ある買い物をして1000円を出したところ、おつりは購入金額の1/4より20円少なかった。

購入金額をx円とすると、おつりは購入金額の1/4(**＝0.25**)より20円少ないので、

0.25x－20円

購入金額とおつりで1000円なので、

x＋(0.25x－20)＝1000

1.25x＝1020

x＝1020÷1.25＝816

よって、おつりは、

1000－816＝184円

＊0.25でなく1/4で計算してもよい。

87【23】

1カ月の賃貸料金は坪単価1万2000円で、保証金は賃貸料金の7カ月分。保証金は193万

2000円なので、

1932000円＝12000円×坪数×7カ月分

よって坪数は、

1932000÷12000÷7＝23坪

88【A】

XとYが小遣いの半分ずつを出し合ってゲームを買った。Xが出した金額は**ゲームの値段のどれだけにあたるか。**

ア　Xの小遣いはYの小遣いの2倍である

小遣いの比は、**X：Y＝2：1**で、半分ずつを出し合っても**X：Y＝2：1**のまま。ゲームの値段を**(2＋1＝)3**とすると、そのうちの**2をXが、1をY**が出したことになる。Xが出した金額はゲームの値段の**2/3にあたることがわかる。アだけでわかる。**

イ　Xの小遣いはYの小遣いより2500円多い

小遣いの半分ずつを出し合うと、2人の出した金額の差は2500÷2＝1250円になるが、ゲームの値段によってそれぞれの金額の比率は変わるので**イだけではわからない。**

よって**A「アだけでわかるが、イだけではわからない」**。

【別解】ア　Xの小遣いを2y円、Yの小遣いをy円、ゲームの値段をg円とすると、

$$2y\times\frac{1}{2}+y\times\frac{1}{2}=g$$

$$y+\frac{1}{2}y=g$$

$$\frac{3}{2}y=g$$

$$y=\frac{2}{3}g$$

Yの小遣いはゲーム値段の2/3と等しい。Yが出したのは小遣いの半分なので、Yが出した金額はゲームの値段の1/3にあたる。よってXが出した金額はゲームの値段の1－1/3＝2/3。**アだけでわかる。**

イ　Xの小遣いをx円、Yの小遣いをx－2500円、ゲームの値段をg円とすると、

$$x\times\frac{1}{2}+(x-2500)\times\frac{1}{2}=g$$

$$\frac{1}{2}x+\frac{1}{2}x-1250=g$$

$$x-1250=g$$

Xの小遣いよりゲームの値段が1250円少ないことがわかるだけで、**比を出すことはできない。イだけではわからない。**

A「アだけでわかるが、イだけではわからない」。

89【C】

1回1800円の講習Xと、1回2500円の講習Yを合わせて10回受けた。**受講料は合計でいくらか。**

ア　講習Yの受講料は10000円以上である

Yの1回の受講料は2500円なので、回数は**10000÷2500＝4回以上**、Xは**10－4＝6回以下**。これだけでは受講料の合計はわからない。

イ　講習Xの受講回数は講習Yの受講回数より多い

全部で10回なので、Xは**6回以上**。これだけでは受講料の合計はわからない。

アとイの両方で、Xは6回、Yは4回が確定し、受講料の合計が、**1800×6＋2500×4＝20800円**だとわかる。よって**C「アとイの両方でわかるが、片方だけではわからない」**。

90【B】

PとQがそれぞれの貯金の半分ずつを出し合って車を購入した。**Pが出した金額は車の代金のどれだけにあたるか。**

ア　Pの貯金は500万円だった

Pが出したのは**貯金の半分の250万円**だとわかるが、それが車の代金のどれだけにあたるかはわからない。

イ　Qの貯金は車の代金と等しかった

Qが出したのは車の代金(＝Qの貯金)の半分だとわかる。残りの半分はPが出したので、**P**

が出した金額は車の代金の1/2にあたる。
B「イだけでわかるが、アだけではわからない」。

91 【C】
ある商品を定価の20%引きで売った。**仕入れ値はいくらか。**
ア　定価で売ったときよりも、100円利益が減った
20%引きで利益が100円減るので、100円は定価の20%にあたる。定価は、
100 ÷ 0.2 = 500円
仕入れ値は**アだけではわからない。**
イ　100円の利益が得られた
定価 × 0.8 − 仕入れ値 = 100円
仕入れ値は**イだけではわからない。**
アとイの両方で、**500 × 0.8 − 仕入れ値 = 100円**の式で**仕入れ値(300円)**がわかる。よってC「アとイの両方でわかるが、片方だけではわからない」。

※金額の推論は比較的難問が多い分野です。間違えた問題はチェックをつけておき、後でもう一度やってみましょう。問題文を注意深く読んでケアレスミスを防ぐことも大切です。

7 推論【カード・サイコロ】 ▶本冊56〜59ページ

92 【24】
10枚ずつ並べて4枚余るのは、**10の倍数+4**で、**14、24、34、44**のいずれか。このうち、**7で割って3余るのは**24のみ。

93 【43】
1から5までの数字のカードの中から、2枚を並べて2けたの数Xを作った。
イ　2枚のカードの数字の和は7
この整数は **(25、34、43、52)** のいずれか。
ア　1とX以外に約数はない
イのうち、**素数**(1と自分自身以外に約数を持たない数)**は**43。

94 【9】
X、Y、Zのカードは1から9までの異なる数。
ア　Yのカードの数字の**和は**9
イ　Zのカードの数字の**和は**21
1から9までをすべて足すと**45**になるので、
Xのカードの和=45−Y−Z
45 − 9 − 21 = 15
Xのカードの数字は1と5と[　　]なので、
[　　]は、**15 − 1 − 5 =** 9。

95 【5】
X1回目をa、Y2回目をbとする。アよりXとYの1回目の目の和は9なので、Yの1回目は9 − a。イより、Xの1回目の目は2回目の3倍なので、Xの2回目はa ÷ 3。XとYが1回目と2回目に出した目の和は同じなので、
a + (a ÷ 3) = 9 − a + b →両辺にaを足す
a + (a ÷ 3) + a = 9 + b
2a + (a/3) = 9 + b →左辺分母を3にそろえる
6a/3 + a/3 = 9 + b → **7a/3 = 9 + b**
サイコロの目は整数で1〜6なので、**7a/3**のaにあてはまるのは3**(左辺の分母)**の倍数である3か6。aが3ならbは−2で不適。aが6ならbは5で適。
【別解1】Xの目をx_1、x_2、Yの目をy_1、y_2などとして式を立ててもよい。
$x_1 + x_2 = y_1 + y_2$　…①
$x_1 + y_1 = 9$　→　$y_1 = 9 - x_1$　…②
$x_1 = 3x_2$　…③
①のy_1に②の右辺、x_1に③の右辺を代入する。

$y_2 = 7x_2 - 9$
x_2 ＝1〜6の整数なので、1から順に式が成立する値を推測していく。x_2 ＝2のとき、**y_2 ＝** 5が適する。

【別解2】サイコロは最大で6なので条件イを満たすXの1回目→2回目は（3→1）（6→2）のどちらか。条件を表にメモする。

・Xの1回目が3の場合…Xの目の和は3＋1＝4で**Yの目の和も**4となる。

	1回目	2回目	同じ和
X	3	1	4
Y	6		4
和	**9**		

条件アより、Yの1回目は**9－**3＝6。Yの目の合計がXと同じ4にならないので不適。Xの1回目は3ではなく、6に確定する。

・Xの1回目が6の場合…和は6＋2＝**8**。

	1回目	2回目	同じ和
X	6	2	**8**
Y	3	5	**8**
和	**9**		

1回目のYは**9－**6＝3になる。Yの和はXと同じ**8**なので、Yの2回目は**8－**3＝5。

96【6】
PとQが2回ずつサイコロを振った。
ア　Pが出した目の積は12
Pの目は、**（2×6）**または**（3×4）**。
イ　Pの目の和とQの目の積は等しい
Pの目の和は**2＋6＝8**または**3＋4＝7**。Qの目の積になりうるのは**8（←Qが2×4）**。
よってQが出した目の和は**2＋4＝**6。

97【6】
P、Q、Rの3人がそれぞれサイコロを振った。
ア　3人が出した目の合計は14
P＋Q＋R＝14
イ　Pが出した目はQが出した目より4大きい
PとQは（**5と**1）（**6と**2）のどちらか。
Q＝1…**R＝14－5－**1**＝8**で不適。
Q＝2…**R＝14－6－**2**＝6**で適。
よってRが出したサイコロの目は6。

98【2】
候補を挙げやすい条件イから考える。
イ　3人が出した目の積は18
（1×3×6＝18）または（2×3×3**＝18**）。
ア　Xが出した目はYと同じ
XとYの目が同じなのは3が2つある（2、3、3）。よってZが出した目は、残った2。

99【4】
候補を挙げやすい条件イから考える。
イ　Pの目は奇数、Qの目より大きい
サイコロの奇数は1、3、5。**Pの目はQより大きいので3か5**。
ア　3人の目の和は9で、積は12の倍数
・和が9になる**3**を含む組み合わせは、3以外は和が**9－3＝6**になるので、
（1・**3**・5）、（2・**3**・4）、（3・**3**・3）
1・**3**・5→積が12の倍数にならない。不適。
2・**3**・4**→積が12の倍数の24、Pが3**で、**Qが3より小さい**2、**Rが**4で適。
3・**3**・3→積が12の倍数にならない。不適。
・和が9になる**5**を含む組み合わせは、**5**以外は和が**9－5＝4**になるので、
（1・3・**5**）、（2・2・**5**）
1・3・**5**→積が12の倍数にならない。不適。
2・2・**5**→積が12の倍数にならない。不適。
よって**Rの出した目は**4。

100【D】
条件に合う候補をメモして絞り込んでいく。
2、4、**6、8**の4枚のカードの中から2枚を使って2けたの整数を1つ作った。
①**24**以上**86**以下の整数になる。
②2、4、6、8はすべて偶数なので、2けたの整数は必ず**偶数**になる。

ア　17で割り切れる
24以上86以下の整数、かつ17の倍数で偶数なのは、**34か68**。3はないので68。
イ　15で割ると8余る
24以上86以下の整数、かつ15の倍数＋8で偶数なのは、**38か68**。3はないので68。
よってD「アだけでも、イだけでもわかる」。

101【C】
1から5までの5枚のカードから4枚を選んでPとQの2人に2枚ずつ配った。
ア　Pのカードの数字の和は5
Pは(1・4) (2・3)のいずれか。アだけでは残った1枚のカードの数字はわからない。
イ　Qのカードの数字の和は6
Qは(1・5) (2・4)のいずれか。イだけでは残った1枚のカードの数字はわからない。
アとイの両方で、**PとQの数字の和は5＋6＝**11。1から5までの数字の和は**15**なので、残った1枚のカードの数字は、**15－11＝4**。よってC「アとイの両方でわかるが、片方だけではわからない」。
【別解】アとイの両方で、Pが(1・4)の場合には、Qが(1・5) (2・4)のどちらでも1か4が重複するので不適。Pが(2・3)なら、Qは(1・5)で、数が重複しない。このとき**残った1枚のカードは**4となる。

102【A】
1から9までの9枚のカードから数字の和が15になる2枚を引いた。2枚の組み合わせは、(6・9)か(7・8)のいずれか。
ア　2枚の数字はどちらも3の倍数
上の2つの組み合わせのうち、3の倍数は(6・9)のみで、**積は**54。**アだけでわかる。**
イ　1枚の数字は偶数、もう1枚の数字は奇数
(6・9) (7・8)のどちらもあてはまるため、**イだけではわからない**。よってA「アだけでわかるが、イだけではわからない」。

103【D】
2つのサイコロを振ったところ、出た目の和は6だった。和が6になる組み合わせは、(1・5) (2・4) (3・3)。
ア　偶数の目が出た
偶数の目を含む組み合わせは(2・4)だけなので、積は8。**アだけでわかる。**
イ　出た目の差は2
出た目の差が2の組み合わせは(2・4)だけなので、積は8。**イだけでわかる**。よってD「アだけでも、イだけでもわかる」。

104【A】
PとQの2人が1回ずつサイコロを振った。
ア　2人が出した目の和は3
組み合わせは(1・2)だけなので、積は2。**アだけでわかる。**
イ　2人が出した目の差は1
(1・2) (2・3) (3・4)など、複数の組み合わせがあって**確定できない**。よってA「アだけでわかるが、イだけではわからない」。

105【B】
コインを5回投げたところ、2回だけ表が出た。3回目は表か裏か。
ア　表が連続して出たことはなかった
(表裏表裏裏) (表裏裏表裏)などがあって、3回目が表か裏かは確定できない。
イ　裏は3回連続して出た
(裏裏裏表表) (表裏裏裏表) (表表裏裏裏)の3パターンで、**3回目は裏**になる。よってB「イだけでわかるが、アだけではわからない」。

106【A】
P、Q、Rが出した目の合計は13。
ア　Pが出した目はQの2倍
Qが1から順に(P、Q、R)をメモしていく。

＊P＝Q×2　R＝13－Q－P
(2、1、10) (4、2、7) (6、3、4)
(6、3、4)のときに、3人の目が6以内でサイコロとして成立する。**アだけでわかる。**
イ　Pが出した目はRより2大きい
Rが1 (P＝1＋2＝3、Q＝13－1－3＝9)から順に(**P、Q、R**)をメモする。
(3、9、1) (4、7、2) (5、5、3) (6、3、4)
3人の目が6以内となるのは**(5、5、3) (6、3、4)**の**2パターンあるのでわからない。**よって**A「アだけでわかるが、イだけではわからない」**。
※「ア、イの情報のうち、どれがあれば〜」の問題では、条件を満たす候補が複数挙がった段階で、「○だけではわからない」とみなせます。

8 推論【平均】 ▶本冊62〜63ページ

107【978】
P町とQ町を合わせた24店舗の平均価格は、全店舗の合計を24店舗で割って求める。
P町の9店舗の価格の合計は、
1028×9＝9252円
Q町の15店舗の価格の合計は、
948×15＝14220円
P町とQ町の合計24店舗の価格の合計は、
9252＋14220＝23472円
よって24店舗の平均価格は、
23472÷24＝978円

108【50】
射的を4回行ったところ、順不同で10点、20点、30点、50点の的に当たった。
ア　1回目と2回目の点数の平均は3回目の点数と等しい
3回目は、1回目と2回目の平均なので、**20点か30点**に決まる。1、2、3、4回目を3回目(1回目と2回目の平均)を軸に書き出すと、
・3回目が20点の場合…
(10、30、20、50) (30、10、20、50)
・3回目が30点の場合…
(10、50、30、20) (50、10、30、20)
イ　1回目と3回目の点数の平均は4回目の点数と等しい
アのうち、イが成立するのは、(**1回目10＋3回目30)÷2＝4回目20**で、(**10、50、30、20)**のみ。よって**2回目は50点。**
【別解】3回目も4回目も平均値なので、20点か30点に決まる。イの条件をメモすると、

1回目	3回目	4回目＝1回目＋3回目÷2
10	**30**	20←3回目が30点で適。
10	**50**	30←3回目が50点で不適。

よって(**10、○、30、20**)に決まる。3回目の**30**は、1回目**10**点と2回目○点の平均なので、**2回目は50点。**

109【35】
P、Q、Rの3本の果樹があり、Pには実が49個なった。
ア　PとQの差はQとRの差に等しく、それぞれ個数は異なっていた
イ　3本を平均すると実は42個なった
差が等しい3つの数では、真ん中の数が平均値となる。よって真ん中のQが42個。
Pの49個は平均42個より多いので、
P49 ＞ Q42 ＞ R
PとQ、QとRの差が等しいので、QとRの差は、**49－42＝7個**。よってRになった実の数は、
42－7＝35個

110【12】
X、Y、Zは、1～5点のいずれか。
ア　XとYの平均点はZの点数と等しい
(X＋Y)÷2＝Z…①
イ　YとZの合計点はXの点数の3倍である
Y＋Z＝3X
Z＝3X－Y…②
①と②より、
(X＋Y)÷2＝3X－Y
両辺に2を掛けて、
X＋Y＝6X－2Y
5X＝3Y
Xは3の倍数、Yは5の倍数とわかる。1～5の中であてはまる数字は、**X＝3、Y＝5**。**X＝3とY＝5**の平均点がZなので、**Z＝4**。よって3人の合計点は**3＋5＋4＝12点**。

＊例えば、**2x＝3y**なら$x=\frac{3}{2}y$ ← XとYが整数の場合、**xは3の倍数、yは2の倍数**。

【別解】イの**Y＋Z＝3X**になる組み合わせ(合計が3の倍数になる組み合わせ)は、
1＋2＝3 (Xは3÷3＝1)
1＋5＝6 (Xは6÷3＝2)
2＋4＝6 (Xは6÷3＝2)
3＋3＝6 (Xは6÷3＝2)
4＋5＝9 (Xは9÷3＝3)
このうち、アの**(X＋Y)÷2＝Z**を満たす組み合わせは、**X＝3、Y＝5、Z＝4**のみ。
3人の合計点は**3＋5＋4＝12点**。

111【B】
一昨日、昨日、今日の室温は30度以上、平均は33度。最も室温が高かったのはどの日か。
ア　昨日は30度だった
平均33度で昨日が30度なので、一昨日か今日が最も気温が高かったことになるが、**どちらかはわからない**。
イ　今日は35度だった
一昨日と昨日の温度の合計は、
33×3－35＝64度
一昨日も昨日も30度以上なので、一昨日と昨日のどちらかは、最も高くても**64－30＝34度**となる。よって3日間の中で最も室温が高かったのは、**今日の35度だとわかる。**
よって**B「イだけでわかるが、アだけではわからない」**。

112【B】
P、Q、R3本の木があり、平均すると70の花が咲いた。Pにはいくつの花が咲いたか。
平均すると70なので、合計では、**70×3＝210**の花が咲いたことになる。
ア　PとQを平均すると70の花が咲いた
PとQの合計が**70×2＝140**になるので、Rは**210－140＝70とわかる**が、**Pはわからない**。
イ　QとRを平均すると60の花が咲いた
QとRの合計が**60×2＝120**になるので、Pは**210－120＝90とわかる**。よって**B「イだけでわかるが、アだけではわからない」**。

113【C】
英語と数学と歴史のテストを受け、3科目の平均点が70点だった。英語の得点は何点か。
ア　英語の得点は数学の得点より40点高かった
アだけでは英語の得点はわからない。
イ　歴史の得点は数学の得点より20点高かった
イだけでは英語の得点はわからない。
アとイを組み合わせ、**数学の得点をx**とすれば、次のように表せる。
合計点＝x＋英語＋歴史
70×3＝x＋(x＋40)＋(x＋20)
210＝3x＋60
3x＝150
x＝50
数学が50点なので、**40点高い英語は90点**

となる。よってC「アとイの両方でわかるが、片方だけではわからない」。

114【B】

それぞれ100点満点のテストX、Y、Zを受けて、合計で250点を取った。
平均点は、**250÷3＝83.3点**。
ア　Xの得点は3つのテストの平均点より高い
Xは84点以上だとわかるが、アだけではXの点数はわからない。
イ　YとZの平均点は79.0点である
YとZの合計点は**79×2＝158点**。**250－158＝92点がXの点数**だとわかる。よってB「イだけでわかるが、アだけではわからない」。

※平均の問題では、「先に合計を出す」ことを意識して解きましょう。

9 推論【対戦】 ▶本冊66～67ページ

115【2】

全部の試合数（＝勝ち数）からA、B、C、Dの合計の勝ち数10を引けば、Eの勝ち数がわかる。**試合数＝N(N－1)÷2**より、全部の試合数は**5×4÷2＝10試合（10勝）**。
A、B、C、Dだけで勝ち数10なので、Eは1度も勝っていない、つまり**Eは0勝4敗**。**AはBとCに勝っている**。対戦表にまとめる。

	A	B	C	D	E
A	＼	○	○		○
B	×	＼			○
C	×		＼		○
D				＼	○
E	×	×	×	×	＼

Aは3勝か4勝のどちらかだが、勝ち数が同じBが1敗している（4勝ではない）ので、**AとBの勝ち数は3勝ずつ**で確定する。
4チームの勝ち数の合計が10なので、
CとDの勝ち数の合計＝10－3×2＝4
Cの勝ち数＝Dの勝ち数なので4÷2＝2。よって**Cは2**勝した。結果は以下の通り。

	A	B	C	D	E
A	＼	○	○	×	○
B	×	＼	○	○	○
C	×	×	＼	○	○
D	○	×	×	＼	○
E	×	×	×	×	＼

116【2】

	A	B	C	D	E	F
A	＼				×	○
B		＼	○		○	
C		×	＼			
D				＼	○	
E	○	×		×	＼	
F	×					＼

成績が異なる6人はそれぞれ**0、1、2、3、4、5勝**。全敗の可能性があるのはFのみ（**Cは1勝4敗**）。よって**Fが0勝5敗**で、CはFだけに勝ち、EはCとFに勝ったことがわかる。**Eは3勝2敗**。残りは2、4、5勝。**対戦表よりBとDは3勝以上**なので、消去法で残る**Aが2勝**になる。なお、B対Dの勝敗は不明。

	A	B	C	D	E	F	
A	＼		○		×	○	
B		＼	○		○	○	
C	×	×	＼	×	×	○	1勝
D			○	＼	○	○	
E	○	×	○	×	＼	○	3勝
F	×	×	×	×	×	＼	0勝

117【3】

試合数は**6×5÷2＝15試合（15勝）**。A～Eの勝ち数は**5＋2＋2＋2＋1＝12勝**。よってFの勝ち数は**15－12＝3勝**。

118 【C】

勝ち数が最も多いチームがわかればよい。

ア　全勝したチームがある

勝ち数が最も多いチームはわからない。

イ　SはPとRには勝ったが、Qには負けた

Sの勝敗はわかるが他の勝敗がわからないので、**勝ち数が最も多いチームはわからない。**

アとイを組み合わせると、全勝の可能性があるのは×がないQとわかる。

	P	Q	R	S
P	＼			×
Q		＼		○
R			＼	×
S	○	×	○	＼

よって**C「アとイの両方でわかるが、片方だけではわからない」**。

119 【C】

優勝したチームがわかればよい。

ア　Uは2勝した

Uは少なくとも決勝まで進んだことはわかるが優勝したかは不明。**アだけではわからない。**

イ　PはQに勝ったがRに負けた

Rが決勝まで進んだことがわかるが、決勝戦はR対U、R対Pなど複数ある。決勝の結果がわからないので**イだけではわからない。**

アとイを合わせると、P、Q、Rは右側のブロック、Uが左側のブロックとなる。Uは2勝なので、**Uが優勝した**とわかる。**C「アとイの両方でわかるが、片方だけではわからない」**。

結果は以下の通り（UとRは一つ右でも同じ）。

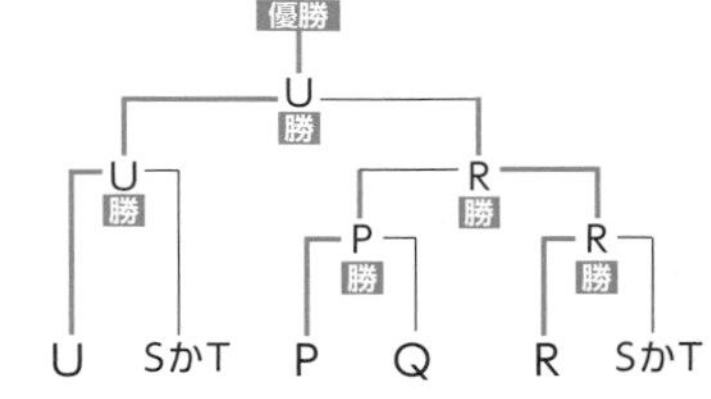

※対戦表は、左側に自分チーム、上に相手チーム。1試合の勝ち負けで対角線上に○と×がつくことに注意します。

10 表の解釈 ▶本冊70～87ページ

120 **1**【20.1】

1日でも学習室を利用した生徒の人数を全校生徒の人数で割って求める。

1年生の人数…6＋12＋28＋274＝320人

2年生の人数…8＋26＋20＋206＝260人

3年生の人数…20＋18＋35＋207＝280人

全校生徒の人数…320＋260＋280＝860人

1日でも学習室を利用した生徒の人数は、全校生徒の人数から表の「0日」の1～3年生の人数を引けばよい。

860－274－206－207＝173人

よって**173÷860＝0.2011…→20.1%**

2【E】

ア　3年生の延べ利用日数は、

20×3＋18×2＋35＝131日

3年生280人の平均利用日数は、

131÷280＝0.468…→0.47日

アは正しい。

イ　2日以上利用した2年生は、

8＋26＝34人

2年生260人に占める割合は、

34÷260＝0.1307…→13.1%

イは正しくない。

ウ　1日も利用しなかった生徒は、

274＋206＋207＝687人

このうち1・2年生は、

274＋206＝480人

480÷687＝0.6986…→69.9%

ウは正しい。

よって正しいのは**E「アとウの両方」**。

121　**1**【82.0】

1日目と2日目に異なる観光地を訪問した人の数は、全体から1日目と2日目に同じ観光地を訪問した人の数を引いて求める。

同じ観光地を訪問した人…5＋3＋3＝11人

異なる観光地を訪問した人…61－11＝50人

50÷61＝0.8196…→81.96%

小数点以下第2位を四捨五入して、82.0%。

2【D】

ア　**1日目にQ…5＋3＋3＋2＝13人**

1日目にR…6＋3＋3＋1＝13人

アは正しい。

イ　**1日目にS…3＋1＋3＝7人**

2日目にS…4＋2＋1＝7人

合計…7＋7＝14人

イは正しい。

ウ　1日目にP、2日目にQを訪問した人は10人。**10÷61＝0.163… →16.3%**

ウは正しくない。

よって正しいのはD「アとイの両方」。

122　**1**【28】

商品Pの1日目の売上個数182個を商品Pの総売上個数で割って求める。

商品Pの総売上個数…

182＋130＋163＋175＝650個

182÷650＝0.28→28%

2【C】

売上高は、価格×個数で求める。

1日目…1000×182＋380×210＝261800

2日目…1000×130＋380×275＝234500

3日目…1000×163＋380×220＝246600

4日目…1000×175＋380×266＝276080

4→1→3→2の順に売上高が多いので、Cが最も近いグラフになる。

123　**1**【57.5】

今年度に昨年度と同じ科目を選択した人の数を全体の人数120人で割って求める。

同じ科目を選択…31＋26＋12＝69人

69÷120＝0.575 →57.5%

2【E】

ア　今年度も昨年度も書道を選択した12人を重複して2回足さないように注意する。

5＋10＋12＋3＋9＝39人

アは正しい。

イ　**今年度の美術…16＋26＋10＝52人**

昨年度の美術…8＋26＋9＝43人

52÷43＝1.2093… →約1.2倍

イは正しくない。

ウ　**昨年度に音楽…31＋16＋3＝50人**

昨年度に音楽で今年度は美術…16人

16÷50＝0.32… →30%より多い

ウは正しい。

よって正しいのはE「アとウの両方」。

124　**1**【17.5】

総戸数…68＋54＋36＋82＋40＝280戸

空室…5＋19＋4＋12＋9＝49戸

よって空室の割合は、

49÷280＝0.175→17.5%

2【F】

ア　入居者のいる戸数は、総戸数から空室戸数を引いて求める。表をざっと見ると入居者のいる戸数が少なそうなマンションはRとT。

R…36－4＝32戸

T…40－9＝31戸

入居者のいる戸数が最も少ないのはマンションTなので、**アは正しくない。**

イ　空室の割合が最も大きそうなQを見る。

Qの空室の割合…19÷54＝0.3518…

$\frac{1}{3}$**(0.333…)以上**なので、**イは正しい。**

ウ　入居者のいる戸数の割合が90%を超えているということは、空室割合が10%未満ということ。**総戸数の10分の1より空室戸数が少ないもの**を探す。あてはまるのは、**68を10分の1にした6.8より少ない5戸のP**だけなので、**ウは正しい。**
よって正しいのはF「イとウの両方」。

125 1【39.5】
対象者数…1380÷0.46＝3000人
5年前の回答率…
1185÷3000＝0.395 →39.5%
2【E】
ア　今年の回答者数が5年前より減少したのは40歳代と50歳代。減少数が多い50歳代で比べる。**今年は去年の305÷390＝0.782…→約78%**で、**22%(20%以上)減少**している。**アは正しい。**
イ　今年の回答者数が増加した年齢層は20歳代、30歳代、60歳代。増加数が最も少ない30歳代の回答率で比べる。
5年前…181÷1185＝0.152…
今　年…194÷1380＝0.140…
今年のほうが回答率が低いのであてはまらない。**イは正しくない。**
ウ　今年の**60歳代(532人)は20歳代(99人)の5倍以上。5年前の50歳代(390人)は20歳代(64人)の6倍以上。**どちらも5倍以上なので、**ウは正しい。**
よって正しいのはE「アとウの両方」。

126 1【19】
学生のうち社会人の占める割合は、
国立…8436÷94887＝0.088… →8.8%
公立…1825÷9627＝0.189… →18.9%
私立…9782÷60909＝0.160… →16.0%
最も多いのは公立**18.9%**。小数点以下第1位を四捨五入して、19%。
【別解】学生数が社会人数の何倍か、概算で目安をつける。国立は(90000と8000で)約10倍、公立は(10000と2000で)約5倍、私立は(60000と10000で)約6倍。社会人の割合が最も大きい公立だけを計算する。
2【F】
ア　国立の社会人でない学生…
94887－8436＝86451人
86000人より多いので、**アは正しくない。**
イ　男性の学生数は**約11.5万人**で、女性の学生数**約5万人の2倍以上**なので、**イは正しい。**
ウ　私立の学生数のうちの社会人数は以下の通り。
男性…5227÷39857＝0.131…
女性…4555÷21052＝0.216…
女性のほうが大きい値なので**ウは正しい。**
よって正しいのはF「イとウの両方」。

127 1【68】
入館者数…17＋23＋85＝125人
小学生の割合…85÷125＝0.68→68%
2【C】
比較ができればよいので、入館料の下2けたの00はカットして計算してよい。
4月…5×15＋3×34＋1×64＝241
5月…5×22＋3×30＋1×53＝253
6月…5×17＋3×23＋1×85＝239
多い順に、5月＞4月＞6月なので、答えはC「5月－4月－6月」。

128 1【1.37】
原油消費量が最も少ない国は、Tで1.15t、最も多い国はQで1.58t。
1.58÷1.15＝1.3739…
小数点以下第3位を四捨五入して、1.37倍。
2【E】
電力の総消費量は、「**人口×1人あたりの電力消費量**」。比較なので、小数点は無視して計算してよい。
P…59×63＝3717
Q…57×52＝2964
R…82×68＝5576
S…59×76＝4484
T…147×55＝8085
多い順に、T＞R＞S＞P＞Q。

Tの次にRが多く、Qが最少のEのグラフが最も近い。**あてはまるのは**E。

129　**1**【64.1】
私費留学生数…121＋113＋119＝353人
全留学生数…353＋70＋66＋62＝551人
353÷551＝0.6406…→64.06%
小数点以下第2位を四捨五入して64.1%。
2【C】
1年前…70÷(121＋70)＝0.366…
2年前…66÷(113＋66)＝0.368…
3年前…62÷(119＋62)＝0.342…
2**年前、**1**年前、**3**年前**の順に大きいので、C「2年前ー1年前ー3年前」。
【別解】全留学生数に占める国費留学生数の割合だが、比べるだけなので、全留学生数ではなく私費留学生数に対する比で計算してもよい。全留学生数に占める国費留学生数の割合が大きいということは、国費留学生以外＝私費留学生の数に対する割合が大きいことになる。
1年前…70÷121＝0.578…
2年前…66÷113＝0.584…
3年前…62÷119＝0.521…
よって、2**年前、**1**年前、**3**年前**の順に大きい。

130　**1**【30】
3日間の2500円の合計販売個数…
15＋16＋19＝50個
12月23日の販売個数が占める割合…
15÷50＝0.3
よって12月23日の販売個数が、3日間の合計販売個数に占める割合は30%である。
2【E】
ア　3日間の3000円の合計販売個数…
16＋35＋29＝80個
合計売上額…
3000×80＝240000円
アは正しい。
イ　**2000円…2000×41＝82000円**
3000円…3000×35＝105000円
イは正しくない。
＊千円単位で計算して2000円を「2×41＝82」、3000円を「3×35＝105」で比較してもよい。
ウ　どちらも販売個数が19個なので、売上額は値段の比でわかる。
1500：2500＝3：5
ウは正しい。
よって正しいのはE「アとウの両方」。

131　**1**【2.15】
4年前の1店舗あたりの会員数は、
221÷103＝2.145…人
小数点以下第3位を四捨五入して、2.15**人**。
2【C】
対前年増加率は、
3年前…229÷221＝1.036…　→3.6%
2年前…241÷229＝1.052…　→5.2%
1年前…249÷241＝1.033…　→3.3%
大きい順に、2**年前、**3**年前、**1**年前**なのでC。

132　**1**【23.1】
ディナーの5日間の売上高…
13.8＋14.5＋12.6＋14.0＋16.5＝71.4万円
金曜日の売上高の割合…
16.5÷71.4＝0.2310…→23.10%
小数点以下第2位を四捨五入して、23.1%。
2【A】
ア　5日間のランチの売上合計額…
3.9＋3.6＋4.5＋4.6＋4.0＝20.6万円
平均売上高は、20.6万円を5で割って4万円以上になるので、**アは正しい。**
イ　**水曜日が12.6÷4.5＝2.8倍**。3倍以上ではないので、**イは正しくない。**
ウ　**月曜日…3.9＋13.8＝17.7万円**
火曜日…3.6＋14.5＝18.1万円
差が1万円未満なので、**ウは正しくない。**

よって正しいのはA「アだけ」。

133 **1**【120】
ア（4年目の売上高前年比）…
18374÷15312＝1.199…　→119.9%
小数点以下第1位を四捨五入して、120%。
2【F】
ア　2年目の（1年目に対する）売上高前年比に、3年目の売上高前年比を掛けて求める。
1.76×1.16＝2.0416
増加率は**104.16%**なので、**アは正しくない。**
＊1年目13200÷1.76＝7500を計算して15312÷7500＝2.0416としてもよい。
イ　**客数合計…160＋176＋220＝556人**
2年目の割合…160÷556＝0.287…
30%以下なので、**イは正しい。**
ウ　**客単価…18374万円÷22万人＝835.2**
＊870×0.96＝835.2で計算してもよい。
800円以上なので、**ウは正しい。**
よって正しいのはF「イとウの両方」。

134 **1**【55】
畑面積合計（千ha）…
933＋33＋338＋53＝1357
田畑合計面積（千ha）…
1357＋225＋286＋416＋182＝2466
畑の割合…**1357÷2466＝0.550…**
→55.0%
小数点以下第1位を四捨五入して、55%。
2【D】
P…225÷(225＋933)＝0.194…
Q…286÷(286＋33)＝0.896…
R…416÷(416＋338)＝0.551…
S…182÷(182＋53)＝0.774…
よってQ→S→R→Pの順に大きいDが正解。

135 **1**【13650】
1㎡あたりの利用料…10500÷50＝210円
Qの1時間利用料金…210×65＝13650円
2【B】
ア　Pを4時間利用する場合は**10500×4＝42000円**で、**5時間パック44100円**のほうが高いので、**アは正しくない。**
イ　Rを2時間利用する場合は**15750×2＝31500円**。土・日・祝日は15%増しなので、
31500×1.15＝36225円で、イは正しい。
ウ　R（75㎡54人）の広さ**75㎡**はP（**50㎡**20人）の**1.5倍**だが、人数は**P20人の1.5倍の30人**ではないので、**ウは正しくない。**
よって正しいのはB「イだけ」。

136 **1**【67】
今年の生徒…240＋238＋238＝716人
虫歯のある生徒…146＋166＋170＝482人
割合は、**482÷716＝0.673…→67.3%**
小数点以下第1位を四捨五入して、67%。
2【B】
虫歯のある生徒の割合は、今年は、
1年生…146÷240＝0.6083…　→約61%
2年生…166÷238＝0.6974…　→約70%
3年生…170÷238＝0.7142…　→約71%
となる。10年前は、
1年生…169÷200＝0.845　→約85%
2年生…178÷198＝0.8989…　→約90%
3年生…182÷196＝0.9285…　→約93%
となる。減少幅は、
1年生…85－61＝24
2年生…90－70＝20
3年生…93－71＝22
となり、大きい順に**1年生、3年生、2年生**なのでBが正解。

137 **1**【3.12】
マンションXの住民数（世帯人数×世帯数）を合計する。
9＋2×21＋3×27＋4×35＋5×8＝312人
100世帯で312人なので平均世帯人数は**3.12人**である。

2【F】
ア　マンションYの住民数を合計する。
14＋2×15＋3×13＋4×6＋5×2＝117人
平均世帯人数は、117÷50＝**2.34人**。
アは正しくない。
イ　マンションXの**1人世帯と2人世帯で9＋21＝30世帯**。3人以上の世帯は**100－30＝70世帯(70%)**。
イは正しい。
ウ　マンションYの**2人以下の世帯は14＋15＝29世帯**。**29÷50＝0.58→58%**
ウは正しい。
＊全部で50世帯なので、29を2倍すれば**58**。**58%は正しい**、と求めてもよい。
よってF「イとウの両方」。
※表の解釈は超頻出分野です。計算ミスのないように落ち着いて解いていけば、比較的簡単に解くことができる得点源になります。

11 割合と比 ▶本冊90〜95ページ

138【2.8】
45名のうち27名がキャンセルして倍率2.2倍になったときの申込者は**45×2.2＝99人**。キャンセル前は**99＋27＝126人**。よってキャンセル前の倍率は**126÷45＝2.8倍**。
【別解】キャンセルした27名分の倍率は**27÷45＝0.6倍**。0.6倍の人がキャンセルして2.2倍になったので、キャンセル前は、
2.2＋0.6＝2.8倍

139【78】
乗車定員を**100人**とすると、座席数は**52席**。
$\frac{52}{100}=\frac{13}{25}$で、13/25は約分できないので、
乗車定員は25人単位、**座席数は13席単位(13の倍数)**だとわかる。70以上90未満で13の倍数は**13×6＝78**のみ。バスの座席数は**78席**である。乗車定員は150人となる。

140【57】
X、Y、Zが、全体の**42%、33%、25%**の支持を得た。投票者を**100人**とすると、1回目に**Zに投票したのは25人**。そのうち60%にあたる**25×0.6＝15人**が決選投票でXに投票した。1回目にXに投票したのは42人なので、合計して**42＋15＝57人**。よってXは決選投票で全体の**57%**の支持を得た。

141【5】
[　　]/7をx/7とする。70%＝7/10なので、
$$\frac{x}{7}\times\frac{7}{10}=\frac{x}{10}=\frac{1}{2}$$
x＝5
よって1/2は$\frac{5}{7}$の70%である。

142【36】
全体の45%が女性で、そのうちの80%が60歳以上なので、全体に対する60歳以上の女性の割合は、
0.45×0.8＝0.36 → 36%

143【15.2】
全体の40%が関東地方で、そのうちの38%が東京都なので、全体に対する東京都居住者の割合は、
0.4×0.38＝0.152 →15.2%

144【16】
赤と白の合計をQ個とする。 **赤：白＝2：3**

(合計は2＋3＝5)なので、赤はQ×$\frac{2}{5}$個。

白を4個取り出して、赤：白＝4：5(合計は4＋5＝9)になると、赤は(Q－4)×$\frac{4}{9}$個。

赤の数は変わっていないので、

$Q \times \frac{2}{5} = (Q-4) \times \frac{4}{9}$

$Q \times \frac{2}{5} = Q \times \frac{4}{9} - 4 \times \frac{4}{9}$

$\frac{2}{45}Q = \frac{80}{45}$

Q＝40

よって赤は、**40×$\frac{2}{5}$＝16個**。

【別解】赤をx個とする。赤：白＝2：3なので、白は赤の(3÷2)倍で1.5x個。白を4個取り出して、赤：白＝4：5になったとき、白は赤の(5÷4)倍で1.25x個。

1.5x－4＝1.25x

1.5x－1.25x＝4

0.25x＝4 → **x＝16個**

145【180】

白のセーター63枚が全体数xの35%＝0.35にあたるので、

63＝x×0.35

x＝63÷0.35＝180

よって全部で**180枚**売れたことになる。

146【5】

5割増し(1.5)の3割引き(0.7)なので、

1.5×0.7＝1.05

よって平日の**5%増し**の料金である。

147【55.5】

投票者を1000人とすると、**60%は600人**で、**33.3%の女性は333人**。600人に対する333人の割合を求めるので、

333÷600＝0.555

よってXに投票した人のうち女性は**55.5%**。

148【54】

1gあたりの価格は、

180gの袋…

486÷180＝2.7円…100gなら270円

500gの袋…

1080÷500＝2.16円…100gなら216円

よって差額は**270－216＝54円**。

149【0.5】

紙面の$\frac{2}{5}$をタイトルに、残りの紙面(**1－$\frac{2}{5}$**＝$\frac{3}{5}$)の$\frac{1}{3}$を日時にあてる。

日時にあてる紙面は全体の$\frac{3}{5} \times \frac{1}{3} = \frac{1}{5}$。

$\frac{2}{5}$がタイトルにあたるので、

$\frac{1}{5} \div \frac{2}{5} = \frac{1}{2} = 0.5$

日時にあてる紙面は、タイトルにあてる紙面の**0.5倍**になる。

150【1.5】

紙面の$\frac{3}{8}$をタイトルに、残りの紙面(**1－$\frac{3}{8}$**＝$\frac{5}{8}$)の$\frac{2}{5}$を日時にあてる。

日時にあてる紙面は全体の$\frac{5}{8} \times \frac{2}{5} = \frac{1}{4}$。

$\frac{3}{8}$がタイトルにあたるので、

$\frac{3}{8} \div \frac{1}{4} = \frac{3}{8} \times 4 = \frac{3}{2} = 1.5$

タイトルにあてる紙面は、日時にあてる紙面の**1.5倍**になる。

151【0.45】

菜園全体の面積…**1.2×1.5＝1.8m²**

菜園の面積の3/8でなす、残りの面積5/8の2/5できゅうりを栽培する。

きゅうりは菜園の面積の$\frac{5}{8} \times \frac{2}{5} = \frac{1}{4}$。

きゅうりは菜園**1.8m²の1/4**にあたるので、

きゅうりの栽培面積は、$1.8 \div 4 = 0.45\text{m}^2$。

152【0.54】

菜園全体の面積…$1.5 \times 1.8 = 2.7\text{m}^2$

トマトは菜園の面積の$\frac{2}{5}$なので、

残りの面積は$1 - \frac{2}{5} = \frac{3}{5}$。

きゅうりの面積はその$\frac{1}{3}$なので、

きゅうりは菜園の面積の$\frac{3}{5} \times \frac{1}{3} = \frac{1}{5}$で

栽培する。その差は、$\frac{2}{5} - \frac{1}{5} = \frac{1}{5}$。

つまり、差は菜園2.7m^2の$\frac{1}{5}$$(= 0.2)$にあたる。トマトの栽培面積はきゅうりの栽培面積より$2.7 \times 0.2 = 0.54\text{m}^2$広い。

153【420】

生徒のうち75%が電車で通学しており、そのうちの80%はX電鉄を利用しているので、生徒のうちX電鉄を利用している割合は、

$0.75 \times 0.8 = 0.6$

252人が全体の0.6にあたるので、高校の生徒は全部で、

$252 \div 0.6 = 420$人

154【15】

コップ1杯100mlとすると18杯は1800ml。37.5%の果汁は$1800 \times 0.375 = 675$ml含まれていることになる。675mlを水で薄めて果汁45.0%の飲料を作る。**675mlが飲料の45.0%にあたる**ので、飲料は、

$675 \div 0.45 = 1500\text{ml}$

よってコップに$1500 \div 100 = 15$**杯**できる。

【別解】コップ1杯を100mlとする。果汁37.5%の飲料18杯と果汁45.0%の飲料X杯に含まれる果汁の量は等しいので、

$100 \times 0.375 \times 18 = 100 \times 0.45 \times X$

$X = 0.375 \times 18 \div 0.45 = 15$

よってコップに15**杯**できる。

155【182】

男性を**x人**、女性を**(x − 42)人**とする。男女比が**8：5**なので、比例式「a：b = c：d ➡ ad = bc」により、次の式が成り立つ。

$8 : 5 = x : x - 42$ ➡ $8(x - 42) = 5x$

$8x - 336 = 5x$

$3x = 336 \rightarrow x = 112$

男女合わせた全体の人数は、

$112 + (112 - 42) = 182$**人**。

【別解】男女比が8：5（合計は$8 + 5 = 13$）なので、全体を**13x**とすると、男女の差は、

$8x - 5x = 3x$

男女の差は42人なので、

$3x = 42 \rightarrow x = 14$

全体は、$13x = 13 \times 14 = 182$**人**。

156【35】

1日目は全体の**30%（= 0.3）**読んだ。2日目は、**残り70%（= 0.7）のうちの50%（= 0.5）**なので$0.7 \times 0.5 = 0.35$。よって3日目は、

$1 - 0.3 - 0.35 = 0.35$　つまり、**全体の**35%。

157【280】

150gの肉の値段…$380 \times 1.5 = 570$**円**

250gの肉の値段…$220 \times 2.5 = 550$**円**

合びき肉400（150 + 250）gの値段…

$570 + 550 = 1120$**円**

よって100gあたりは、$1120 \div 4 = 280$**円**。

158【800】

XをX円とするとYは1.4X円、Zは1.6X円。

X、Y、Zの合計金額は2000円なので、

$X + 1.4X + 1.6X = 2000$**円**

$4X = 2000$**円**

$X = 500$**円**

Zは、$500 \times 1.6 = 800$**円**。

159【75】

8等分の6等分に対する割合を求める。

$\frac{1}{8} \div \frac{1}{6} = \frac{1}{8} \times 6 = \frac{3}{4}$

3/4＝0.75なので、75%。

160【32】

元の社員数をx人とすると、既婚者は0.32x人。未婚者が7人増えて既婚者が25%となったので、現在の既婚者の数は、

$(x+7) \times 0.25 = 0.25x + 1.75$

以前と現在の既婚者の数は同じなので、

$0.32x = 0.25x + 1.75$

$0.07x = 1.75 \rightarrow x = 25$

よって営業所の現在の社員数は、

25＋7＝32人

【別解】現在の社員数をX人、既婚者の数をY人とする。

以前…(X－7)：Y＝100：32

a：b＝c：d ➡ ad＝bcなので

(X－7)×32＝100Y

100Y＝32X－224…①

現在…X：Y＝100：25

100Y＝25X…②

①と②より、

25X＝32X－224 → 7X＝224 → X＝32人

161【25】

昨年の会員数をx人とすると、男性は**0.3x人**。女性が5人増えて、男性は**24%**となったので、現在の男性は、

$(x+5) \times 0.24 = 0.24x + 1.2$人

昨年から現在までの男性の数は同じなので、

$0.3x = 0.24x + 1.2$

$0.06x = 1.2$

$x = 20$

よって現在の会員数は、

20＋5＝25人

【別解】今年の会員数をX人、男性の数をY人とする。

昨年…(X－5)：Y＝100：30

a：b＝c：d ならば ad＝bcなので

30(X－5)＝100Y

100Y＝30X－150…①

今年…X：Y＝100：24

24X＝100Y…②

②を①に代入して、

24X＝30X－150

6X＝150 → X＝25人

162【1400】

商品Pの価格は商品Qの1.5倍なので、

P＝1.5Q…①

どちらも200円値上がりして、PはQの1.4倍になったので、

P＋200＝(Q＋200)×1.4…②

①を②に代入して

1.5Q＋200＝(Q＋200)×1.4

1.5Q＋200＝1.4Q＋280

1.5Q－1.4Q＝280－200

0.1Q＝80 → Q＝800

Qの元の価格が800円なので、Pの元の価格は800×1.5＝1200円。200円値上がりしたので、現在の商品Pの価格は1400円。

【別解】以前…P：Q＝15：10

10P＝15Q…①

現在…(P＋200)：(Q＋200)＝14：10

(P＋200)×10＝(Q＋200)×14

10P＋2000＝14Q＋2800…②

①を②に代入して、

15Q＋2000＝14Q＋2800

Q＝800

163【67.5】

同量ずつ混ぜたので、Qの割合の合計($\frac{3}{1+3}+\frac{3}{2+3}$)を2で割ればよい。

＊Qは1：3のうちの3と、2：3のうちの3。

$(\frac{3}{4}+\frac{3}{5}) \div 2 = (0.75+0.6) \div 2 = 0.675$

非言語・解説 11 割合と比

よってQの割合は67.5%。

【別解】100gずつ混ぜたとすると、

飼料Pと飼料Qを1：3で混ぜた100gには、Qが**100×3/4＝75g**含まれる。

飼料Pと飼料Qを2：3で混ぜた100gには、Qが**100×3/5＝60g**含まれる。

200gの飼料に、飼料Qは**75＋60＝135g**含まれることになるので、Qの割合は、

135÷200＝0.675 → 67.5%

164【15】

年間契約の1冊あたりの値段…

26250÷50＝525円

半年契約の1冊あたりの値段…

15750÷25＝630円

1冊あたりの金額の差…**630－525＝105円**

定価に対する1冊あたりの割引率の差は、

105÷700＝0.15→15%

年間契約のほうが半年契約より**15%**大きい。

165【8】

レモンを**x個**、イチゴを**(40－x)個**とする。

レモンの$\frac{3}{4}$とイチゴの$\frac{1}{3}$を合わせると20個になるので、

$$x\times\frac{3}{4}+(40-x)\times\frac{1}{3}=20$$

$$\frac{3}{4}x+\frac{40}{3}-\frac{x}{3}=20$$

$$\frac{3}{4}x-\frac{x}{3}=20-\frac{40}{3}$$

$$\frac{5}{12}x=\frac{20}{3}$$

$$x=\frac{20}{3}\div\frac{5}{12}=\frac{20}{3}\times\frac{12}{5}=16$$

レモンは**16個**、イチゴは**40－16＝24個**。

Aさんのイチゴは、$24\times\frac{1}{3}=8$**個**。

【別解】レモンの$\frac{3}{4}$とイチゴの$\frac{1}{3}$をもらったことから、最初のレモンの個数は4の倍数、イチゴの個数は3の倍数とわかる。合わせて40個なので、(レモン、イチゴ)の個数の組み合わせは、

①**(4、36)**、②**(16、24)**、③**(28、12)**の3通り。Aさんがもらった数が合計20個になる組み合わせは、②**(16、24)**だけ。

＊16÷4×3＝12個、24÷3＝**8個**で合計20個になる。Aさんのイチゴは、**8個**。

166【12】

XとYは、同じ割合の金額を使って土産を買ったので、持参したお金の差額12500円の割合(＝wとする)が、そのまま土産代の差額1500円になっていると考えることができる。

12500w＝1500

w＝1500÷12500＝0.12 → 12%

よって持参したお金の12%で土産を買った。

【別解】Yの所持金を**y円**とすると、Xの所持金は**(y＋12500)円**。それぞれが同じ割合wを出して土産を買ったとき、

Xの土産代…**(y＋12500)×w**

Yの土産代…**y×w**

土産代はXがYより1500円多くなったので、

(y＋12500)×w－1500＝y×w

yw＋12500w－1500＝yw

12500w＝1500 → w＝0.12

167【510】

3日目の入場者数を**x人**とすると、1日目は$\frac{x}{1.7}$人、2日目は$\frac{x}{1.3}$人。3日間合計で1563人なので、$\frac{x}{1.7}+\frac{x}{1.3}+x=1563$

両辺に**1.7×1.3＝2.21**を掛ける。

1.3x＋1.7x＋2.21x＝3454.23

5.21x＝3454.23

x＝663

よって2日目の入場者数は、

663÷1.3＝510人

【別解】3日目の入場者数を17×13＝221人と仮定すると、1日目は221÷1.7＝130人、

2日目は221 ÷ 1.3 = 170になる。3日間の合計が521人。**1563 ÷ 521 = 3**で、実際の入場者数は**3倍した数**なので、2日目は

170 × 3 = 510人

168【0.5】

全体の仕事量を1とする。

Qの仕事量は、

$$\frac{5}{12} \times \frac{9}{10} = \frac{3}{8}$$

Rの仕事量は全体からPとQの仕事量を引いて

$$1 - \frac{5}{12} - \frac{3}{8} = \frac{24}{24} - \frac{10}{24} - \frac{9}{24} = \frac{5}{24}$$

Pの仕事量は$\frac{5}{12}$なので、Rの仕事量$\frac{5}{24}$は、(分母が倍なので)**Pの0.5倍**。

169【5400】

入館者2万人のうち、45%が小学生、小学生のうちの60%が団体客なので、団体で来た小学生は、

20000 × 0.45 × 0.6 = 5400人

170【18】

発足時の男性の数を**x人**とすると、女性の数は**1.5x人**。男性が3人増えて女性が男性の**1.2倍**になったので、

1.5x = (x + 3) × 1.2

1.5x = 1.2x + 3.6

1.5x − 1.2x = 3.6

x = 12人

発足時の男性が12人なので、女性は、

12 × 1.5 = 18人

【別解1】発足時の男女比は**1 : 1.5 = 2 : 3(合計5)**で、現在は**1 : 1.2 = 5 : 6(合計11)**。発足時の会員数をx人とすると、現在の会員数は(x + 3)人。女性の数は変わらないので、

$$x \times \frac{3}{5} = (x + 3) \times \frac{6}{11}$$

両辺に**5 × 11 = 55**をかけて

3x = 90

x = 30

よって女性は、$30 \times \frac{3}{5} = 18$**人**。

【別解2】発足時の男性の数をX、女性の数をYとする。

発足時…**X : Y = 10 : 15**

a : b = c : d ならば ad = bcなので

15X = 10Y…①

現在…**(X + 3) : Y = 10 : 12**

a : b = c : d ならば ad = bcなので

(X + 3) × 12 = 10Y

12X + 36 = 10Y…②

①を②に代入して

12X + 36 = 15X

3X = 36 → X = 12

女性の数は男性の1.5倍なので、

Y = 12 × 1.5 = 18

171【15】

PとR(10万人)の比がわかれば、Pの人口を求めることができる。

P : Q = 5 : 2

Q : R = 3 : 5

Qが2と3の2通りで表されているので、この値を6にそろえる。

P : Q = 5 : 2→(×3)→15 : 6

Q : R = 3 : 5→(×2)→6 : 10

Qが6にそろったので、

P : Q : R = 15 : 6 : 10

で、**P : R = 15 : 10**だとわかる。

R = 10万人なので、**P = 15万人**。

【別解】**P : Q = 5 : 2、Q : R = 3 : 5**

Qが2から**3へ1.5倍**になっていて、PとRは同じ**5**なので、**PはRの1.5倍**だとわかる。

よってPはR(10万人)の1.5倍で**15万人**。

※割合と比は様々な解き方があります。学習量(慣れ)によって点差がつく分野なので、制限時間を意識して繰り返し解くことで実力を確実にアップさせることができます。

12 順列・組み合わせ ▶本冊98～101ページ

172【48】

並び方は左から【**男→女→女→女→女→男**】

男性の並び方…$_2P_2 = 2 \times 1 = 2$**通り**

女性の並び方…$_4P_4 = 4 \times 3 \times 2 \times 1 = 24$**通り**

よって並び方は全部で、$2 \times 24 = 48$**通り**。

173【35】

Pの４個が決まれば、Qの３個も自動的に決まる。７個からPがもらう４個を選ぶので、

$$_7C_4 = {}_7C_3 = \frac{7 \times 6 \times 5}{3 \times 2 \times 1} = 35\text{通り}$$

＊７個から４個を選ぶ組み合わせは、残る３個を選ぶ組み合わせと同じ数となる。

174【30】

５人からリーダー１人を選ぶ…$_5C_1 = 5$**通り**

残る４人からサブリーダー２人を選ぶ…

$$_4C_2 = \frac{4 \times 3}{2 \times 1} = 6\text{通り}$$

よって組み合わせは、$5 \times 6 = 30$**通り**。

175【35】

Pに乗る３人が決まれば、Qに乗る４人も自動的に決まる。７人からPに乗る３人を選ぶので、

$$_7C_3 = \frac{7 \times 6 \times 5}{3 \times 2 \times 1} = 35\text{通り}$$

176【10】

４人が５個から１個ずつ、計４個をもらう。

①いちご３個、ぶどう１個の場合…４人のうちでぶどうの１人を決めればよいので**４通り**。

②いちご２個、ぶどう２個の場合…４人からいちご２個をもらう２人を選ぶので、

$$_4C_2 = \frac{4 \times 3}{2 \times 1} = 6\text{通り}$$

①と②を合計して、$4 + 6 = 10$**通り**。

177【30】

Xには５色の中から３色を選ぶので、

$$_5C_3 = {}_5C_2 = \frac{5 \times 4}{2 \times 1} = 10\text{通り}$$

YにはXに渡さない２色を必ず選んだうえで、残る３色から１色を選ぶので**３通り**。よって組み合わせは、$10 \times 3 = 30$**通り**。

178【120】

両方の組の男女比が等しくなるのは、各組が男３人、女２人の場合。赤組には男子**６人から３人**、女子**４人から２人**を選ぶので、

$$_6C_3 \times {}_4C_2 = \frac{6 \times 5 \times 4}{3 \times 2 \times 1} \times \frac{4 \times 3}{2 \times 1} = 120\text{通り}$$

赤組が決まれば自動的に白組も決まる。

組み合わせは、**120通り**。

179【45】

６人から「２組のペア＝４人」を選ぶのは、

$$_6C_4 = {}_6C_2 = \frac{6 \times 5}{2 \times 1} = 15\text{通り}$$

15通りのうちの１つを例に考える。ペアになる４人がA、B、C、Dの場合、Aのペアは、**AB、AC、AD**の**３通り**で、対戦は**AB対CD、AC対BD、AD対CB**。**15通り**の１つが**３通り**なので、組み合わせは、$15 \times 3 = 45$**通り**。

【**別解**】６人から１組目のペア（２人）を選ぶ組み合わせは$_6C_2$。残る４人から対戦相手になる２組目の２人を選ぶ組み合わせは$_4C_2$。このままだと、AB対CDとCD対ABといった同じ対戦を２回数えていることになるので、最後に２で割る。よって

$_6C_2 \times {}_4C_2 \div 2 = 45$**通り**

180【6】

P、Qのどちらが４個もらうかが**２通り**。

4個もらう方への分け方は、(レモン1個、ナシ3個)、(レモン2個、ナシ2個)、(レモン3個、ナシ1個) の3**通り**。5個もらう方は自動的に残りに決まるので、2×3=6**通り**。

【別解】Pが4個か5個かで場合分けする。

①Pが4個もらう場合…レナ**レレ、**レナ**レナ、**レナ**ナナの**3**通り**。

②Pが5個もらう場合…レナ**レレレ、**レナ**ナナレ、**レナ**レレナの**3**通り**。Pが5個もらうときにQは4個もらうが、このときのQの組み合わせはPが4個もらう①**と同じなので**3**通り**と考えてもよい。よって3+3=6**通り**。

181【48】

月曜日と火曜日を通して、**4社の訪問順**は、

$_4P_4=4\times3\times2\times1=24$**通り**

それぞれ、月曜日に1社訪問するか2社訪問するかという**2通り**があるので、曜日と訪問順の組み合わせは、$24\times2=48$**通り**。

【別解】場合分けで考える。

❶月曜日に1社訪問→4社から月曜日に訪問する1社を選ぶので**4通り**。

・火曜日は月曜日に行かなかった3社を順番で訪問するので**3!=3×2×1=6通り**。

4×6=24**通り**

❷月曜日に2社訪問→4社から2社を選んで順番で訪問するので$_4P_2=4\times3=12$**通り**。

・火曜日は残りの2社を順番で訪問するので**2通り**。

12×2=24**通り**

❶と**❷**の結果を合計して24+24=48**通り**。

182【60】

大人3人、子ども5人を4人ずつ**赤組と白組**に分け、いずれの組にも少なくとも1人は大人が入るようにする。赤組が決まれば白組は自動的に決まる。赤組の組み合わせは、

$$_8C_4=\frac{8\times7\times6\times5}{4\times3\times2\times1}=70\text{通り}$$

ここから余事象(大人が1人も入らない場合=赤組または白組が子どもだけの場合)を除く。

・赤組が子どもだけの4人…白組に入る子ども1人を選ぶので5**通り**。

・白組が子どもだけの4人…赤組に入る子ども1人を選ぶので5**通り**。よって

70−5−5=60**通り**

183【30】

8人を赤組と白組などに**区別して分ける**のは、$_8C_4=70$**通り**。赤組、白組などに**区別しないで2組に分ける**のは、$_8C_4\div2=35$**通り**。

＊70**通り**には例えばA、B、C、Dが赤組でE、F、G、Hが白組の場合と、E、F、G、Hが赤組でA、B、C、Dが白組の場合がある。赤組と白組を区別しない場合は、同じ分け方を2回数えていることになるので**2で割る**。

35**通り**から子どもだけの4人組ができる組み合わせである$_5C_4={}_5C_1=5$**通り**を引いて、35−5=30**通り**。

【別解】大人と子どもで分けて考える。

①大人…どちらの組にも大人が入るようにするので、大人3人は1人と2人に分ける。**3人の大人から1人を選ぶことと同じ**なので、$_3C_1=3$**通り**。

②子ども…大人2人の組に入る子ども2人と、大人1人の組に入る子ども3人に分ける。**子ども5人から2人を選ぶことと同じ**なので、

$$_5C_2=\frac{5\times4}{2\times1}=10\text{通り}$$

大人の分け方3**通り**に、それぞれ子どもの分け方10**通り**があるので、3×10=30**通り**。

184【30】

後片付けをする班(後片付け班)3人を選べば、準備をする班(準備班)になる残り4人は自動的に決まる。後片付け班3人の組み合わせは、

$$_7C_3=\frac{7\times6\times5}{3\times2\times1}=35\text{通り}$$

非言語・解説 12 順列・組み合わせ

ここから男子だけまたは女子だけの班ができる組み合わせを除く。

・後片付け班に男子３人…**1通り**。

・後片付け班に女子３人…女子４人から３人を選ぶので、$_4C_3 = {_4C_1} = 4$**通り**。

よって組み合わせは、**35－1－4＝30通り**。

【別解】男子だけ、あるいは女子だけの班を作らないようにするので、男子３人を２組に分ける場合、必ず１人と２人に分かれる。

①男子１人が準備班、男子２人が後片付け班になる組み合わせは、男子３人から１人を選ぶので、$_3C_1 = 3$**通り**。このとき女子は準備班に３人、後片付け班に１人なので、分け方は、$_4C_1 = 4$**通り**。→**3×4＝12通り**。

②男子２人が準備班、男子１人が後片付け班になる組み合わせは、男子３人から１人を選ぶので、$_3C_1 = 3$**通り**。このとき女子は準備班に２人、後片付け班に２人なので、分け方は、$_4C_2 = 6$**通り**。→**3×6＝18通り**。

よって組み合わせは、**12＋18＝30通り**。

185【4】

アより洋食は**6個以上**。イより、**15個は和食：洋食＝1：1.5**、6倍して**6：9**になるので、**洋食は9個以下**となる。**洋食が6〜9個**の組み合わせなので、**(6、9) (7、8) (8、7) (9、6)の4通り**。

186【21】

Xが赤2個の場合、YとZで**白白緑緑**を分けるので、Yは**白白、白緑、緑緑の3通り**(Zは残りに決まる)。**Xが白2個**の場合も同じく**3通り、Xが緑2個**の場合も同じく**3通り**。

Xが赤白の場合は、YとZで**赤白緑緑**を分けるので、Yが**赤白、赤緑、白緑、緑緑の4通り**。**Xが赤緑**の場合も同じく**4通り、Xが白緑**の場合も同じく**4通り**。よって、

3＋3＋3＋4＋4＋4＝21通り

【別解】色で場合分けする。

①**3人とも1色**…Xの色が**3通り**(**赤赤・白白・緑緑**)、YがXの色以外の**2通り**、Zは残りの色の**1通り**。

→3!＝3×2×1＝6通り

②**1人が1色で2人が2色**…

X(赤赤)なら、YとZは(**白緑**)に決まる

X(白白)なら、YとZは(**赤緑**)に決まる

X(緑緑)なら、YとZは(**赤白**)に決まる

Xの場合に3通りで、3人いるので、

→ 3×3＝9通り

③**3人とも2色**…色の組み合わせは、**赤白、赤緑、白緑**の3通り。**X(赤白)**なら、「**Y(赤緑)・Z(白緑)**」または「**Y(白緑)・Z(赤緑)**」**の2通り**。**赤緑、白緑**の場合も同様なので、

→ 2×3＝6通り

＊Xは3色から2色を選ぶので、$_3C_2 = {_3C_1} = 3$**通り**。Yは、Xが選ばなかった色１つと、Xが選んだ色のうちの１つを選ぶので**2通り**。Z番目は残りに決まるので**3×2＝6通り**と考えてもよい。

以上①〜③を合計して、**6＋9＋6＝21通り**。

187【12】

1列目2席、**2**列目1席、**3**列目1席なので、3人が座る**列の組み合わせ**は以下の3通り。

①**1 2 3**(全員が違う列)…**3!＝6通り**(1席ずつ座るので、Xが3通り、Yが残る2通り、Zが最後の1席で、3×2×1)

＊書き出すと、XYZの順に123、132、213、231、312、321の6通り。

②**1 1 2**(**1**列目2人、**2**列目1人)…$_3C_1 = 3$**通り**(3人のだれが2列目に座るのかで3通り)

＊書き出すと、XYZの順に112、121、211の3通り

③**1 1 3**(**1**列目2人、**3**列目1人)…$_3C_1 = 3$**通り**(3人のだれが3列目に座るのかで3通り)

＊書き出すと、XYZの順に113、131、311の3通り。

①〜③を合計して、**6＋3＋3＝12通り**。

188【18】
金曜日2枚、土曜日2枚、日曜日1枚なので、3人の**曜日の組み合わせ**は以下の⑤通り。
①金土日…**3! = 6通り**（←1枚ずつもらうので、Pが3通り、Qが残る2通り、Rが最後の1枚で、3×2×1）
②金金土…**$_3C_1$ = 3通り**（←3人のうちだれが土をもらうかなので3通り）
③金金日…②と同じく**3通り**
④金土土…②と同じく**3通り**
⑤土土日…②と同じく**3通り**
①〜⑤を合計して、
6＋3＋3＋3＋3＝18通り。
【別解1】3人の金土日の組み合わせはP、Q、Rがそれぞれ何曜日かで**3³ = 27通り**。このうち、3人とも同じ曜日（金金金・土土土・日日日）の**3通り**と、2人が日曜日の**6通り**（日以外は金か土の2通りで、これが3人）はあり得ないので、**27－(3＋6)＝18通り。**
【別解2】日曜日をもらう場合…3人のうち1人が日曜日で**3通り**、他の2人は金か土の**2通り**で、**3×2×2＝12通り。**
日曜日をもらわない場合…金金土土から3人が選ぶ。**Pが金**ならQ、Rは金土か土土の**2通り**。**Qが金**の場合も同じく**2通り**、**Rが金**の場合も同じく**2通り**で、**2＋2＋2＝6通り。**
合計して、**12＋6＝18通り。**

189【24】
Pは午前、午後、夜間の3通り。同様にQ、Rも3通りずつなので、**3×3×3＝27通り。**
そこから3人ともに午前、午後、夜間になる3通りを除いて、27－3＝24通り。
【別解】場合分けで考える。
①**3人が別の時間帯**（例：Pが午前、Qが午後、Rが夜間）…Pが**3通り**、Qが**2通り**、Rが残った**1通り**なので、
3×2×1＝6通り
②**2人が同じ時間帯、1人が別の時間帯**…別の時間帯の1人が選ぶ時間帯は、（午前または午後）、（午前または夜間）、（午後または夜間）で2通りが3パターンなので、**2×3＝6通り**。さらに、P、Q、Rの**3人それぞれ**が、別の時間帯（**6通り**）になる場合があるので、全部で、**6×3＝18通り。**
よって組み合わせは、①と②を合計して、
6＋18＝24通り

190【6】
場合分けして順番をメモする。P＞Q、R＞Sなので、最も多い会社はPかRとなる。
①**Pが最も多い場合**（かつR＞S）…多い順に、**PQRS、PRQS、PRSQの3通り。**
②**Rが最も多い場合**（かつP＞Q）…多い順に、**RSPQ、RPSQ、RPQSの3通り。**
よって組み合わせは、**3＋3＝6通り。**

191【8】
いずれの色も少なくとも1輪入れるので、**11輪のうち、Pに（赤白）、Qに（赤白）の計4輪は確定**している。残る**赤4輪、白3輪**の計7輪をPとQに3輪と4輪に分ける。どちらが4輪もらうかで場合分けする。
①**Pが4輪もらう**…**赤1〜4輪**（白は3輪しかないので、赤は必ず1輪以上）**の4通り**。Qは自動的に残りの**3輪**となる。
②**Qが4輪もらう**…同様に**4通り。**
よって組み合わせは、①と②を合計して、
4＋4＝8通り

192【7】
それぞれの札を「**使うか使わないかの2択**」なので、**2×2×2＝8通り。どの札も使わない（0円の場合の）1通りは含めないので、**
8－1＝7通り
【別解】1枚を使う（1000、5000、10000）…
$_3C_1$ = 3通り
2枚を使う（6000、11000、15000）…

非言語・解説
12 順列・組み合わせ

$_3C_2 = {}_3C_1 = 3$**通り**
3枚を使う(16000円)…1**通り**
以上を合計して、3＋3＋1＝7**通り**。

193【6】
予備とする1台の場合分けで考える。
①**X社製を予備とする場合**…使用するパソコンは**XXY**となる。3人のうちだれがYを使うかなので3**通り**。
②**Y社製を予備とする場合**…同じく3**通り**。
①と②を合計して、3＋3＝6**通り**。

194【8】
Pは1位か2位の2**通り**。**Qは3位か4位の**2**通り**。**RはP、Q以外の順位**なので2**通り**。**SはP、Q、R以外の順位**なので1**通り**。
よって組み合わせは、2×2×2×1＝8**通り**。
【別解】場合分けで考える。
①**Pが1位**…条件イより2位はQではなく、RかSの**2通り**。3位は**2通り**(2位がRのとき3位はSかQ、2位がSのとき3位はRかQ)、4位は**残った1人**に決まるので**1通り**。
2×2×1＝4**通り**
②**Pが2位**…条件イより1位はQではなく、RかSの**2通り**。3位は**2通り**(1位がRのとき3位はSかQ、1位がSのとき3位はRかQ)、4位は**残った1人**に決まるので**1通り**。
2×2×1＝4**通り**
①と②を合計して、4＋4＝8**通り**。

195【10】
赤、白、ロゼをそれぞれ少なくとも1本は買うので、6本のうち3本は確定している。残り3本の組み合わせを場合分けで考える。
(　)内は残り3本の数の組み合わせ。
①3本とも同じ種類(**3、0、0**)…赤のみ、白のみ、ロゼのみの3**通り**。
②2本が同じ種類(**2、1、0**)…同じ種類2本の選び方が**3通り**。1本のワインは残りの2種類なので**2通り**。**3×2＝**6**通り**。
③それぞれ1種類ずつ(**1、1、1**)…赤、白、ロゼの組み合わせの1**通り**。
よって組み合わせは①〜③を合計して、
3＋6＋1＝10**通り**
【別解】●｜●｜●｜●｜●｜●←●がワイン、｜が仕切り位置(5カ所)とする。**5カ所から2カ所を選んで仕切り**を入れ、左から順に仕切りで区切られた●の数をそれぞれ赤、白、ロゼの本数と考えることができる。
例：●｜●●●｜●● ←赤1、白3、ロゼ2
5カ所から2カ所を選ぶ組み合わせなので、
$_5C_2 = 10$**通り**。

196【20】
場合分けで考える。
①3個すべてが同じ種類…4種類から1種類を選ぶので、4**通り**。
②3個のうち2個が同じ種類…4種類から1種類の2個を選ぶ選び方が**$_4C_1 = 4$通り**。残り1個の選び方は残った3種類なので**3通り**。
→4×3＝12**通り**
③全部違う種類…4種類から選ばない1種類を決めるだけなので、4**通り**。
①〜③を合計して、
4＋12＋4＝20**通り**
【別解】● ● ● ｜｜｜ ←●がパン、｜を仕切りとして6つの記号を並び替えて組み合わせを考える。例えば、4種類のパンをA、B、C、Dとして、A0個、B1個、C2個、D0個なら、
｜●｜●●｜
A　B　C　D
となる。これは、**6カ所から｜を入れる3カ所を選ぶ組み合わせ**になるので、
$_6C_3 = 20$通り
※$_7C_5 = {}_7C_2$(7つから5つを選ぶのは、選ばれない2つを選ぶことと同じ)。数が少ないほうが速く計算できます。なるべく簡単な計算を心がけるようにしましょう。

13 確率の基礎 ▶本冊104～105ページ

197【21】

中吉が出る確率は小吉が出る確率(**50%**)の**58%**なので、**0.5×0.58＝0.29 → 29%**
よって大吉が出る確率は、
100－50－29＝21%

198【1/12】

1人目にP課が選ばれる確率は、10人中5人で、**5/10＝1/2**。2人目は1人減って9人中4人で、**4/9**。3人目はさらに1人減って8人中3人で、**3/8**。3人ともP課になる確率は、

$$\frac{1}{2}\times\frac{4}{9}\times\frac{3}{8}=\frac{1}{12}$$

【別解】10人から3人を選ぶ組み合わせは、

$${}_{10}C_3=\frac{10\times9\times8}{3\times2\times1}=120\text{通り}$$

選んだ3人がP課になる組み合わせは、P課の5人から3人を選ぶ組み合わせなので、

$${}_5C_3={}_5C_2=\frac{5\times4}{2\times1}=10\text{通り}$$

よって**10/120＝1/12**。

199【5/14】

1人目に男性が選ばれる確率は8人中5人なので**5/8**。2人目はそれぞれ1人減るので、**4/7**。班長も副班長も男性になる確率は、

$$\frac{5}{8}\times\frac{4}{7}=\frac{5}{14}$$

【別解】8人から2人を選ぶ組み合わせは、

$${}_8C_2=\frac{8\times7}{2\times1}=28\text{通り}$$

5人の男性から2人を選ぶ組み合わせは、

$${}_5C_2=\frac{5\times4}{2\times1}=10\text{通り}$$

よって**10/28＝5/14**。

200【4/15】

3年生2人が選ばれる確率…1人目は6人から3年生2人のうちのどちらかなので、確率は**2/6**。2人目は5人から3年生1人を選ぶので**1/5**。

$$\frac{2}{6}\times\frac{1}{5}=\frac{1}{15}\cdots①$$

2年生2人が選ばれる確率…1人目は6人から2年生3人のうち1人なので、確率は**3/6**。2人目は5人から2年生2人のうちのどちらかなので**2/5**。

$$\frac{3}{6}\times\frac{2}{5}=\frac{1}{5}\cdots②$$

①と②を合計して、$\frac{1}{15}+\frac{1}{5}=\frac{4}{15}$

【別解】6人から2人を選ぶ組み合わせは、

$${}_6C_2=\frac{6\times5}{2\times1}=15\text{通り}$$

選ばれた2人が同じ学年になる組み合わせは、

2人が3年生…$${}_2C_2=\frac{2\times1}{2\times1}=1\text{通り}$$

2人が2年生…$${}_3C_2=\frac{3\times2}{2\times1}=3\text{通り}$$

合計して**1＋3＝4通り**。
よって2人とも同じ学年になる確率は4/15。

201【1/21】

1から9のうち、偶数は2、4、6、8の4つ。1回目は**4/9**、2回目は**3/8**、3回目は**2/7**の確率で偶数が出るので、

$$\frac{4}{9}\times\frac{3}{8}\times\frac{2}{7}=\frac{1}{21}$$

【別解】9個から3個を選ぶ組み合わせは、

$${}_9C_3=\frac{9\times8\times7}{3\times2\times1}=84\text{通り}$$

取り出された3つの玉が偶数2、4、6、8になる組み合わせは、$_4C_3={}_4C_1=4$**通り**。
よって**4/84＝1/21**。

202【3/10】

4番目が2本目の当たりを引く確率なので、先に**3番目までに1本目の当たりが出る確率**を求める。

①**1番目が当たりを引き、2番目と3番目がはずれを引く確率**…5本のくじに2本の当たりが入っているので、1番目が当たりの確率は2/5、2番目がはずれの確率は**3/4**、3番目がはずれの確率は**2/3**となり、

$$\frac{2}{5}\times\frac{3}{4}\times\frac{2}{3}=\frac{1}{5}$$

くじ引きの公平性(くじ引きで引いたくじを戻さないとき、当たりを引く確率は引く順番によらず一定)により、2人目、3人目がそれぞれ当たりくじを引く場合も同じ確率になる。よって、**3番目までのだれかが1本目の当たりを引く確率**は、

$$\frac{1}{5}\times 3=\frac{3}{5}\ \cdots①$$

②**4番目が当たり(2本目)を引く確率**…残る5－3＝2本のくじのうち1本が当たりなので、4番目が当たりの確率は、1/2…②

よって4番目が2本目の当たりを引く確率は①と②を掛け合わせて、

$$\frac{3}{5}\times\frac{1}{2}=\frac{3}{10}$$

【別解】5本から2本の当たりを引く組み合わせの数は全部で、

$${}_5C_2=\frac{5\times 4}{2\times 1}=10\text{通り}$$

次に4番目が2本目の当たりを引く場合の組み合わせの数を考える。1本目の当たりは、4番目より前に引いた3人のうちのだれか1人なので**3通り**。2本目の当たりは4番目に決まっているので**1通り**。

掛け合わせて**3×1＝3通り**。

よって4番目の人が2本目の当たりを引く確率は、3/10。

203【11/60】

男子7人、女子3人から3人を選ぶとき、**女子が2人以上(2人または3人)**になる確率を求める。確率の分母となるのは、**男女10人から3人**を選ぶ組み合わせの数なので、

$${}_{10}C_3=\frac{10\times 9\times 8}{3\times 2\times 1}=120\text{通り}$$

女子が2人と3人の場合で分けて考える。

女子2人…女子3人から2人を選ぶの組み合わせは、**${}_3C_2={}_3C_1=3$通り**。男子7人から1人を選ぶ組み合わせは**${}_7C_1=7$通り**なので、掛け合わせて**3×7＝21通り**。

女子3人…女子3人から3人を選ぶ**1通り**。

合計して**21＋1＝22通り**が確率の分子になる。よって女子が2人以上選ばれる確率は、

$$\frac{22}{120}=\frac{11}{60}$$

204【5/12】

大人6人、子ども3人の計9人の並べ方は、**${}_9P_9=9!$通り**で、これが確率の分母になる。先頭の大人の選び方は、6人から1人を選ぶので**6通り**。最後尾は残りの大人5人から1人を選ぶので**5通り**。残る7人の並べ方は、**${}_7P_7=7!$通り**なので、**6×5×7!通り**が確率の分子になる。

$$\frac{6\times 5\times 7!}{9!}=$$

$$\frac{6\times 5\times \cancel{7\times 6\times 5\times 4\times 3\times 2\times 1}}{9\times 8\times \cancel{7\times 6\times 5\times 4\times 3\times 2\times 1}}=\frac{30}{72}$$

よって**30/72**＝5/12

【別解】先頭が大人になる確率は、9人の中から6人の大人を選ぶので、**6/9**。その上で、最後尾が大人の確率は、残り8人の中から5人の大人を選ぶので**5/8**。先頭と最後尾以外はどの順になってもよいので、求める確率は、

$$\frac{6}{9}\times\frac{5}{8}=\frac{5}{12}$$

205【1/13】

カードを2枚同時に取り出すことは、1枚目に引いたカードを戻さないで、2枚目を引くことと同じ。1〜13のうち、3で割り切れる数字は、**3、6、9、12の4つ**。1枚目は13枚中4枚で、**4/13**。2枚目は12枚中3枚(1回目で1枚引いたため)で、**3/12**。

よって$\frac{4}{13}\times\frac{3}{12}=\frac{1}{13}$

【別解】13枚から2枚を選ぶ組み合わせは、

$_{13}C_2=\frac{13\times12}{2\times1}=78$**通り**

選んだ2枚が3、6、9、12になる組み合わせは、4つから2つを選ぶので、

$_4C_2=\frac{4\times3}{2\times1}=6$**通り**

よって**6/78**＝1/13。

206【19/35】

2、3、4、5、6、7、8の数字から3つを選んで数の和が奇数になるのは、「3枚とも奇数」または「1枚だけ奇数」の場合。

7枚のカードから3枚を選ぶ選び方は、

$_7C_3=\frac{7\times6\times5}{3\times2\times1}=35$**通り**

3枚とも奇数の選び方は、3、5、7の**1通り**。

1枚だけ奇数の選び方は、3、5、7のそれぞれに、偶数2、4、6、8の4枚から2枚を選ぶ選び方なので、

$3\times{}_4C_2=3\times\frac{4\times3}{2\times1}=18$**通り**

3枚の和が奇数になる選び方は、

1＋18＝19通り

3つの数字の和が奇数になる確率は19/35。

207【9/22】

トランプの絵札12枚のうちスペードは3枚。1枚目にスペード(12枚中3枚)、2枚目にスペード以外(11枚中9枚)が出る確率は、

$\frac{3}{12}\times\frac{9}{11}=\frac{9}{44}$ …①

同様に、1枚目にスペード以外(12枚中9枚)、2枚目にスペード(11枚中3枚)が出る確率は、

$\frac{9}{12}\times\frac{3}{11}=\frac{9}{44}$ …②

①と②を合計して、

$\frac{9}{44}+\frac{9}{44}=\frac{9}{22}$

208【1/21】

1から9までの数字で、3枚の数字の和が10になる組み合わせは(**1、2、7**)、(**1、3、6**)、(**1、4、5**)、(**2、3、5**)の**4通り**。

9枚から3枚選ぶ組み合わせは、

$_9C_3=\frac{9\times8\times7}{3\times2\times1}=84$**通り**

よって**4/84**＝1/21。

209【27/40】

サイコロを振って偶数が出る確率は**1/2**。箱Xから黒玉が出る確率は10個中6個で**6/10**。偶数が出て箱Xから黒玉が出る確率は、

$\frac{1}{2}\times\frac{6}{10}=\frac{3}{10}$ …①

奇数が出る確率は**1/2**。箱Yから黒玉が出る確率は12個中9個で**9/12**。奇数が出て箱Yから黒玉が出る確率は、

$\frac{1}{2}\times\frac{9}{12}=\frac{3}{8}$ …②

よって黒玉を出す確率は、①と②を合計して、

$\frac{3}{10}+\frac{3}{8}=\frac{27}{40}$

※確率の問題は、問題文を読んでいきなり計算に入ると、混乱することがよくあります。先に数字や場合分けのケースをメモすると、解き方が整理できます。

14 確率の応用 ▶本冊108〜109ページ

210【1/7】

1つ目(7個中3個が赤玉)も2つ目(6個中2個が赤玉)も赤玉である確率は、

$\frac{3}{7}\times\frac{2}{6}=\frac{1}{7}$

【別解】7玉から2玉を取り出す組み合わせは、

${}_7C_2=\frac{7\times6}{2\times1}=21$ **通り**

3つの赤玉から、2つの赤玉を取り出す組み合わせは、${}_3C_2={}_3C_1=3$ **通り**。

よって $\frac{3}{21}=\frac{1}{7}$ **通り**。

211【1/8】

4枚の硬貨の出方は全部で **2×2×2×2＝16通り**。表が出た硬貨の金額合計が110円になるのは以下**2通り**。(100円玉から考える)

⑩⓪ ● ● ⑩ ＊50円玉2枚が裏(●)。

● ㊿ ㊿ ⑩ ＊100円玉1枚が裏(●)。

よって **2/16＝1/8**。

【別解】合計が110円になる場合を考える。

・⑩⓪ ● ● ⑩ ＊50円玉2枚が裏(●)。

$\frac{1}{2}\times\frac{1}{2}\times\frac{1}{2}\times\frac{1}{2}=\frac{1}{16}$

・● ㊿ ㊿ ⑩ ＊100円玉1枚が裏(●)。

$\frac{1}{2}\times\frac{1}{2}\times\frac{1}{2}\times\frac{1}{2}=\frac{1}{16}$

①と②を合計して、$\frac{1}{16}+\frac{1}{16}=\frac{1}{8}$

212【3/16】

4枚の硬貨の出方は全部で **2×2×2×2＝16通り**。表が出た硬貨の金額の合計が20円になるのは以下の**3通り**。(10円玉から考える)

⑩ ⑩ ● ● ＊5円玉2枚が裏(●)。

● ⑩ ⑤ ⑤ ＊10円玉1枚が裏(●)。

⑩ ● ⑤ ⑤ ＊10円玉もう1枚が裏(●)。

よって **3/16**。

【別解】合計が20円になる場合を考える。

①10円玉が2枚とも表、5円玉が2枚とも裏

$\frac{1}{2}\times\frac{1}{2}\times\frac{1}{2}\times\frac{1}{2}=\frac{1}{16}$

②10円玉のうち1枚が表(10円玉のもう1枚は裏)、5円玉が2枚とも表

$\frac{1}{2}\times\frac{1}{2}\times\frac{1}{2}\times\frac{1}{2}=\frac{1}{16}$

2枚の10円玉のうち、表になる10円玉の選び方が2通り＊あるので、$\frac{1}{16}\times2=\frac{2}{16}$。

①と②を合計して、**3/16**。

＊10円玉Aが表で10円玉Bが**裏**の場合と、10円玉Aが裏で10円玉Bが**表**の場合の**2通り**あるので1/16を2倍する。

213【8/45】

10枚から2枚を選ぶ組み合わせの数は、${}_{10}C_2=45$ **通り**。空の封筒は0円とする。

合計10000円になる組み合わせの数は、

①10000円1枚＋0円7枚のうち1枚…

${}_1C_1\times{}_7C_1=7$ **通り**

②5000円2枚…${}_2C_2=1$ **通り**

合計して、**7＋1＝8通り**。

よって **8/45**。

【別解】

①1枚目10000円で2枚目0円(から)…

$\frac{1}{10}\times\frac{7}{9}=\frac{7}{90}$

②1枚目0円、2枚目10000円…

$\frac{7}{10}\times\frac{1}{9}=\frac{7}{90}$

③1枚目と2枚目が5000円…

$\frac{2}{10}\times\frac{1}{9}=\frac{2}{90}$

①〜③を合計して、

$\frac{7}{90}+\frac{7}{90}+\frac{2}{90}=\frac{16}{90}=\frac{8}{45}$

214【3/10】
6枚から3枚を選ぶ組み合わせの数は、
$_6C_3 = 20$ 通り
5点になる確率を場合分けして考える。
① 3点の金貨1枚（**1枚のうち1枚**）と1点の銅貨2枚（**3枚から2枚**）…
$_1C_1 \times {}_3C_2 = 3$ **通り**
② 2点の銀貨2枚（**2枚のうちの2枚**）と1点の銅貨1枚（**3枚から1枚**）…
$_2C_2 \times {}_3C_1 = 3$ **通り**
①と②を合計して、6通り。20通りのうち6通りなので、6/20 = **3/10**。
【別解】上記①②のパターンで、
①1枚目金→2枚目銅→3枚目銅の確率は、

$$\frac{1}{6} \times \frac{3}{5} \times \frac{2}{4} = \frac{1}{20}$$

2枚目金、3枚目金の確率も同じなので、

$$\frac{1}{20} \times 3 = \frac{3}{20} \quad \cdots①$$

②1枚目銀→2枚目銀→3枚目銅の確率は、

$$\frac{2}{6} \times \frac{1}{5} \times \frac{3}{4} = \frac{1}{20}$$

1枚目銅、2枚目銅の確率も同じなので、

$$\frac{1}{20} \times 3 = \frac{3}{20} \quad \cdots②$$

①と②を合計して、$\frac{3}{20} + \frac{3}{20} = \frac{3}{10}$

215【3/8】
贈り物の割り当て方の総数は、**4! = 4 × 3 × 2 × 1 = 24通り**。A、B、C、Dの4人が、それぞれa、b、c、dの贈り物を贈る。**A**を例に考える。**A**がもらうのはaを除く**3通り**。
・**A**がbをもらう場合…**B**はacdの**3通り**で、**CD**は自動的に残った2つ(ac、da、dcのいずれか)に決まる。
・**A**がcをもらう場合…**C**はabdの**3通り**で、**BD**は自動的に残った2つ(ab、da、dbのいずれか)に決まる。
・**A**がdをもらう場合…**D**はabcの**3通り**で、**BC**は自動的に残った2つ(ab、ca、cbのいずれか)に決まる。つまり、Aが自分以外の物をもらう場合、A以外の者1人は必ず3通りなので、4人が自分以外からの物をもらう組み合わせは、**3 × 3 = 9通り**。よって、全員が自分以外からの贈り物をもらえる確率は、**9/24 = 3/8**。
【別解】**すべての確率1**から**余事象**の「**だれかが自分の贈り物をもらう確率**」を引いて求める。
割り当て方の総数は、
4! = 4 × 3 × 2 × 1 = 24通り
・**1人だけ**が自分の物…**A**がaをもらう場合、**BCD**への割り当て方はcdbとdbcの**2通り**。**B**がb、**C**がc、**D**がdの場合も同様に**2通り**。**2通りが4人**なので、**2 × 4 = 8通り**。
・**2人**が自分の物…**AB**の2人がabをもらう場合、**CD**への割り当て方は自動的にdcの**1通り**。4人のうち自分の物をもらう2人の決め方は$_4C_2$ = **6通り**。よって**1 × 6 = 6通り**。
・**4人**が自分の物…**A**がa、**B**がb、**C**がc、**D**がdという**1通り**。
「**だれかが自分の贈り物をもらう確率**」は、

$$\frac{8+6+1}{24} = \frac{15}{24} = \frac{5}{8}$$

よって、求める確率は、$1 - \frac{5}{8} = \frac{3}{8}$。

216【1/5】
第1会場に**3作品**、第2会場に**3作品**が展示されるので、Yの1作目が第1会場に展示される確率は、**3/6 = 1/2**。
Yの1作目が第1会場に展示された場合、残りの展示する作品は、第1会場に**2作品**、第2会場に**3作品**になるので、Yの2作目が第1会場に展示される確率は、**2/5**。よって、Yの2作品がともに第1会場に展示される確率は、
1/2 × 2/5 = 1/5
【別解】第1会場の3作品の選び方は、

$$_6C_3 = \frac{6 \times 5 \times 4}{3 \times 2 \times 1} = 20\text{通り}$$

第２会場には自動的に残る３作品が展示されるので、会場の振り分け方の総数は**20通り**。Yの２作品がともに第１会場（**YY○**）の場合、Yの２作品を除いた**X、Zの計４作品（XZZZ）の中から１作品が第１会場**になるので、その選び方は$_4C_1$＝**４通り**。よって**4/20**＝1/5。

217【3/10】
６個から３個を選ぶ組み合わせの総数は、

$$_6C_3 = \frac{6 \times 5 \times 4}{3 \times 2 \times 1} = 20通り$$

３個とも違う色になるのは、
赤３個から１個の選び方…$_3C_1$＝**３通り**。
白２個から１個の選び方…$_2C_1$＝**２通り**。
黄１個から１個の選び方…$_1C_1$＝**１通り**。
以上の組み合わせなので、**３×２×１＝６通り**
よって確率は、**6/20**＝3/10。

218【1/81】
①**１回目**…あいこは２パターン。
・全員**グー（グググ）**、**チョキ（チチチ）**、**パー（パパパ）**の３**通り**。
・**（グチパ）**の場合で、**３×２×１＝**６**通り**。
合計して、３＋６＝９**通り**。
出し方は**３×３×３＝**27**通り**なので、確率は、9/27＝1/3。
②**２回目**…Xだけが**グー**を出して勝つ。
（グチチ）で１**通り**なので、確率は、1/27。
①と②を掛け合わせて、1/3×1/27＝1/81
【別解】①**１回目**…あいこは２パターン。
・３人とも同じ手…Xの手に対し、YもZも同じ手を出す確率。
1×1/3×1/3＝1/9
・３人とも違う手…Xの手に対し、YはXと異なる手、ZはXともYとも異なる手の確率。
1×2/3×1/3＝2/9
確率は、1/9＋2/9＝**3/9**＝1/3。
②２回目…Xだけがグーを出して勝つ。
Xがグー（1/3）、Yはチョキ（1/3）、Zもチョキ（1/3）を出すので、確率は、
1/3×1/3×1/3＝1/27
①と②を掛け合わせて、1/3×1/27＝1/81

219【1/9】
１回目（あいこ）… **218** の①と同様に1/3。
２回目に１人だけが勝つ確率…手の組み合わせは**（グチチ）（チパパ）（パググ）**の**３通り**。だれが勝つかで**３通り**あるので、**３×３＝９通り**。
27通りのうちの９通りで**9/27**＝1/3。
よって求める答えは 1/3×1/3＝1/9。

220【3/10】
BとEの並び方は、**B□EとE□B**の２**通り**。
BとEの間の□に入るのは**A・C・D**の３**通り**。
B□E（または**E□B**）と残る２枚の並べ方は、３枚のカードを並べることと同じなので、
３！＝３×２×１＝６**通り**。
以上を掛け合わせて、２×３×６＝36**通り**
５枚のカードの並べ方は、**５！＝５×４×３×２×１＝**120**通り**あるので、
36/120＝3/10
【別解】
①**B□E□□**、②**□B□E□**、③**□□B□E**の３パターンがある（**BとEは**順不同）。左端から順に入るカードが何通りあるかを考える。
①は左端から順に、**BかE**の２**通り→AかCかD**の３**通り→BとEの左端でないほう**の１**通り→ACDのうち使っていないほう**の２**通り→**残りの１枚の１**通り**。これらを掛け合わせて、
２×３×１×２×１＝12**通り**
①②③の３パターンそれぞれに12通りあるので、12×**３**＝36**通り**。よって確率は、
36/120＝3/10

※「確率」のジャンルは難問が多く、１回目で速く解ける人は少ないようです。逆にいえば、「確率」の解法を習得しておけば、合格にグッと近づくことができるといえます。

15 集合 ▶本冊112〜117ページ

221【12】

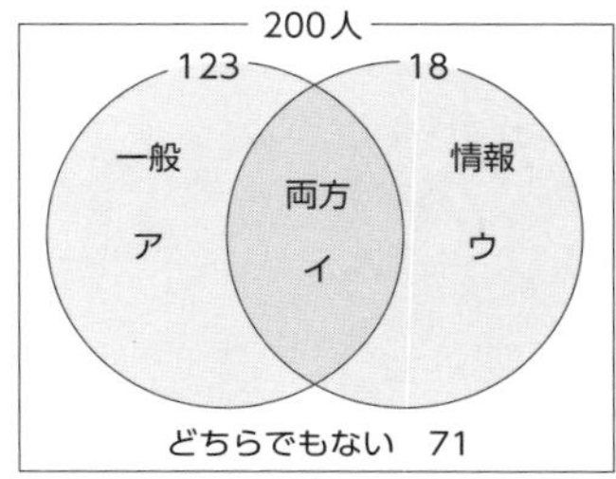

一般家電だけを見たい人(ア)は**200 − 71 − 18 = 111人**。よって両方を見たい人(イ)は、**123 − 111 = 12人**

222【96】

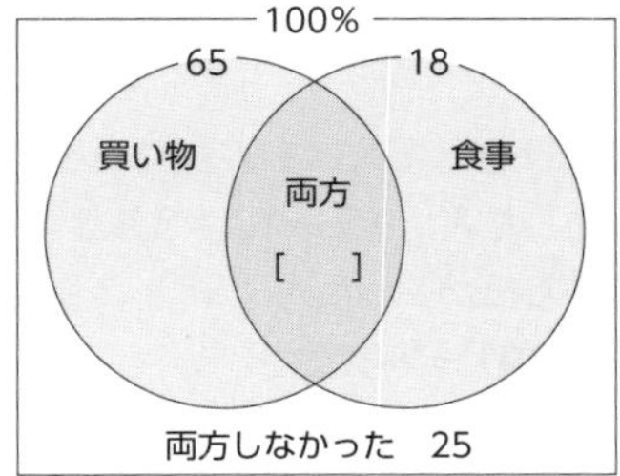

買い物または食事をした人は、**100 − 25 = 75%**。両方した人は**65 + 18 − 75 = 8%**。来場者1200人の8%なので、人数は、**1200 × 0.08 = 96人**

223【20】

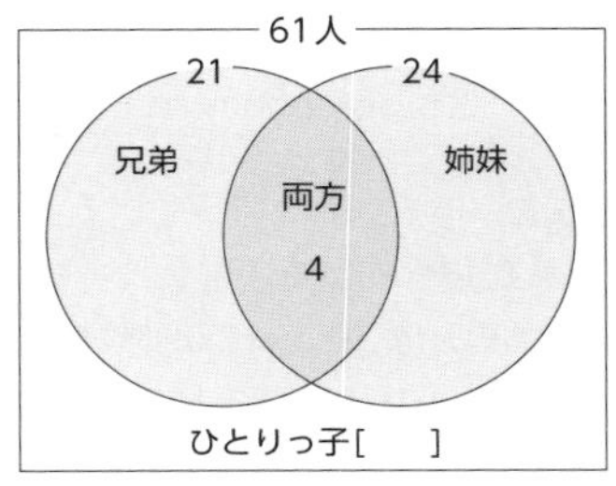

ひとりっ子は、全体の61人から「兄弟のいる21人＋姉妹のいる24人－どちらもいる4人」を引いた数になる。よって
61 − (21 + 24 − 4) = 20人

224【11】

40人の客のうち、紅茶またはケーキを注文した客は**40 − 13 = 27人**。紅茶17人とケーキ21人で延べ38人に注文されたことになるが、実際には27人なので、**38 − 27 = 11人**が両方注文した。

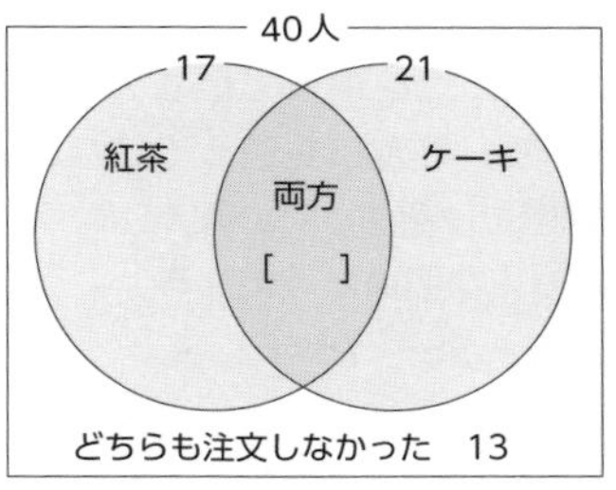

225【36】

以下「うがい・手洗い」は「うがい」とする。

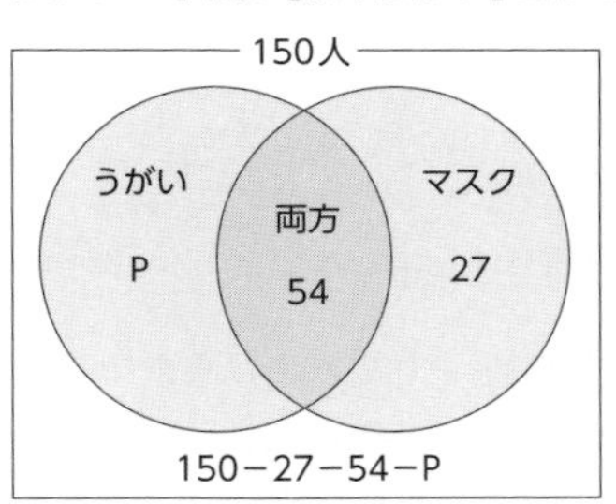

「マスクのみ」が27人、**「両方」が54人**である。**「うがいのみ」をP人**とすると、**「P + 54」が「うがいをしている」**人になる。**「どちらもしていない」**人は、**(150 − 27 − 54 − P)人**。
「うがいをしている」人は、**「どちらもしていない」**人より**57人多い**ので、

$P+54=150-27-54-P+57$
$P+P=150-27-54+57-54$
$2P=72$
$P=36$
よって「うがい」のみは36人。

226【23】

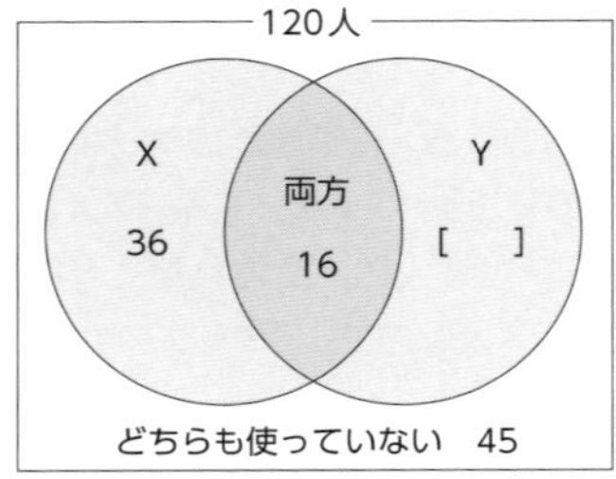

Y社の味噌だけを使っている人は、全体の120人から、どちらも使っていない45人、X社の味噌だけを使っている36人、両方使っている16人を引いた数になる。よって
120 − 45 − 36 − 16 = 23人

227【51】

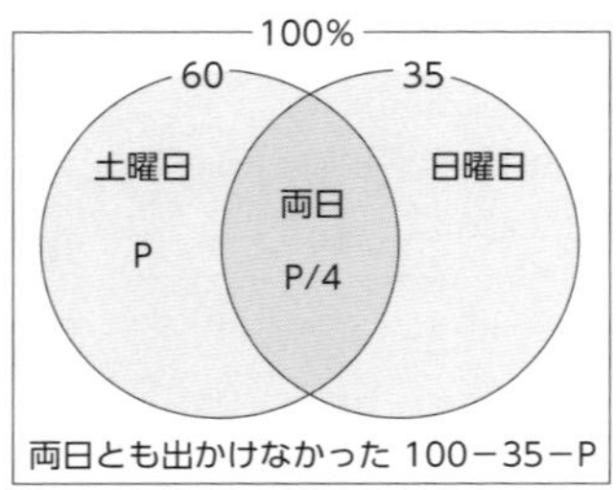

全員を**100%**として割合から求める。土曜日に出かけた人は**60%**で、土曜日と日曜日の両日とも出かけた人は土曜日だけ出かけた人**Pの1/4**だったので、土曜日と日曜日の両日とも出かけた人は**P × 1/4 = P/4%**となる。土曜日に出かけた人60%から土曜日と日曜日の両日とも出かけた人の割合P/4を引けば、土曜日だけ出かけた人の割合Pを求めることができる。

$60-\frac{P}{4}=P$ ←両辺に4を掛ける
$240-P=4P$
$5P=240$
$P=48\%$
両日とも出かけなかった人は、
100 − 35 − 48 = 17%。
300人中の17%なので、
300 × 0.17 = 51人

228【915】

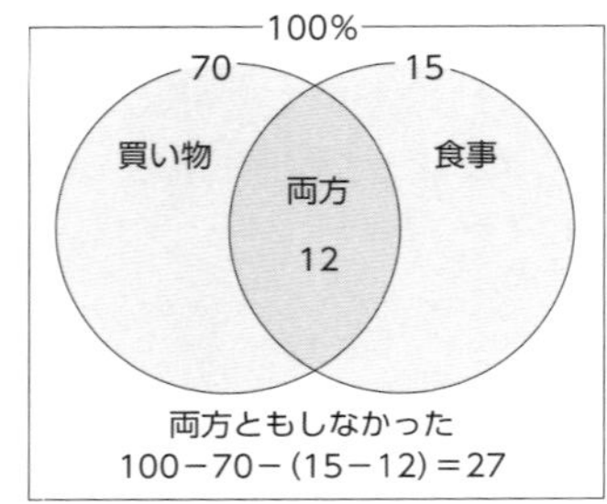

買い物だけをした人は**70 − 12 = 58%**、食事だけをした人は**15 − 12 = 3%**なので、どちらか一方だけをした人は**58 + 3 = 61%**。
1500人の61%なので、
1500 × 0.61 = 915人

229【59】

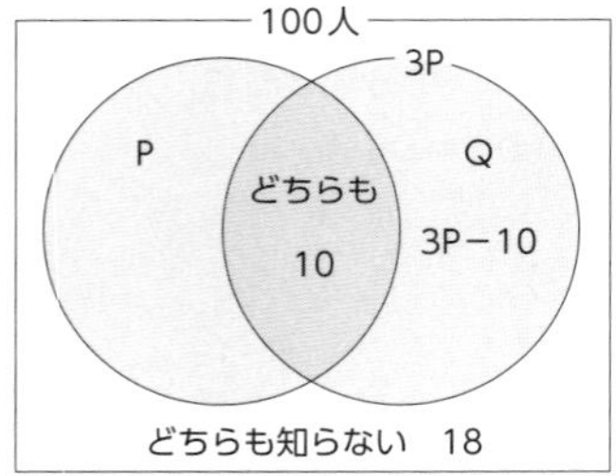

Qを知っている人はPを知っている人の3倍なので、Pを知っている人をP人とすれば**Qを知っている人は3P人。Qだけを知っている人は、(3P − 10)人**となるが、これは**(100**

－18－P)人と等しいことになる。
3P－10＝100－18－P
4P＝100－18＋10
P＝23
Qだけを知っている人は、3P－10人なので、
3×23－10＝59人

230【104】

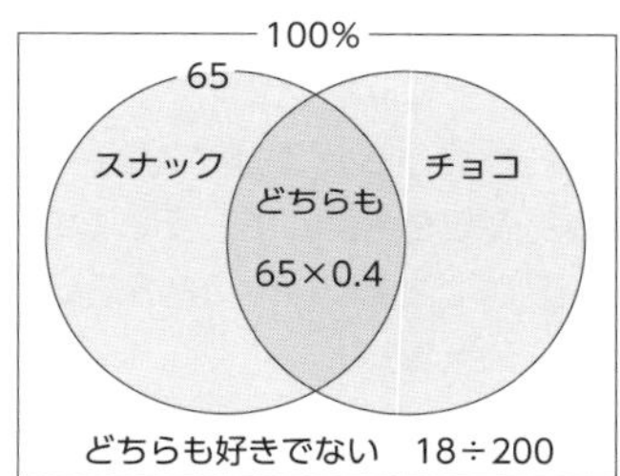

%で統一して計算し、最後に人数を求める。
200人中の18人は、18÷200＝9%
どちらも好きな人は、65×0.4＝26%
チョコが好きな人は、100%からどちらも好きではない人9%とスナックが好きな人65%を引いて、どちらも好きな人26%を足せばよい。
100－9－65＋26＝52%
200人中の52%なので、
200×0.52＝104人

231【11】

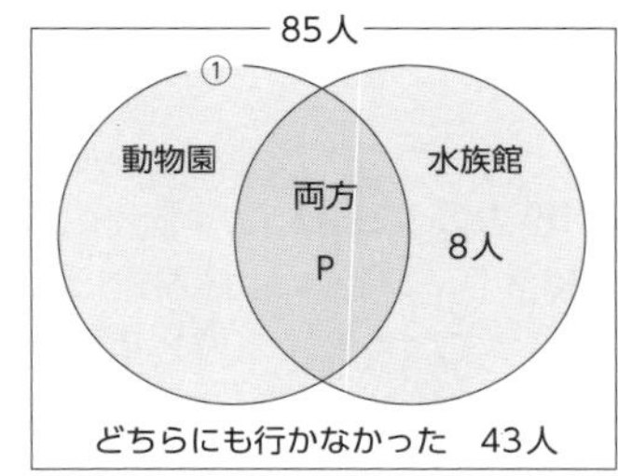

両方に行った人をP人とする。
動物園に行った人(①)は、
85－43－8 ＝34人
さらに、動物園に行った人は、水族館に行った人(8＋P)人より15人多いので、
8＋P＋15 人
とも表せる。2つは同じ人数なので、
34＝8＋P＋15
P＝34－8－15＝11
よって両方に行った人は11人。

232【300】

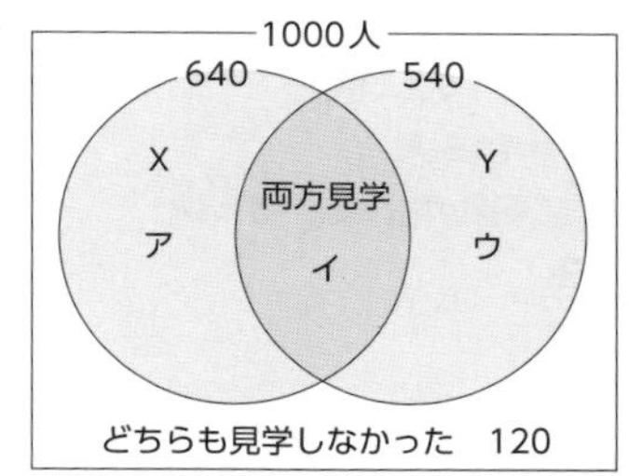

展示Xを見学しなかった人（ウ＋120）は、1000－640＝360人。よって展示Yのみを見学した人(ウ)は、360－120＝240人。
両方見学した人(イ)は、
540－240＝300人

233【71】

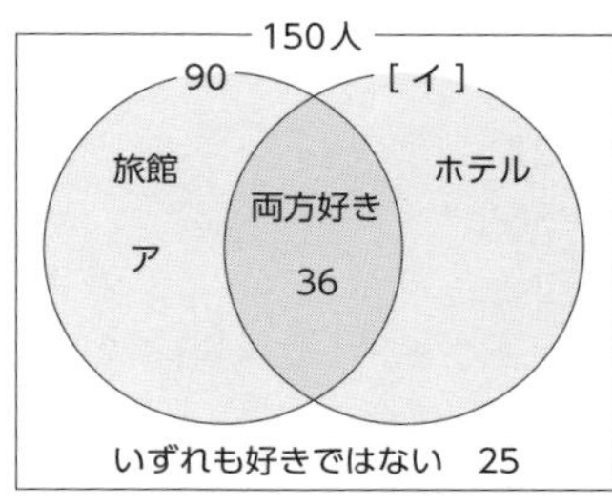

%を人数にしてからベン図にする。旅館が好きな人は150×0.6＝90人、両方が好きな人は、90×0.4＝36人。旅館が好きでホテルが好きではない人(ア)は90－36＝54人。
ア＋イ＝150－25＝125
よってホテルが好きな人は、
イ＝125－54＝71人

非言語・解説 15 集合

234【46】

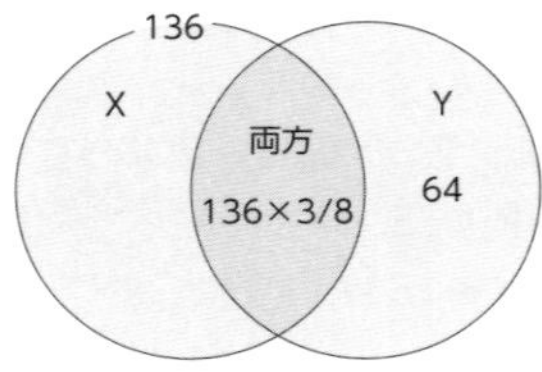

遊園地XとYの両方に行った人は、

$136 \times \frac{3}{8} = 51$ 人

遊園地Yに行った人は、

51＋64＝115人

遊園地Yで観覧車に乗った人は、

$115 \times \frac{2}{5} = 46$ 人

235【40】

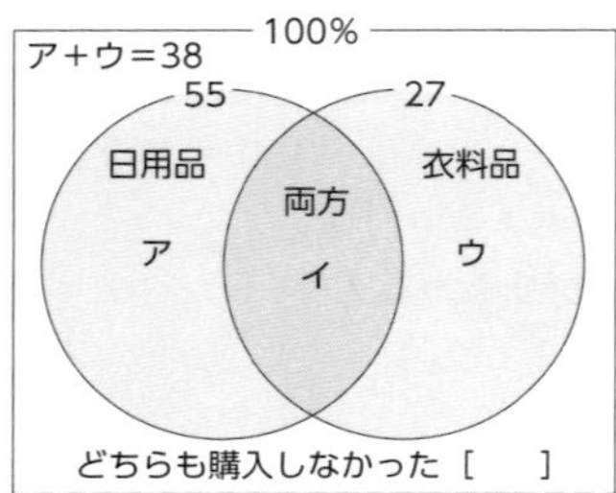

ア＋イ＝55

イ＋ウ＝27

ア＋ウ＝38

全部を足すと、

ア＋イ＋イ＋ウ＋ア＋ウ＝55＋27＋38

(ア＋イ＋ウ)×2＝120

ア＋イ＋ウ＝120÷2

ア＋イ＋ウ＝60

よってどちらも購入しなかった人は、

100−60＝40%

236【64】

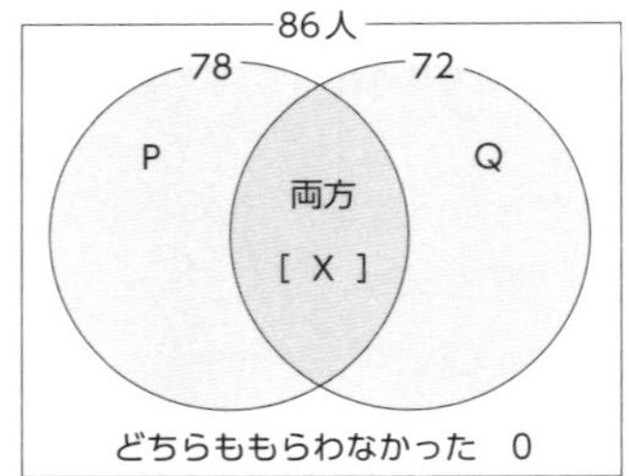

いずれかのチケットは必ずもらえるので、どちらももらわなかった人は0人。PまたはQをもらった人数を合計して、そこから両方もらった人数(Xとする)を引くと86人になる。

78＋72－X＝86

X＝64

よって両方もらった人は64人。

237【72】

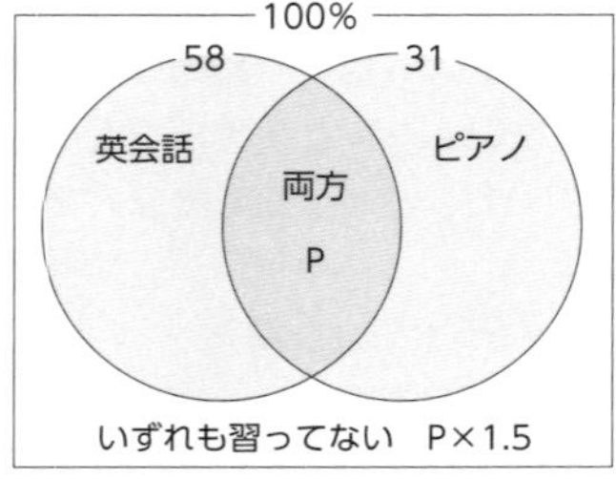

両方習っている人をPとすると、

58＋31－P＝100－(P×1.5)

89－P＝100－1.5P

0.5P＝11

P＝22

全体の200人のうち22%が両方習っているので、**200×0.22＝44人**が両方習っている。英会話を習っている人は**200×0.58＝116人**。よって英会話のみを習っている人は、

116－44＝72人

238【20】

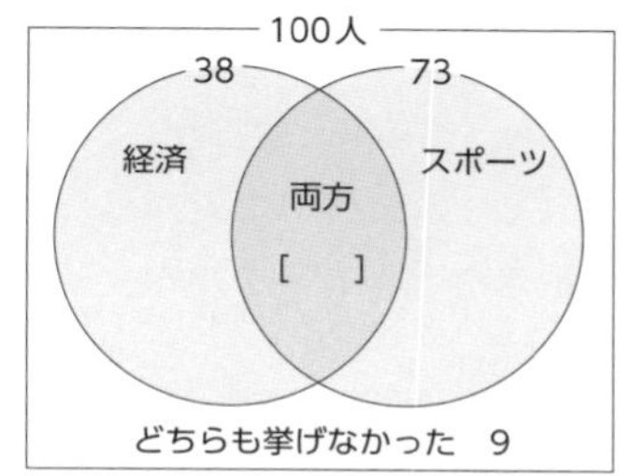

経済面を挙げたがスポーツ面は挙げなかった人は、**100 − 9 − 73 = 18人**。よって経済面とスポーツ面の両方を挙げた人[ ]は、
38 − 18 = 20人

239【13】

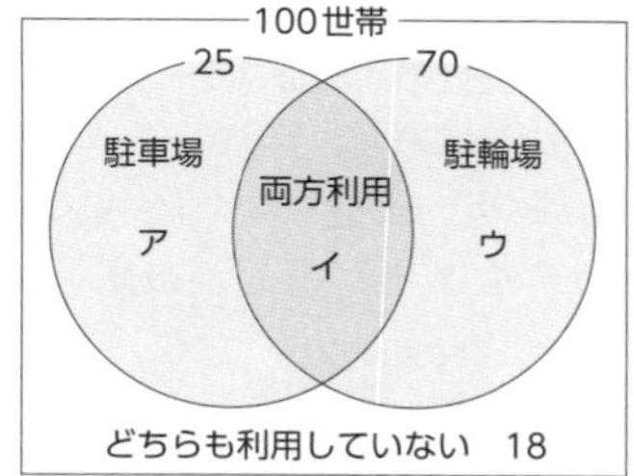

駐車場を利用しているが駐輪場は利用していないという世帯(ア)は、**100 − 18 − 70 = 12世帯**。よって両方を利用している世帯(イ)は、
25 − 12 = 13世帯

240【38】

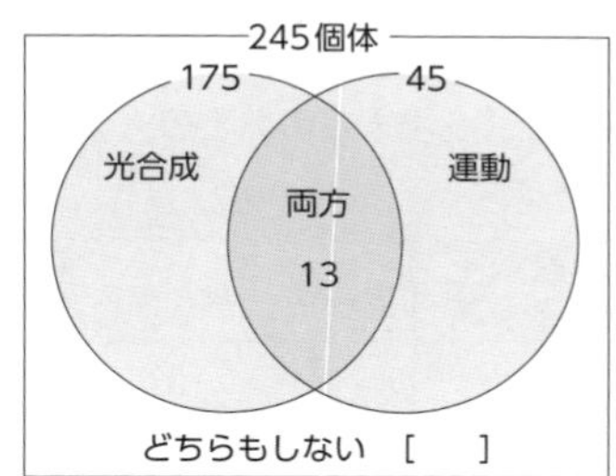

光合成と運動をする個体を足して、両方する個体を引いたもの(**175 + 45―13**)が、光合成か運動のどちらかをする個体数。全体の個体数245からどちらかをする個体数を引くと、どちらもしない個体数になる。
よって、**245 −(175 + 45―13)= 38個体**。

241【7】

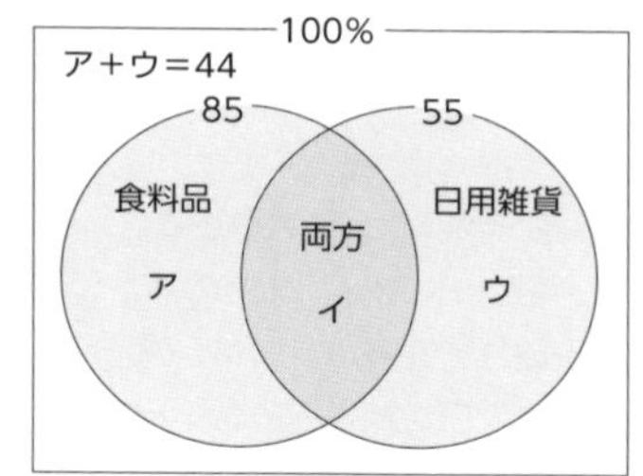

ア＋イ＝85
イ＋ウ＝55
ア＋ウ＝44
全部を足すと、
(ア＋イ＋ウ)× 2 = 184
ア＋イ＋ウ＝92
求めるのはウなので、
92 − 85 = 7%

242【17】

45人が2つの野菜に投票するので、合計で**2 × 45 = 90票**になる。90票のうち、**Pは38票**、**Qは(45 − 10 =)35票**。
Rは残りの**90 − 38 − 35 = 17票**。
Rを選んだ人は**17人**。
【別解】3つの野菜から、2つを選ぶパターンは、次の3つ。
①PとQを選んだ→Rを選ばなかった人
②Pと**Rを選んだ**→Qを選ばなかった人なので**10人**
③Qと**Rを選んだ**→Pを選ばなかった人なので、**45 − 38 = 7人**
よってRを選んだ人は、
10 + 7 = 17人

非言語・解説 15 集合

243【12】

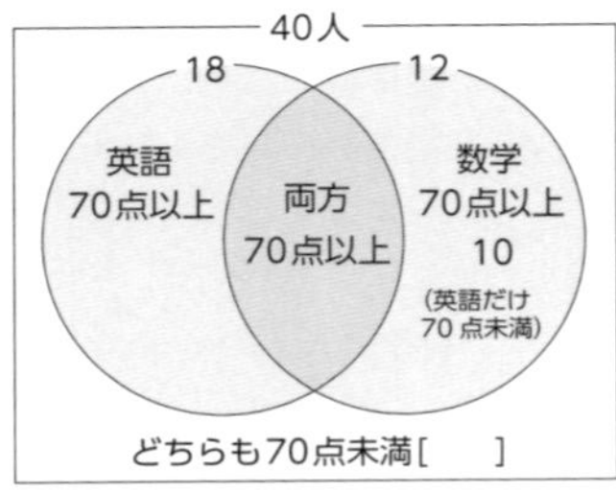

「英語だけ70点未満だった人」とは「英語が70点未満で、数学は70点以上の人」(図の数学70点以上の円が重複していない部分)で、10人。英語と数学の両方が70点以上の人は、

12－10＝2人

18＋12－2＝28人が、英語か数学のどちらか1つ、または両方70点以上の人。

よってどちらも70点未満だった人は、

40－28＝12人

244【98】

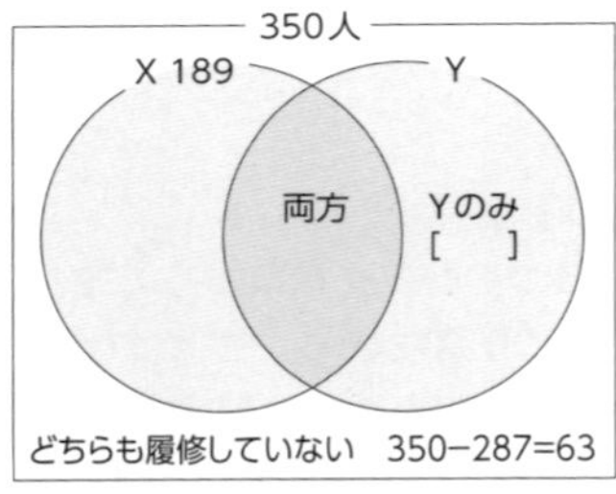

講義Yのみを履修している人数は、全体350人からどちらも履修していない人とXの履修を引けば求められる。全体350人のうち、X、Yの少なくとも一方は履修している人が**287人**なので、どちらも履修していない人は、

350－287＝63人

Xの履修者とどちらも履修していない人の比率は3：1なので、Xの履修者は、

63×3＝189人

よって講義Yのみを履修している人は、

350－63－189＝98人

245【8】

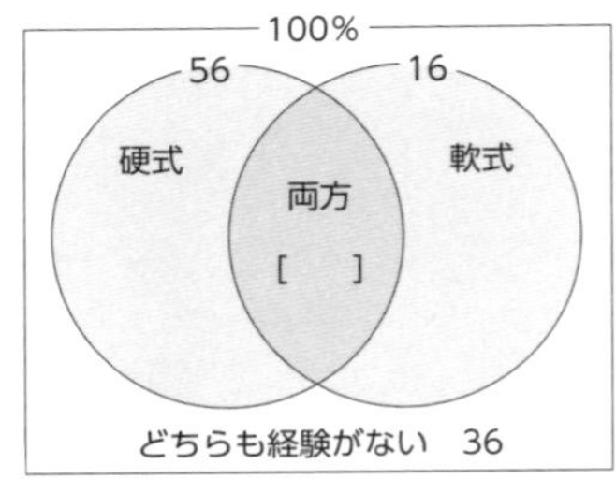

「硬式だけ＋軟式だけ＋両方」の実数は、

100－36＝64%

硬式経験者が**56%**、軟式経験者が**16%**なので、両方とも経験がある者は、

56＋16－64＝8%

246【8】

60歳以上の男性の人数は**23－11＝12人**。

65歳以上の男性の人数は**10－6＝4人**。

よって60歳以上65歳未満の男性会員は、

12－4＝8人

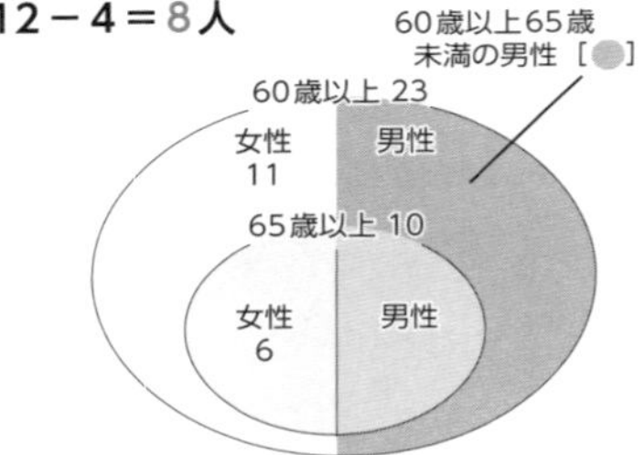

【別解】カルノー表で整理する。

①60歳以上の男性の人数…**23－11＝12人**

②65歳以上の男性の人数…**10－6＝4人**

③60歳以上65歳未満の男性の人数…

12－4＝8人

	60歳以上 65歳未満	65歳以上	計 (60歳以上)
男性	③ **12－4＝8**	② **10－6＝4**	① **23－11＝12**
女性		6	11
計		10	23

247【7】

60歳以上の女性のメンバーが最も少ない場合は、60歳以上の男性のメンバーが最も多い場合である。60歳以上の男性は最多で24人。60歳以上は全部で31人なので、女性は最少で**31 − 24 = 7 人**。

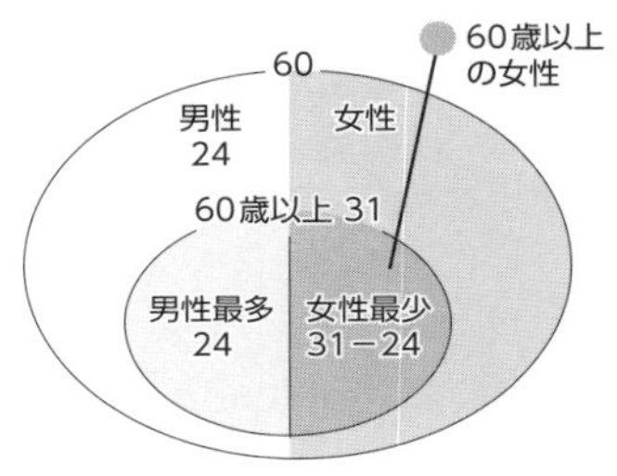

【別解】

カルノー表で整理する。

①女性の人数…**60 − 24 = 36 人**

②60歳以上の男性の最多人数…**24 人**

③60歳以上の女性の最少人数…**31 − 24 = 7 人**

	60歳未満	60歳以上	計
男性		②最多 **24**	24
女性		③最少 **31−24=7**	① **60−24=36**
計		31	60

248【5】

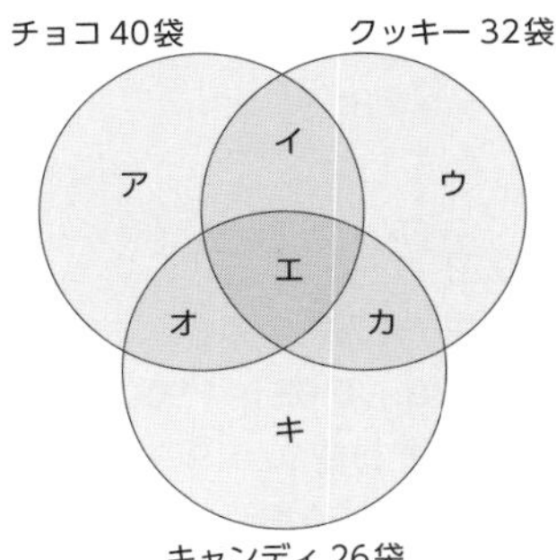

チョコ、クッキー、キャンディの入った袋の延べ数は**40 + 32 + 26 = 98 袋**、詰め合わせた袋の**実数は70袋**で、差は**98 − 70 = 28 袋**。この28袋は重なっている**イ、オ、カを1回多く、エを2回多く**カウントしていることによる差なので、以下のように表せる。

❶イ＋オ＋カ＋エ＋エ＝28

70袋のうち、**1種類だけの袋は47袋**なので、2種類以上の袋(図のイ、オ、カ、エの合計)は**70 − 47 = 23**。

❷イ＋オ＋カ＋エ＝23

❶と❷の差がエ(3種類入った袋)なので、エは**28 − 23 = 5 袋**

【別解】チョコ入り40袋、クッキー入り32袋、キャンディ入り26袋の合計98袋は、円が2重の部分(イ、オ、カ)を2回カウント、3重の部分(エ)を3回カウントしている。ここに、さらに1種類だけ入った47袋(ア、ウ、キの合計)を足すと、**エが3回、他はすべて2回ずつカウント**されたことになる。つまり、**【全体70袋×2(エも含む)＋エ】と表すことができる。整理すると、以下の式が成り立つ。**

40＋32＋26＋47＝全体70×2＋エ

145＝140＋エ

エ＝5

＊混乱した場合は、以下のように情報を表に整理してみるとわかる。ア〜キが何回カウントされているかに着目するとよい。

ア	イ	ウ	エ	オ	カ	キ	
○	○		○	○			**40**
	○	○	○		○		**32**
			○	○	○	○	**26**
○		○				○	**47**
○	○	○	○	○	○	○	**70**

※ベン図とカルノー表、どちらで解いてもかまいません。両方の解き方を覚えておけば、問題に合わせて解きやすい方法を見つけることができるでしょう。この分野を速く解き、他の問題を解く時間にあてることがポイントです。

16 損益算 ▶本冊120〜121ページ

249【900】
720円の品物25個の仕入れ値は720 × 25 = 18000円。定価x円の8%引き(0.92x円)で25個売るので、利益は、
0.92x×25－18000＝23x－18000円…①
720円の品物30個の仕入れ値は720 × 30 = 21600円。定価x円の10%引き(0.9x円)で30個売るので、利益は、
0.9x×30－21600＝27x－21600円…②
①と②が等しいので、
23x－18000＝27x－21600
23x－27x＝－21600＋18000
4x＝3600
x＝900
よって品物1個の定価は**900円**。

250【1300】
1000円の商品300個の仕入れ値は、
1000 × 300 = 300000円
100個を定価x円の1割引き(0.9x)、200個を2割引き(0.8x)で売ったときの売上合計は、
0.9x × 100 + 0.8x × 200
= 90x + 160x
= 250x円
利益(売上－仕入れ値)は、**250x － 300000円**で、これを**25000円**にするので、
250x － 300000 = 25000
250x = 325000
x = 1300
よって定価を**1300円**にすればよい。

251【123】
1個100円で400個の仕入れ値は、
400 × 100 = 40000円
1割の利益が出る売上額は、
40000 × 1.1 = 44000円
400個のうち1割が割れると残りは、
400 × 0.9 = 360個
360個で売上が44000円になればよいので、
44000 ÷ 360 = 122.2…
従って、**123円以上で売ればよい。**
ちなみに、この問題では仕入れた数が何個に設定されていても、答えは**123円**になる。

252【20】
1個の仕入れ値を**100円と仮定**する。
25個の仕入れ値は、
100 × 25 = 2500円
売れた個数をx個とすると、40%増しの価格で売った売上は**140x円**。
仕入れ値の12%の利益は、
2500円× 0.12 = 300円
(**12 × 25 = 300円**でも同じ)
140x = 2500 + 300
x = 20
売れた個数は**20個**。
【別解】仕入れ値を1個x円、実際に売れた個数をy個とする。仕入れ値は**25x円**で、売上は仕入れ値の40%増しの1.4x円がy個なので**1.4xy円**。利益は**(0.12x) × 25 = 3x円**
売上**1.4xy円**は「仕入れ値＋利益」なので、
1.4xy = 25x + 3x = 28x
1.4y = 28
y = 20

253【2025】
120円の利益が仕入れ値の8%にあたるので、
仕入れ値は**120 ÷ 0.08 = 1500円**
売値(仕入れ値と利益120円の合計)は、
1500 + 120 = 1620円
これが定価の20%引き(0.8)にあたるので、
定価は**1620 ÷ 0.8 = 2025円**

254 【860】
定価で売ると258円の利益が得られて、定価の3割引きで売ると利益も損失もないので、258円は定価の3割にあたることになる。
よって定価は**258 ÷ 0.3 = 860円**。
【別解】定価をx円とすると、仕入れ値はx－258円。定価x円の3割引きで売ると利益も損失もないので、仕入れ値は0.7x円。
x－258＝0.7x
x－0.7x＝258
x＝860

255 【7500】
定価の5割引きは3割引きより1500円安いので、1500円は定価の**(5－3＝)2割**にあたる。よって定価は**1500 ÷ 0.2 = 7500円**。
【別解】定価をx円とすると、Pの買値は0.7x、Qの買値は0.5x。この差が1500円なので、
0.7x－0.5x＝1500
x＝7500

256 【2900】
定価をx円とすると、定価の5%引きで購入したときの1個の売値は**0.95x**、9%引きで購入したときの1個の売値は**0.91x**となる。
この差が116円なので、
0.95x－0.91x＝116
x＝2900
よって定価は**2900円**。

257 【2700】
定価の25%引きは、定価の15%引きより利益が270円少なくなるので、270円は定価の**(25－15＝)10%**にあたることになる。
定価は**270 ÷ 0.1 = 2700円**。
【別解】定価x円の25%引きは0.75 x円、15%引きは0.85x円。差が270円なので、
0.85x－0.75x＝270
x＝2700

258 【9】
【鶴亀算で解く】すべて1本単位で売れた場合、売上は**30 × 8 × 20 = 4800円**。一方、実際の売上は、仕入れ値が70 × 20 = 1400円、利益が2680円なので、**1400 + 2680 = 4080円**。その差は**4800 − 4080 = 720円**。1本単位で8本売ると**30円× 8本= 240円**。1房8本単位で売ると160円なので、差は**240 − 160 = 80円**。1房単位で1つ売るごとに**80円**ずつ売上が減って**720円の差が埋まっていく**ので、房単位で売れたバナナは、
720 ÷ 80 = 9房。
【方程式で解く】1房8本で20房なので、仕入れたのは**160本**。房単位で売れたバナナ（8本160円なので**1本20円**）を**x本**とすれば、**1本30円**で売れたのは（**160－x**）本。
20x＋30(160－x)＝4080（実際の売上）
x＝72
房単位で売れたバナナは**72 ÷ 8 = 9房**。

259 【B】
仕入れ値をx円、定価をy円とする。定価の20%引きで売ったときの利益は**(0.8y－x)円**と表すことができる。
ア　54円の利益が得られた
0.8y－x＝54という式だけでは、**定価y円はわからない**。
イ　定価で売ったときに比べ、126円利益が減った
定価から20%を引くと利益が126円減るので、定価の20%が126円にあたる。
0.2y＝126
y＝126 ÷ 0.2 = 630円
よって**B「イだけでわかるが、アだけではわからない」**。

※損益算では、①仕入れ値　②定価　③売値　④利益　を整理していけば確実に答えが導けます。問題文を読みながら、①〜④をメモして式を立てていきましょう。

17 速度算 ▶本冊124～125ページ

260【0.63】

3分は**3 ÷ 60 = 0.05時間**。家から駅まで**6.3km/時**の速さで走ったときにかかる時間をx時間とすると、**4.2km/時**で歩いたときより**0.05時間**早く着くので、

6.3x = 4.2 × (x + 0.05)

6.3x − 4.2x = 0.21

x = 0.1時間

よって家から駅までの道のりは、

6.3 × 0.1 = 0.63km

【別解】mと分で計算してもよい。**6.3km/時は1時間＝60分で6300m進む速さ**なので、

6.3km/時＝6300 ÷ 60 = 105m/分

4.2km/時は1時間＝60分で4200m進む速さなので、

4.2km/時＝4200 ÷ 60 =70m/分

家から駅まで**105m/分**の速さで走ったときにかかる時間をx分とすると、**70m/分**で歩いたときより**3分**早く着くので、

105x = 70 × (x + 3)→x = 6分

よって家から駅までの道のりは、

105 × 6 = 630m = 0.63km

261【16】

単位を○m/分に統一する。

14分24秒$=14+\frac{24}{60}=14+\frac{2}{5}=\frac{72}{5}$**分**

2km/時は60分で2000m進む速さなので、

2000 ÷ 60 = 200/6 = 100/3(m/分)

Xの分速は、

$(400\times12)\div\frac{72}{5}=4800\times\frac{5}{72}$

$=\frac{1000}{3}$ **(m/分)**

Yの分速はXより**100/3(m/分)**遅いので、

$\frac{1000}{3}-\frac{100}{3}=\frac{900}{3}=300$**m/分**

4800mを分速300mで進むので、Yがかかる時間は、

4800 ÷ 300 = 16分

262【25】

Qが出発するまでの10分間に、Pが50m/分で進んでいた距離は、

50 × 10 = 500m

QはPに**1分間で70 − 50 = 20m**ずつ近づいていくので、追いつくのは、

500 ÷ 20 = 25分後

263【30】

km/時をm/秒にするには3.6で割る。

18 ÷ 3.6 = 5m/秒

ボートは**1m/秒**の流れに乗って川を下っているので、ボートの川を下る速さは、

5 + 1 = 6m/秒

よってボートが180m進むのにかかる時間は、

180 ÷ 6 = 30秒

264【75】

家から1.5km = 1500m離れた図書館まで60m/分で歩くので、**1500 ÷ 60 = 25分**かかる。25分かかると5分遅れるので、待ち合わせは、

25 − 5 = 20分後

よってちょうど待ち合わせの時刻に着く速さは

1500 ÷ 20 = 75m/分

265【36】

単位を○m/分に統一する。**6.6km/時は、60分で6600mを進む速さ**なので、

6600 ÷ 60 = 110m/分

4.2km/時は、60分で4200mを進む速さ

なので、

4200 ÷ 60 = 70m/分

よって1.54km = 1540mを往復するのにかかる時間(分)は、

1540 ÷ 110 + 1540 ÷ 70 = 36分

266【2.1】

行きは平均時速10.5km/時で走り、帰りは**平均時速4.2km/時**で歩いたので往復するのに**42分**かかった。自宅から図書館までの距離をxkmとする。42分は42/60時間。

$$\frac{x}{10.5}+\frac{x}{4.2}=\frac{42}{60}$$

両辺に10.5と4.2の最小公倍数21を掛ける。

$$\frac{x\times \overset{2}{\cancel{21}}}{{}_{1}\cancel{10.5}}+\frac{x\times \overset{5}{\cancel{21}}}{{}_{1}\cancel{4.2}}=\frac{\overset{7}{\cancel{42}}\times 21}{\underset{10}{\cancel{60}}}$$

2x + 5x = 147 ÷ 10

7x = 14.7

x = 14.7 ÷ 7 = 2.1km

【別解】分速で計算する。**10.5km/時は60分で10500m進む速さ**なので、

10500 ÷ 60 = 175m/分

4.2km/時は60分で4200m進む速さなので、**4200 ÷ 60 = 70m/分**

図書館までの距離をxmとすると、往復で42分かかったので、

x ÷ 175 + x ÷ 70 = 42

両辺に175と70の最小公倍数の350を掛けて、

(x ÷ 175 × 350) + (x ÷ 70 × 350)
= 42 × 350

2x + 5x = 14700

7x = 14700

x = 2100m → 2.1km

267【17】

1.6km離れた喫茶店まで64m/分の速さで行くのにかかる時間は、

1600 ÷ 64 = 25分

200m/分の速さで行くのにかかる時間は、

1600 ÷ 200 = 8分

よって待ち合わせの時刻よりも、

25 − 8 = 17分早く着く。

268【A】

PとQは運動場の400mトラックをスタート地点から反対方向に向かって同時に走り始めた。

ア　同じ速度で走った

PとQは、同じ速度で走ったので同じ距離を走ったことになる。よってPは**200m**走った。**アだけでわかる。**

イ　同じ時間だけ走った

PとQが出会うまでに同じ時間を走ったのは当然のこと。**イだけではわからない。**

よって**A「アだけでわかるが、イだけではわからない」**。

※単位を統一することを心がけましょう。【km/時】を3.6で割ると【m/秒】への変換ができます。解法さえ覚えておけば、得点しやすいジャンルです。ミスなくスピーディに解けるようにしておきましょう。

18 年齢算 ▶本冊128～129ページ

269【26】

10歳のPは6年後に**16歳**。Qは6年後にPの2倍、**16×2＝32歳**になるので、現在は、**32－6＝26歳**

＊「10歳の6年後」→「**10＋6**」、「PはQの半分→QはPの倍」なので「**×2**」「**16×2＝32**」という具合にすぐにメモしていくとよい。

270【10】

次男が20歳になったとき、**三男の年齢は長男の年齢の**8/11になるので、**三男の年齢は8の倍数、長男の年齢は**11**の倍数**であることがわかる（三男8歳・長男11歳、三男16歳・長男22歳、三男24歳・長男33歳）。この中で、長男＞**20歳**＞三男を満たす組み合わせは、**長男**22**歳、次男20歳、三男**16**歳**だけ。現在を**X**年前とすると、現在の長男の年齢22－**X**は三男16－**X**の2倍なので、

22－X＝(16－X)×2

22－X＝32－2X

X＝10

よって10年後に20歳になる次男の現在の年齢は**20－10＝**10**歳**。

271【28】

子の年齢をx歳とすると、父は**9x歳**、母は**7x歳**となる。父と母の年齢差は8歳なので、

9x－7x＝8

x＝4

子は**4歳**、母は**4×7＝**28**歳**。

272【15】

Qよりも10歳若いPは、**Q－10歳**。

これがQの年齢の3/5なので、

$$Q-10=\frac{3}{5}Q$$

$$Q-\frac{3}{5}Q=10$$

$$\frac{2}{5}Q=10$$

$$Q=10\times\frac{5}{2}=25\text{歳}$$

PはQの**25歳**より10歳若い15**歳**。

273【15】

3人の平均年齢は10歳なので、

X＋Y＋Z＝30…①

ア　X、Y、Zの順に年長である

イ　XとYの年齢差はZの年齢に等しい

アとイより、

Z＝X－Y…②

①に②を代入して、

X＋Y＋X－Y＝30

2X＝30

X＝15**歳**

274【28】

9人の社員の平均年齢は36.0歳なので、

合計年齢…36×9＝324歳

新たに1人が配属されて平均年齢が35.2歳になったので、

合計年齢…35.2×10＝352歳

よって新しく入った社員は

352－324＝28**歳**

275【28】

最初にアとイが成立する例を考える。3人の平均年齢は33歳なので、

合計年齢…33×3＝99歳

次男が平均の33歳だと仮定する。長男と三男の合計年齢は**99－33＝66歳**で、長男より8歳若い三男は**(66－8)÷2＝29歳**。

年齢は、長男から順に(**37、33、**29)となる。求めるのは最も若い場合の三男の年齢なので、**合計99歳**のまま、三男の年齢を下げていく。**三男が1歳下がると、年齢差8歳の長男も1歳下がり、その分、次男は2歳上がっていく。**
(**36、35、**28)→**適**
(**35、37、**27)→次男が長男より年上になるので不適
よって三男は最も若くて28**歳**。

276【31】
9年後のPの年齢をPとする。Pの2倍になる**Qの年齢は**2Pなので、2人の差は**P歳**。9年後も**QとPは**20歳**の差**なので、**Pは**20歳でP**の**2倍**の年齢のQは**40**歳**ということになる。

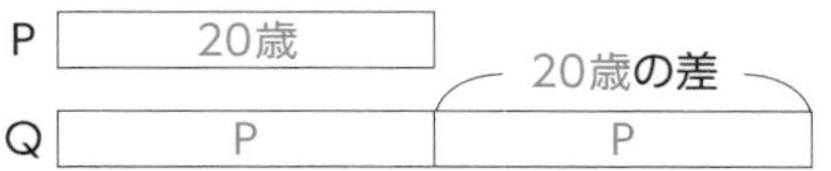

現在のQは、**40－9＝**31**歳**である。
＊2P－P＝20なので、P＝20。aの2倍がbのときのaとbの差はa。

277【D】
現在のYの年齢を**Y歳**とすると、Xの年齢は**2Y歳**となる。
ア　4年前、Xの年齢はYの3倍だった
2Y－4＝ (Y－4)×3
2Y－4＝3Y－12
Y＝8
Yは**8歳**、Xは**16歳**とわかる。
イ　8年後、Xの年齢はYの1.5倍になる
2Y＋8＝(Y＋8)×1.5
2Y＋8＝1.5Y＋12
0.5Y＝4
Y＝8
Yは**8歳**、Xは**16歳**とわかる。
よって**D「アだけでも、イだけでもわかる」**。
なお、方程式が解けることがわかった時点で答えはわかるので、最後まで計算する必要はない。

※年齢算は、計算もシンプルなので、問題に慣れておけば、すぐ解けるようになります。解けなかった問題を復習しておきましょう。

19 仕事算 ▶本冊132～133ページ

278【45】
Sが1日に行った仕事量を1とする。Sが20日働いた仕事量は**1×20＝20**で、これが**全体の仕事量の2/3**にあたるため、全体の仕事量は**20÷2/3＝20×3/2＝30**。30の残り1/3にあたる**10をSとTの2人で6日間**働いて仕上げたので、**2人の1日あたりの仕事量**は、

$$10 \div 6 = \frac{10}{6} = \frac{5}{3}$$

Tの1日あたりの仕事量は、5/3からSの1日あたりの仕事量1を引いて、

$$\frac{5}{3} - 1 = \frac{5}{3} - \frac{3}{3} = \frac{2}{3}$$

よってTが1人で**全体の仕事量30**を仕上げるには、

$$30 \div \frac{2}{3} = 45$$

45日かかる。

【別解】全体の仕事量を1とする。
Sの1日あたりの仕事量は、

$$\frac{2}{3} \div 20 = \frac{1}{30}$$

SとTの2人の1日あたりの仕事量は

$$\frac{1}{3} \div 6 = \frac{1}{18}$$

Tの1日あたり仕事量は

$$\frac{1}{18} - \frac{1}{30} = \frac{5}{90} - \frac{3}{90} = \frac{2}{90} = \frac{1}{45}$$

よってTが1人で仕上げるには**45日**かかる。

279【3、36】

X管が1時間あたりxℓ、Y管が1時間あたりyℓを入れるとすると、

$4x+3y=500$…①

$2x+6y=500$…②

①の3yを②の6yに合わせるために、①を2倍して、

$8x+6y=1000$…③

③から②を引いてyを消す。

$6x=500$

$x=\frac{250}{3}$…④

④を①に代入してyを求めると、

$y=\frac{500}{9}$

XとYの管を同時に使って、1時間あたりに入る水の量は、

$\frac{250}{3}+\frac{500}{9}=\frac{1250}{9}$ ℓ

よって、XとYの管を同時に使うとかかる時間は、

$500\div\frac{1250}{9}=\frac{18}{5}$**時間**

$\frac{18}{5}$**時間=(18÷5=)3.6時間=3時間36分**

＊0.6時間は(0.6×60=)36分。

280【17、30】

A、Bで1時間あたりに入る水量をそれぞれa、bとする。満水時の水量を100とすると、問題文の条件より、

$10a+10b=100 \rightarrow b=10-a$…①

$4a+18b=100$…②

①を②に代入してaを求めると、

$4a+18(10-a)=100$

$4a+180-18a=100$

$14a=80$

$a=\frac{80}{14}=\frac{40}{7}$ …Aが1時間に入れる水量

$100\div\frac{40}{7}=\frac{35}{2}=17.5$**時間**

Aだけで満水にすると**17時間30分**かかる。

281【45】

風呂が満水となる量を仮に**120ℓ**(40、30、60の最小公倍数)とする。

A管は$\frac{120}{40}=3$**ℓ/分**

B管は$\frac{120}{30}=4$**ℓ/分**

で湯が入る。

排水口は$\frac{120}{60}=2$**ℓ/分**で排水する。

最初の20分、A管と排水溝が開いているので、**3−2=1ℓ/分**で湯が入る。20分後には20ℓ溜まっており、満水まで120−20=100ℓを入れる必要がある。ここからB管だけで入れると、**100÷4=25分**かかる。よって、最初に水道管Aでお湯を入れ始めたときから**20+25=45分後**に満水になる。

282【4】

38人で40日間働くので、延べ人数は、

38×40=1520人

実際には、延べ人数は1700人だったので、

1700−1520=180人分が**途中で増やした5人分の仕事量**とわかる。

増やした5人が働いた日数は、

180÷5=36日間

よって5人を増やす前の38人で仕事をしたのは、

40−36=4日間

283【6400】

データの総件数をx件とする。1人あたりの件数は、8人で行うと(x÷8)件、10人で行うと(x÷10)件。8人の場合は10人の場合より、1人あたりの入力件数が160件増えるので、

$x\div8=x\div10+160$

両辺に40(8と10の最小公倍数)を掛けて、

x ÷ 8 × 40 = x ÷ 10 × 40 + 160 × 40
x ÷ 8 × 40 − (x ÷ 10 × 40) = 6400
5x − 4x = 6400
x = 6400
入力するデータの件数は全部で**6400件**。
【別解】適当な数字をあてはめてみる。例えば、**全800件**だと10人の場合は1人あたり800 ÷ 10 = **80件**、8人の場合は1人あたり800 ÷ 8 = **100件**。8人の場合に**20件**増えている。問題文では**20件の8倍の160件**増えるので、入力するデータの件数は全部で、
800 × 8 = 6400件

284【9】
Pがとじた量は、
13部×17分で221部
Qは、**17 − 6 = 11分**で**320 − 221 = 99部**とじたことになる。
Qの速さは1分あたり、
99 ÷ 11 = 9部

285【C】
データの入力を3日間で行った。
ア　3日目は1日目の2倍の量を入力した
1日目と3日目の仕事量の比がわかるだけで、**3日目の仕事量はわからない。**
イ　1日目と3日目は合わせて2日目と同じ量を入力した
1日目＋3日目で全体の1/2、2日目で全体の1/2の仕事量だったとわかるが、**3日目だけの仕事量はわからない。**
アとイを合わせて考える。
アより、**1日目と3日目の比が1：2(合計3)**。これを分数で表すと1日目と3日目の合計に対して、1日目は1/3、**3日目は2/3**。
イより、**1日目＋3日目で全体の1/2**なので、3日目に行った仕事量は、**全体の1/2のさらにその2/3**とわかる。式で表すと、

$$\frac{1}{2} \times \frac{2}{3} = \frac{1}{3}$$

よって**C「アとイの両方でわかるが、片方だけではわからない」**。

※問題文を読みながら、だれ(どの管)が何日(何時間)でどれだけの仕事をしたのかを手早くメモしましょう。どの問題も時間あたりの仕事量を計算すれば答えが出るようになっています。

20 代金精算 ▶本冊136～137ページ

286【9600】
食事代もプレゼント代も支払っていないRがPに3800円、Qに2000円を支払って精算した。
1人分の負担額は、
3800 + 2000 = 5800円
食事代を支払ったPは、精算でRから3800円を受け取った後に、5800円の負担額となる。
食事代は、
5800 + 3800 = 9600円。
【別解】計算が混乱した場合、Pの目線になって考えてもよい。
財布からお金が出ればマイナス(−)、財布にお金が入ればプラス(＋)と考える。
食事代(X円とする)を払って[**−X円**]
Rから3800円を受け取って[**＋3800円**]
最終的な負担額は[**−5800円**]。
[**−X＋3800＝−5800**]を解けばよい。

287【14000】
食事代もプレゼント代も支払っていないRが6600円を支払って精算したので、1人分の負担額は**6600円**。

食事代を支払っていたPは、精算でQから800円、Rから6600円を受け取った後に、6600円の負担額となるので、食事代は、
6600＋800＋6600＝14000円

288【8400】
Xの精算後の負担額は、
12900－700－1900＝10300円
1人分は**10300円**だとわかる。
よってZが負担した飲み代は、
10300－1900＝8400円

289【3000】
Pは38000円を支払い、精算で16000円を受け取ったので、1人あたりの負担額は、
38000－16000＝22000円
よって25000円の出費をしたQが精算時にRから受け取る金額は、
25000－22000＝3000円
なお、タクシー代は3000円となる。

290【3600】
プレゼント代も花束代も支払っていないRが精算で3000＋300円＝3300円を支払っているので、1人分の負担額は**3300円**だとわかる。Qは300円をもらった後で3300円の負担になるので、花束代は
3300＋300＝3600円

291【1000】
プレゼント代の合計は、
5000＋7000＝12000円
1人あたりの負担額は、
12000÷3＝4000円
Qの支払額（借金はマイナス）は、
－1000－3000＋7000＝3000円
従って、Qは精算で、
4000－3000＝1000円
を支払うことになる。
Rは、Qに3000円を貸している。
よって、Rは精算で、
4000－3000＝1000円
を支払う。
QがPに1000円、RがPに1000円を支払えば精算が完了する。

※各自の出費をメモしていくことが大切です。人物ごとに＋－で収支を計算しましょう。

これで非言語検査の練習問題は終了です。
ここまでの問題（例題、確認問題、練習問題）は、全部で371問。頑張ってきた自分を褒めてあげましょう！ 本当にお疲れ様でした。
間違えた問題を復習していくことで、必ず合格できるようになります。

1 熟語の成り立ち❶～❺ ▶本冊144～153ページ

1

1【D】正邪（正しいことと不正なこと。善悪）…「正（ただしい）」⇔「邪（よこしま）」
◀反対の意味

2【B】炉辺（囲炉裏や暖炉のそば）…炉の→辺（そば）◀前が後を修飾

3【A】威嚇（相手をおどし、こわがらせること）…威も嚇も「おどす」という意味◀似た意味

4【C】変装（別人に見えるよう容姿や服装を変えること）…変える⇐装いを
◀動詞の後に目的語

5【A】安泰（無事でやすらかなこと）…安も泰も「落ち着いている」という意味◀似た意味

2

1【C】加筆（文章などを直したり、書き加えたりすること）…加える⇐筆で書くことを
◀動詞の後に目的語

2【D】道路（人や車などの通行するみち）…道も路も「みち」という意味◀似た意味

3【D】承諾（相手の申し出を受け入れること）…承も諾も「うける」という意味◀似た意味

4【A】晴雨（晴天と雨天のこと）…「晴れ」⇔「雨」◀反対の意味

5【B】視線（目で見ている方向）…視（目）の→線（方向）◀前が後を修飾

3

1【A】媒介（間に入って両者の仲立ちをすること）…媒も介も「間でとりもつ」という意味
◀似た意味

2【A】供給（必要に応じて物を与えること）…供も給も「足りるようにする」という意味
◀似た意味

3【D】点火（火をつけること）…点ける（つける）⇐火を◀動詞の後に目的語

4【C】別荘（保養などのために設けた自宅以外の家）…別の→荘（仮の住まい）
◀前が後を修飾

5【B】昇降（上へ行くことと下へ行くこと）…「昇る」⇔「降りる」◀反対の意味

4

1【B】錠剤（飲みやすくした粒状の薬剤）…錠（一定の形に固めたもの）の→剤（薬）
◀前が後を修飾

2【A】主従（主人と従者。主君と家来）…「主」⇔「従」◀反対の意味

3【D】融資（必要とする人に資金を貸すこと）…融通する⇐資金を◀動詞の後に目的語

4【B】稲穂（稲の穂）…稲の→穂
◀前が後を修飾

5【D】繁栄（豊かに栄えて発展すること）…繁も栄も「さかえる」という意味◀似た意味

5

1【D】細大（細かいことと大きいこと）…「細かい」⇔「大きい」◀反対の意味

2【D】着陸（空中の物体が降下して地上に降りること）…着く⇐陸に◀動詞の後に目的語

3【B】天命（天から与えられた使命や運命、寿命）…天の→命令◀前が後を修飾

4【B】碁石（囲碁などに使う、平たくて丸い小さな石）…囲碁用の→石◀前が後を修飾

5【A】周囲（物や場所のまわりのこと）…周も囲も「まわり」という意味◀似た意味

6

1【C】架橋（橋を架けること）…架ける⇐橋を◀動詞の後に目的語

2【D】輪郭（物の形を形づくっている線）…輪も郭も「外まわり」という意味◀似た意味

3【D】辛勝（やっとのことで相手に勝つこと）…辛うじて→勝つ◀前が後を修飾

4【D】続出（同じような物事が続いて起こったりすること）…続いて→出る◀前が後を修飾

5【A】禍福（災難と幸福、不運と幸運のこと）…「禍（わざわい）」⇔「福（ふく）」◀反対の意味

7

1【C】比肩（同等であること）…比べる（並べる）⇐肩を◀動詞の後に目的語

2【D】支柱（ものを支える柱。中心となる存在）…支えるための→柱◀前が後を修飾

3【A】破損（こわれたり傷ついたりすること）…破も損も「こわれる」という意味◀似た意味

4【B】公私（公的なことと私的なこと）…「公」⇔「私」◀反対の意味

5【D】天賦（生まれながらにして持っている才能）…天が ⇒ 賦与する（さずける）◀主語と述語

8

1【D】苦楽（苦しみと楽しみのこと）…「苦」⇔「楽」◀反対の意味

2【C】解熱（高くなった体温を下げること）…解く（解き放つ）⇐熱を◀動詞の後に目的語

3【A】服従（命令や指示に素直に従うこと）…服も従も「したがう」という意味◀似た意味

4【D】握力（物を握るときの手の力）…握る→力◀前が後を修飾

5【B】鳥瞰（高所から広い範囲を見渡すこと）…鳥が ⇒ 瞰（みおろす）◀主語と述語

9

1【A】午睡（昼寝）…午後の→睡り（ねむり）◀前が後を修飾

2【D】愛憎（愛することと憎むこと）…「愛する」⇔「憎む」◀反対の意味

3【C】始業（その日の仕事を始めること）…始める⇐業務を◀動詞の後に目的語

4【B】心痛（ひどく心配して思い悩むこと）…心が ⇒ 痛む◀主語と述語

5【D】高貴（身分などが高く貴いこと）…高も貴も「たかい」という意味◀似た意味

10

1【C】投票（選出したい人の名や賛否を示す紙・札などを入れること）…投じる（入れる）⇐票を◀動詞の後に目的語

2【D】善悪（良いことと悪いこと。善人と悪人）…「善」⇔「悪」◀反対の意味

3【A】法則（守るべき決まり）…法も則も「きまり」という意味◀似た意味

4【B】円陣（人が集まって円形に並ぶこと）…円形の→陣立て◀前が後を修飾

5【D】年長（年齢が上であること。年上）…年齢が ⇒ 長い（上である）◀主語と述語

11

1【C】豪雨（短時間に大量に降る雨）…豪い（つよい）→雨◀前が後を修飾

2【A】停泊（船がいかりを下ろしてとまること）…停も泊も「とまる」という意味◀似た意味

3【D】遭難（生命に関わる災難にあうこと）…遭う（あう）⇐災難に◀動詞の後に目的語

4【D】授受（やり取りや受け渡しのこと）…「授ける」⇔「受ける」◀反対の意味

5【B】天授（天から授かること）…天が ⇒ 授ける◀主語と述語

12

1【B】逸話（世間にあまり知られていない話）…逸した（枠からそれた）→話◀前が後を修飾

2【D】天誅（天の下す罰、または天に代わって加える罰のこと）…天が ⇒ 誅する（罰する）◀主語と述語

3【C】制約（条件などをつけて制限すること）…制する（支配する）⇐約（とりきめ）を

◀動詞の後に目的語

4【D】需給（物を買うことと売ること。需要と供給）…「需（もとめる）」⇔「給（あたえる）」◀反対の意味

5【A】拡大（広がって大きくなること）…拡も大も「ひろがる」という意味◀似た意味

13

1【D】地震（地殻変動で地面が揺れる現象）…地が ⇒ 震える◀主語と述語

2【B】勝因（勝利した原因）…勝った→原因◀前が後を修飾

3【D】生誕（人が生まれること）…生も誕も「うまれる」という意味◀似た意味

4【C】献身（自分の利益を顧みず、人や物事に尽くすこと）…献げる（ささげる）⇐身を◀動詞の後に目的語

5【A】動静（物事の動き、様子）…「動く」⇔「静まる」◀反対の意味

14

1【D】国禁（国の法律で禁じられていること）…国が ⇒ 禁じる◀主語と述語

2【C】外界（自分を取り巻く外の世界）…外の→界（区域）◀前が後を修飾

3【A】激烈（非常に激しい様子）…激も烈も「はげしい」という意味◀似た意味

4【D】匿名（自分の本名を隠すこと）…匿す（かくす）⇐名を◀動詞の後に目的語

5【B】盛衰（物事が盛んになったり衰えたりすること）…「盛んになる」⇔「衰える」◀反対の意味

15

1【D】厳重（ぬかりがなく非常に厳しいこと）…厳は「容赦がない・きびしい」、重は「重々しい」という意味◀似た意味

2【A】雌雄（雌と雄のこと）。勝敗や優劣のこと）…「雌（めす）」⇔「雄（おす）」◀反対の意味

3【D】及第（試験や審査などに合格すること）…及ぶ（達する）⇐第（基準、試験）に◀動詞の後に目的語

4【B】国交（国家間の外交関係）…国の→交わり◀前が後を修飾

5【C】人造（人がつくること。人工的につくること）…人が ⇒ 造る◀主語と述語

16

1【B】軽装（活動的で身軽な服装）…軽やかな→装い◀前が後を修飾

2【D】挑戦（試合や戦いをしかけること）…挑む⇐戦いを◀動詞の後に目的語

3【A】習慣（長い間繰り返している、日常の決まりきった行動のこと）…習も慣も「ならわし」という意味◀似た意味

4【D】屈伸（曲げたり伸ばしたりすること）…「屈む（曲がる）」⇔「伸びる」◀反対の意味

5【C】私選（個人が選ぶこと）…私が ⇒ 選ぶ◀主語と述語

17

1【D】修繕（建物などの壊れた所を元通り直して回復させること）…修も繕も「なおす」という意味◀似た意味

2【C】改心（行いを反省して、心を改めること）…改める⇐心を◀動詞の後に目的語

3【B】公設（国や公共団体が組織や施設を設立すること）…公が ⇒ 設立する◀主語と述語

4【D】恩師（教えを受けた、恩義のある先生）…恩ある→師◀前が後を修飾

5【A】前後（前と後ろのこと）…「前」⇔「後ろ」◀反対の意味

18

1【B】真贋（本物と偽物）…「真（ほんもの）」⇔「贋（にせもの）」◀反対の意味

2【D】仮説（ある現象を合理的に説明するた

めに仮に設けられる意見）…仮の→説
◀前が後を修飾
3【C】留意（心に留め置いて気をつけること）…留める⇐意（心）を◀動詞の後に目的語
4【A】自我（他者や外界から独立した自分自身のこと）…自も我も「自分」という意味
◀似た意味
5【D】雷鳴（雷が鳴ること）…雷が ⇒ 鳴る
◀主語と述語

19

1【D】白墨（チョーク）…白い→墨
◀前が後を修飾
2【C】砕氷（氷をくだくこと）…砕く⇐氷を
◀動詞の後に目的語
3【D】賞罰（ほめることと罰すること）…「賞（ほめる）」⇔「罰（罰する）」◀反対の意味
4【A】隔離（他から引き離すこと）…隔は「へだてる」という意味、離は「はなす」という意味
◀似た意味
5【B】雲散（風で雲が散るように、物事がすっかり消えてなくなること）…雲が ⇒ 散る
◀主語と述語

20

1【D】墜落（高い所から下に落ちること）…墜も落も「おちる・おとす」という意味
◀似た意味
2【A】新入（新しく加わること）…新しく→入る◀前が後を修飾
3【C】即位（皇帝、天皇など君主になること）…即く（つく）⇐位に◀動詞の後に目的語
4【D】首尾（物事の成り行きや結果のたとえ）…「首（始め）」⇔「尾（終わり）」◀反対の意味
5【B】波動（波のように変化が周囲へ次々と伝わる現象）…波が ⇒ 動く◀主語と述語

21

1【A】貯蓄（財貨を貯えること）…貯も蓄も「たくわえる」という意味◀似た意味
2【C】捕鯨（鯨を捕獲すること）…捕る⇐鯨を◀動詞の後に目的語
3【B】壁画（壁や天井に描かれた絵画）…壁の→絵画◀前が後を修飾
4【D】霧散（霧のようにあとかたもなく消えてしまうこと）…霧が ⇒ 散る◀主語と述語
5【D】内外（内部と外部。国内と国外）…「内（うち）」⇔「外（そと）」◀反対の意味

22

1【A】援助（困っている人を助けること）…援も助も「たすける」という意味◀似た意味
2【C】除湿（空気中の湿り気を取り除くこと）…除く⇐湿気を◀動詞の後に目的語
3【D】利害（得することと損すること）…「利（利益）」⇔「損（損害）」◀反対の意味
4【B】王政（帝王が執り行う政治）…王の→政治◀前が後を修飾
5【D】船出（船が港を出ること）…船が ⇒ 出る◀主語と述語

23

1【D】断絶（継続してきたものが絶えること）…断も絶も「途切れる」という意味◀似た意味
2【C】帰結（議論や行動が最終的に落ち着くこと）…帰する（落ち着く）⇐結（結論・結果）に
◀動詞の後に目的語
3【C】欠礼（礼儀を欠くこと。挨拶をしないこと）…欠く⇐礼を◀動詞の後に目的語
4【A】理非（道理に合っていることと、外れていること）…「理（道理）」⇔「非（道理に合わないこと）」◀反対の意味
5【B】長寿（寿命が長いこと）…長い→寿命
◀前が後を修飾

24

1【C】予知（前もって知ること）…あらかじめ→知る◀前が後を修飾

2【A】破壊(打ちこわすこと)…破も壊も「こわす・こわれる」という意味◀似た意味
3【B】光陰(月日や歳月のこと)…「光(日)」⇔「陰(月)」◀反対の意味
4【D】失速(急激に速度が落ちること)…失う⇐速度を◀動詞の後に目的語
5【D】避暑(涼しい場所に移り暑さを避けること)…避ける⇐暑さを◀動詞の後に目的語

25
1【D】樹木(木の総称)…樹も木も「立ち木」という意味◀似た意味
2【B】好漢(立派で好ましい感じの男)…好ましい→漢(男)◀前が後を修飾
3【D】変心(気持ちや考えを変えること)…変える⇐心を◀動詞の後に目的語
4【A】高低(高いことと低いこと)…「高い」⇔「低い」◀反対の意味
5【D】調髪(髪の形を整えること)…髪を⇐調える(ととのえる)◀動詞の後に目的語

26
1【A】鋭敏(感覚が鋭く頭の回転が速いこと)…鋭も敏も「するどい」という意味◀似た意味
2【D】耐震(地震の揺れに耐える構造や技術)…耐える⇐地震に◀動詞の後に目的語
3【D】断念(きっぱりとあきらめること)…断つ⇐念(思いや気持ち)を◀動詞の後に目的語
4【B】山頂(山の一番高い所)…山の→頂(頂上)◀前が後を修飾
5【D】攻守(攻めることと守ること)…「攻める」⇔「守る」◀反対の意味

27
1【D】剣道(竹刀で戦う日本の武道の一つ)…剣の→道◀前が後を修飾
2【C】借金(金を借りること。借りた金)…借りる⇐金を◀動詞の後に目的語
3【C】懐古(昔のことをなつかしむこと)…懐かしむ⇐古(昔)を◀動詞の後に目的語
4【A】攻防(攻めたり防いだりすること)…「攻める」⇔「防ぐ」◀反対の意味
5【D】頑固(かたくなで自分の態度や考えを変えないこと)…頑も固も「かたくな」という意味◀似た意味

28
1【A】賢明(賢くて知識があり、物事の判断が適切であること)…賢も明も「かしこい」という意味◀似た意味
2【C】防火(火災が起こらないように防ぐこと)…防ぐ⇐火を◀動詞の後に目的語
3【C】断罪(罪をさばくこと)…断つ(決める)⇐罪を◀動詞の後に目的語
4【D】傑作(優れている作品)…傑出した(ひときわ優れた)→作品◀前が後を修飾
5【B】増減(数量が増えたり減ったりすること)…「増える」⇔「減る」◀反対の意味

29
1【A】建築(家屋などの建物や橋などをつくり上げること)…建も築も「建造物をたてる」という意味◀似た意味
2【C】避難(災難を避けて他の地へ立ち退くこと)…避ける⇐災難を◀動詞の後に目的語
3【B】去年(今年の前の年。昨年)…去った→年◀前が後を修飾
4【D】巧拙(上手なこととへたなこと)…「巧(うまい)」⇔「拙(つたない)」◀反対の意味
5【C】変色(色が変わること)…変わる⇐色が◀動詞の後に目的語

30
1【C】入門(ある分野について学び始めること)…入る⇐門(出入口)に◀動詞の後に目的語
2【D】参加(会や団体などに一員として加わること)…参も加も「くわわる」◀似た意味

3【A】天地(上下のこと。天と地の間の全世界)…「天」⇔「地」◀反対の意味
4【B】河岸(川の岸。川岸に立つ市場)…河(大きな川)の→岸◀前が後を修飾
5【C】離陸(航空機などが陸地を離れて飛び立つこと)…離れる⇐陸を◀動詞の後に目的語

31

1【D】造形(形をつくること)…造る⇐形を◀動詞の後に目的語
2【B】干満(潮の満ち引きのこと。干潮と満潮)…「干(かわく)」⇔「満(みちる)」◀反対の意味
3【C】連載(新聞や雑誌などに続き物として掲載すること)…連ねて(連続して)→載せる(掲載する)◀前が後を修飾
4【A】屈折(折れ曲がること)…屈も折も「おれまがる」という意味◀似た意味
5【D】保健(健康を守り保つこと)…保つ⇐健康を◀動詞の後に目的語

32

1【D】噴火(火山が溶岩・火山灰・水蒸気などをふき出すこと)…噴く⇐火を◀動詞の後に目的語
2【D】災難(不意に起こる不幸やわざわい)…災も難も「わざわい」という意味◀似た意味
3【B】偽造(本物をまねて偽物を造ること)…偽って(似せて)→造る◀前が後を修飾
4【D】点灯(あかりをともすこと)…点ける(つける)⇐灯を◀動詞の後に目的語
5【A】可否(賛成か反対かということ。物事の良し悪し)…「可(よしとする)」⇔「否(反対する)」◀反対の意味

33

1【D】興亡(国や民族が栄えることとほろびること)…「興る(盛んになる)」⇔「亡びる」◀反対の意味
2【B】反映(光が反射してうつること。影響が及び現れること)…反射して→映る◀前が後を修飾
3【A】遭遇(思いがけず出会うこと)…遭も遇も「めぐりあう」という意味◀似た意味
4【D】加勢(相手に力を貸して助けること)…加える⇐勢いを◀動詞の後に目的語
5【D】敬老(老人を敬い大切にすること)…敬う⇐老人を◀動詞の後に目的語

34

1【A】言行(口で言うことと、実際に行うこと)…「発言」⇔「行動」◀反対の意味
2【D】遺失(置き忘れたり落としたりしてなくすこと)…遺は「わすれる(とりうしなう)」、失は「なくす」という意味◀似た意味
3【C】投資(利益を得ることを目的に資金を出すこと)…投じる⇐資金を◀動詞の後に目的語
4【D】話題(話の主題や題材)…話の→題(主題)◀前が後を修飾
5【C】施錠(錠に鍵をかけること)…施す⇐錠(かぎ)を◀動詞の後に目的語

35

1【A】平均(そろっていること。ならすこと)…平も均も「差がないこと」という意味◀似た意味
2【D】歌人(優れた和歌や短歌をつくる人物)…歌う→人◀前が後を修飾
3【C】徹夜(夜どおし寝ないこと)…徹する⇐夜を◀動詞の後に目的語
4【C】圧巻(全体の中で最も優れた部分。「巻」は、昔の中国の官吏登用試験の答案。最優等者の答案を一番上に乗せたところからいう)…圧する⇐巻を◀動詞の後に目的語
5【B】乾湿(空気などの乾きと湿り気のこと)…「乾き」⇔「湿り気」◀反対の意味

2 3文の完成 ▶本冊162〜165ページ

36【E】「贈り物とその返礼品」の内容と無関係のBとCは候補から外す。
自然に読めば、「同じ価値であることが求められ」→E「優位に立とうとする意識はなかった」とつながる。
完成➡中世の日本の風習では贈り物とその返礼品がほぼ同じ価値であることが求められ、[贈り物の量や価値で相手より優位に立とうとする意識はなかった]。

37【A】「書状」に関するものは、AとC。さらに「物品の贈呈には」にうまくつながるのはA「贈る理由や品目、数量などを記す」のみ。
完成➡中世の日本の風習では正式な物品の贈呈には必ず書状を添えて、[その品を贈る理由や品目、数量などを記すことが礼儀であった]。

38【D】時候の挨拶やお祝い・お礼などの意味を兼ねて贈り物をすることは「中世では無礼な行為とされ」→D「それぞれ個別の理由・目的があることが求められた」とつながる。
完成➡現代では時候の挨拶やお祝い・お礼などの意味を兼ねて贈り物をすることもあるが中世では無礼な行為とされ、[贈り物にはそれぞれ個別の理由・目的があることが求められた]。

39【E】Eの「〜雷雲となるため」が「北日本の日本海沿岸地域では冬季に雷が多く発生する」理由を述べていて自然につながる。
完成➡[大陸からの冷たい季節風が温度の高い海上で多量の水蒸気を得て雷雲となるため]、北日本の日本海沿岸地域では冬季に雷が多く発生する。

40【C】「周囲の主だった山々」に関する選択肢を選ぶ。C「北関東の山岳地帯で発生する上昇気流が起こした雷が〜」→「赤城雷・日光雷などと呼ばれる」と続く。
完成➡[北関東の山岳地帯で発生する上昇気流が起こした雷が平野部に移動するため]、周囲の主だった山々の名前から赤城雷・日光雷などと呼ばれることがある。

41【D】残る選択肢ABDを[ ]にあてはめる。D「氷の粒や霰(あられ)などが上昇気流でぶつかり合い」→「摩擦による静電気で雲と地面の間に発生した電位差で起こる」とつながる。
完成➡[雲の中で氷の粒や霰(あられ)などが上昇気流でぶつかり合い]、摩擦による静電気で雲と地面の間に発生した電位差で起こる放電現象が雷である。

42【D】自分に似合うスーツ探しが難しい理由は、D「自分に似合うか否かは自分の好みとは違っているからである」と流れがつながる。
完成➡自分に似合うスーツ探しが意外に難しいのは、[自分に似合うか否かは自分の好みとは違っているからである]。

43【B】「スーツとネクタイの組み合わせ」について述べているのはB「配色と柄が〜」。
完成➡スーツとネクタイの組み合わせに悩むのは、[配色と柄が合わないという理由によることがほとんどである]。

44【C】よく似たデザインの服ばかり何度も買ってしまう理由は、C「好みや意識が一定のものに常に同調してしまうから」とつながる。「よく似たデザイン」=「一定のもの」にも着目。
完成➡無意識でよく似たデザインの服ばかり何度も買ってしまうのは、[好みや意識が一定のものに常に同調してしまうからだ]。

45【C】「自然の脅威とは～」とC「自然の恩恵とは」が対比する関係になっている。
完成➡[自然の恩恵とは川が運ぶ水と肥沃な土壌の恵みにほかならず]、自然の脅威とは度重なる水害をおいてほかにはなかった。

46【E】水利技術の普及につれて、どうなったかを考えれば、E「農業が～下流域に広がった」が適切であるとわかる。
完成➡[水稲を中心とした日本の農業が大きな河川の下流域に広がったのも]、治水と干拓など水利技術の普及が進むにつれてのことである。

47【B】なぜ「低地は～30%前後しかない」のかというと、B「山地がその大部分を占め」ているからである。
完成➡[日本の国土は険しい山地がその大部分を占め]、人が居住できる低地は河口周辺などを含めて30%前後しかない。

48【D】Dの「チェンバロは～音量調節が難しかったが」→「弱音も強音も出せるものが発明され」と続く。
完成➡[チェンバロは小さな爪が弦をはじくものなので音量調節が難しかったが]、弱音も強音も出せるものが発明され「ピアノ」と呼ばれるようになった。

49【A】「木材」や「カーペット」などの床材に着目すれば、A「床の材質は重要で」とつながっているとわかる。
完成➡[ピアノは接地面も振動させて音を響かせるため床の材質は重要で]、音を大きくする場合は木材が、防音・遮音する場合はカーペットなどが適している。

50【C】何が鍵盤楽器の一種であるのかを述べている選択肢を探す。C「ピアノは弦を木のハンマーでたたいて～」を選ぶ。「ハンマーでたたいて音を出す構造なので」→「打楽器や弦楽器または打弦楽器とされる」というつながりでもわかる。
完成➡[ピアノは張られた弦を木のハンマーでたたいて音を出す構造なので]、鍵盤楽器の一種であるものの、打楽器や弦楽器または打弦楽器とされることもある。

51【E】「見る者に音の記憶を呼び覚ます」ものを探す。E「雨や滝などが～」→「音の記憶を呼び覚ます」とつながっている。Cと迷うが「俳句を見る」とは言わないので、不適。
完成➡[広重の「東海道五十三次」には雨や滝などが生き生きと描き込まれ]、見る者に音の記憶を呼び覚ますきっかけとなっている。

52【A】「一語で表現する」から、Aの「潮騒」や「蝉時雨」を選ぶ。
完成➡[「○○のような音」ではなく「潮騒」や「蝉時雨」のように]、日本語には一語で音を表現する単語が数多くある。

53【D】「静けさを際立てる日本古来の演出」から考えると、Dの「ししおどし」などの庭園装置があてはまる。
完成➡[水がたまると竹筒が傾いて音を出す「ししおどし」などの庭園装置は]、まったくの無音以上に静けさを際立てる日本古来の演出である。

54【C】「大まかに分けると」からC「～に大別できる」が適切だとわかる。
完成➡江戸期の様々な情報を大まかに分けると、[いわゆる「口コミ情報」と「文字情報」に大別できる]。

55【B】「～その時期にもよるが、江戸時代は」から、時代全体のことを述べる文だと推測し、あてはまるのはB「概して～時代であった～」

完成➡伝達手段の変化などその時期にもよるが、江戸時代は[概して情報が発達した時代であったと考えられる]。

56【A】「『旅』が広く普及したことも」→A「情報の波及に拍車をかける」とつながっている。D「地方に伝えた」は文意に合わない。
完成➡庶民の間で「旅」が広く普及したことも、[情報の波及に拍車をかけることになった]。

57【E】「これらの人」がEの「認定された人物」のことを指すことがわかれば正解できる。Bと迷うので、先に他の設問文を解いてからEに確定してもよい。
完成➡[「人間国宝」とは重要無形文化財の保持者として認定された人物であり]、これらの人に対して国は特別助成金を毎年交付している。

58【D】「わざ」に着目。D「無形文化財とは～『わざ』自体を指し」→「その『わざ』を～」につながる。
完成➡[無形文化財とは芸能や工芸技術など、人間の「わざ」自体を指し]、その「わざ」を体得・相伝する個人や集団によって具体化・体現化されるものである。

59【B】「同時に～認定」と並列の関係にあるB「重要無形文化財に指定」を選ぶ。
完成➡[国は無形文化財のなかで特に重要なものを重要無形文化財に指定し]、同時にその「わざ」を体現できる個人や集団を保持者または保持団体として認定する。

60【E】「予算は年度で縛られているため」→E「計画の進行にあわせた使い方ができない」が自然につながっている。ほかの選択肢は明らかに意味が通らない。
完成➡予算は年度で縛られているため、[計画の進行にあわせた使い方ができない]。

61【B】「メール」とB「会議」が対比されている。完成➡毎日メールで情報を交換していても、[顔をつきあわせる会議は欠かせない]。

62【D】「話をすることが」→D「連帯感を生む」で、主語と述語の関係にある。
完成➡何の話題でもよいので、互いに話をすることが、[難しい仕事を共同で進める連帯感を生む]。

63【A】Aの「これ」は「花こう岩」を指す。「上部を構成する」とA「下部を構成する」が対応することもヒント。
完成➡大陸地殻の上部を構成する主要な岩石を花こう岩というが、[これは海底地殻など下部を構成する玄武岩より軽いことがわかっている]。

64【B】「地震波速度で～情報を得られる」理由は、B「密度や硬さなどを推測できるから」。他の選択肢では意味が通らない。
完成➡地震波速度で地球内部の物質や構成などの情報を得られるのは、[伝わる速度により通過部分の密度や硬さなどを推測できるからである]。

65【D】「地球表面だけに過ぎず」と対比できる記述は、D「地球内部の構造や変化」。また、「地質」に触れているのもDのみ。
完成➡19世紀に確立した地質学によると、地質からわかることは地球表面だけに過ぎず、[地球内部の構造や変化を理解するには地質以外の情報も必要であった]。

66【E】「気圧が下がり」→E「気圧が低下すると～」とつながっている。
完成➡積乱雲が発達する暑い日には地表の空気が暖められて上昇すると気圧が下がり、[気圧が低下すると周囲から空気が吹き込み地球の自転により渦を巻く]。

67【D】「水蒸気が多く含まれ」からD「大量の水蒸気で～積乱雲の集合体に発達」と続く。
完成➡熱帯や亜熱帯の海では海水温が高く空気中に水蒸気が多く含まれ、[大量の水蒸気で雨雲が次々と発生し巨大な積乱雲の集合体に発達する]。

68【A】「渦ができず」に着目。Cは意味が通らず、Bは「渦巻きの中心に～」とあり不適当。残るA「熱帯低気圧は発生しない」になる。
完成➡球体の地球の自転で起きる「コリオリの力」は赤道付近では働かないので渦ができず、[海水温が高く大量の水蒸気が存在しても熱帯低気圧は発生しない]。

※基本的な解き方の手順は以下の通りです。
①設問文を読む→選択肢をざっと読み、あてはまる選択肢を見つける。②正解がわからなければすぐにつぎの設問文に移って正解を見つける。③選択肢の数が減を減らし、わからなかった問題の選択肢を選ぶ。答えがわかりやすい選択肢から選んでいくことが大切です。

3 語句の並べ替え ▶本冊168～171ページ

69【ア C　イ A　ウ D　エ B】
最初のアにはC「浮世絵や陶器、漆器などの美術品が」、次にA「持ち込まれた」が続く。
最後の[エ]に入るのはB「～画家たちに」のみ。
DはC Aの後にあてはまる。よってCADB。

70【ア B　イ D　ウ C　エ A】
最初の[ア]に入る選択肢が不明確なので、最後の[エ]に入るものから探す。エには「現在の法隆寺が→再建されたものであることが証明された」という主語述語の関係からAが入る。
残るB C Dについて考える。
「焼失が」→「史実であり」という主語と述語の関係からD Cが確定。B「日本書紀に書かれている」はDの前に入るので、BDCA。

71【ア D　イ A　ウ B　エ C】
[エ]に入るのはC「千匹に満たない」のみ。
Aの「認知度」が何の認知度なのかを説明しているのはD。よってD A。
B「知られていた」はCの前に入るので、DABC。

72【ア D　イ C　ウ A　エ B】
「てにをは」に着目して文の流れを作る。
C「人々の世界観や思考の様式を」→A「根本的に変えてしまう」→B「構造的な転移」というつながりからC A B。[ア]にはDがあてはまるので、DCAB。

73【ア D　イ C　ウ B　エ A】
[ア]は「自然人類学とともに→人類学の柱とされる文化人類学」でD。C「文化的側面を研究する」がDの述語になるのでD Cが確定。次に[エ]にはA「かつて『未開』と呼ばれた伝統社会」があてはまる。よって、DCBA。

74【ア C　イ B　ウ A　エ D】
[エ]に入るのはD「必要な物質であることを」のみ。D「保存・維持に」の前にはA「記憶の」。Aの前にはB。このように、後ろから順につなげていくのもよい。CBAD。

75【ア B　イ C　ウ D　エ A】
Bの「ここ」は「大腰筋」を指しているので、[ア]はBで、次がC。[エ]に入るのはA「大股で歩いたりすることで」のみで、Aの前は「～たり、～たり」でD。BCDA。

76【ア D イ A ウ C エ B】
最初のアにはD「市場経済をコントロールする方法について」、次にA「学習を重ねてきたが」が続く。C「趨勢を」→B「制御する」とつながるのでC Bで、DACB。

77【ア D イ B ウ C エ A】
[エ]に入るのはA「どう捉えていくか」のみで、Aの前には、C「側面を」が入る。B「引き起こされる」のはC「健康被害」なのでB C Aが確定。残ったDは[ア]。DBCA。

78【ア B イ D ウ C エ A】
[エ]に入るのはA「～打ち上げが」のみ。
C「1辺10センチほどの箱型」は、「超小型」を直接に形容するのでC Aが確定。B「国や大企業」に対するD「大学や中小企業」となるので、BDCA。

79【ア B イ A ウ D エ C】
小鳥の説明となる[ア]に入るのはBのみ。
さらに[エ]に入るのはCのみ。A「航海中に」は、D「訪れた」に続く。よってBADC。

80【ア D イ A ウ C エ B】
C「固有種が」→B「見られる」で主語と述語の関係からC Bが確定。A「進化を遂げた」はCの「固有種」の形容なのでCの前に入る。[ア]にはDしか入らないので、DACB。

81【ア B イ D ウ C エ A】
[エ]に入るのはA「だれひとりそのことを」のみで、「そのこと」とは、B「映像化されて～」→D「見ることができるのは」→C「当たり前のこと」ということを指す。よって、BDCA。

82【ア B イ D ウ C エ A】
Cの「～決断力と実行力を」、A「併せ持つことが」リーダーの資質となるとつながるので、[ウ][エ]はC Aで確定。平穏無事と非常時の対比関係から[ア]はBの「調整型の～求められるが」となる。よって、BDCA。

83【ア D イ A ウ C エ B】
[エ]に入るのはB「日本ではそれまで」のみ。台風とD「タイフーン」が、A「音韻をまねて」→C「名づけられた」と続くので、DACB。

※基本的な解き方のコツは、先に確定できる選択肢から解くことです。
最初にアにあてはまる選択肢、次にエにあてはまる選択肢を検討します。考え込まず、順番に選択肢をあてはめて読んでみるとよいでしょう。

4 適語選択 ▶本冊174～177ページ

84【ア C イ A ウ B】
「自分をひきたたせるア」なので、アには「着用法」が入ることがわかる。
「ミリ単位の違いでイが生まれ、その結果が上品、下品などの目安となる」なので、「身分」ではなく「個性」がふさわしい。
残る「士農工商などのウ」には「身分」が入る。
完成➡日本の着物はすべて裁断法も形も同じなので、自分をひきたたせる[着用法]を見つけなければ本当に着こなしたことにはならないといわれている。裾の長さ、衿の合わせ方、帯の位置と結び方など、ミリ単位の違いで[個性]が生まれ、その結果が上品、下品などの目安となる。江戸時代には、着物の着付け方で、士農工商などの[身分]を読み取ることもできたのである。

85【ア B　イ A　ウ C】
「国内産業を守る」や「保護貿易」という言葉から「輸入をアする」のアは［制限］だとわかる。
「産業にイしにくく」のイに語句をあてはめると「産業に［特化］しにくく」と「産業に［効率利用］しにくく」となり、［特化］のほうが適していることがわかる。
最後に「世界の資源をウできなくなる」は意味の上から［効率利用］しかない。
完成➡国内産業を守るため、対外経済政策は高い関税などで輸入を［制限］する保護貿易に進みがちである。だが自由な貿易が妨げられると各国は得意分野の産業に［特化］しにくくなり、ひいては世界の資源を［効率利用］できなくなるのだ。

86【ア B　イ C　ウ A】
「栄養分の摂取をウする」には、［抑制］だけが入る。
「推奨」と「補充」が残るが、文意から「アされている健康食品」には「推奨」がはいる。
「栄養をイする目的」には「補充」が入ることがわかる。
完成➡生活習慣病の対策に、今日［推奨］されている健康食品というものの多くは無用である。健康食品とされるものの多くは、ある栄養を［補充］する目的のものである。生活習慣病への対応はカロリー、コレステロール、その他栄養分の摂取を［抑制］することが必要になるからである。

87【ア C　イ A　ウ B】
「アがイを必ずしも正しく表現していないウもある」のウには［事例］しかあてはまらないことがわかる。
アとイについては、「実体が名称を必ずしも正しく表現していない」と「名称が実体を必ずしも正しく表現していない」とでは、後者がふさわしい。
完成➡近代絵画史上において「印象派」に反発する形で生まれた「後期印象派」は、その代表的な例の１つであるが、歴史に名を残す多くのグループや動向の中には、その［名称］が［実体］を必ずしも正しく表現していない［事例］もある。

88【ア B　イ A　ウ C】
アは「廃棄物保管場所のアを届け出る」ので［設置］がふさわしい。
イは「具体的なイを定められた」で［基準］。
ウは「必要なウを講じる」ので［措置］。前後の言葉とのつながりで解ける。
完成➡規則改正により、建設事業者には廃棄物保管場所の［設置］を届け出ることを義務付けると同時に、面積や付帯設備、および管理方法にも具体的な［基準］が定められた。また、違反した業者には市長が必要な［措置］を講じる命令ができるとしている。

89【ア B　イ A　ウ C】
アは［教育目標］か［付加価値］か迷うので、イとウから考える。「方言は標準語のイに対するウを持つ」とあるので、イは、標準語の［均質性］が入る。
ウは方言の［付加価値］だとわかる。
残る［教育目標］がアに入る。
完成➡かつて標準語の習得が［教育目標］の１つであった時代、方言は矯正の対象であった。しかし、テレビ放送の影響もあって標準語が普及した1980年代あたりを境に、方言は標準語の［均質性］に対する［付加価値］を持つものと考えられるようになってきたのである。

90【ア B　イ C　ウ A】
「強いイを示している」のイには［興味］だけがあてはまる。
「異国へのアを膨らませ」のアには［夢］がふさわしい。

残るウに[知]を入れてみると文がつながる。
完成➡フランスの作曲家ラヴェルは、1889年のパリ万博でアジアの民族音楽や日本の浮世絵に触れ、異国への[夢]を膨らませ、米国のジャズにも強い[興味]を示している。彼は欧州文化との距離を保ちつつ外に目を向け、[知]の世界に遊び斬新な音楽を生み出した。

91【ア A　イ C　ウ B】
「自分の感情を他人がアできうる」には文意から[同感]だけがあてはまる。
「平静と落ち着きをウする」のウには[回復]がふさわしい。
回復するためにすることはイ[抑制]となる。
完成➡アダム・スミスは、高ぶった自分の感情を他人が[同感]できうるレベルにまで[抑制]することによって、心中の平静と落ち着きを[回復]するところに美しさがあると説いた。

92【ア A　イ C　ウ B】
前後の文節をヒントに、確定しやすいものから考える。「個人のイを保護する」のイにふさわしいのは[権利利益]。
次に「義務などのウを定めた法律」なので、ウには[ルール]が入ることがわかる。
残るアが[有用性]となる。
完成➡個人情報保護法とは、個人情報の[有用性]に配慮しながら個人の[権利利益]を保護することを目的に、個人情報を取り扱う事業者に対し遵守すべき義務などの[ルール]を定めた法律である。

93【ア C　イ B　ウ A】
イは「読みこなせる」ものなので[文章]だけがあてはまる。
次に、「民族のウ」のウには[言葉]が入る。
残る「アも語彙も大して変化していない」のアには、消去法で[文法]が入る。
完成➡話し言葉の会話語は、その場限りで消散するものであり、時代とともに変遷していく。ところが書き言葉の文章語は次第に洗練されこそすれ、[文法]も語彙も大して変化していない。そのため私たちは何百年も昔の[文章]を読みこなせるのだ。文章語とは民族の[言葉]を磨く努力の結晶であり、その長い伝統を受け継いでいるといえるだろう。

94【ア C　イ B　ウ A】
「アが持つ独自の、祖先から子孫へと学び伝えられていく行動」の主語であるアは[人間集団]。
イは「行動およびイ上の固有の習性」とあるので、「行動」が重複しない[思考様式]が最適。
ウは二つの異なる動作を説明しているので、[思考様式]ではなく[行動様式]があてはまる。
完成➡文化とは、ある[人間集団]が持つ独自の、祖先から子孫へと学び伝えられていく行動および[思考様式]上の固有の習性である。例えば自分自身のことを示す場合、日本人は人差し指で顔の中心あたりを指すしぐさをするが、西洋人は親指で胸元を突くような動作をすることが多い。この二つの異なる[行動様式]はそれぞれの文化の違いを示しているといえる。

95【ア B　イ A　ウ C】
砂漠化によって失われるものなので、アは[土地]が最適。
イとウは少し迷うが、「縮小しつつある居住可能なイ」とあるのでイは[地域]、残るウには[都市]が入る。
完成➡砂漠化により[土地]を失った農民や牧畜民は移動せざるを得ず、既に縮小しつつある居住可能な[地域]に押しやられていくか、[都市]に移り住むようになる。

96【ア B　イ C　ウ A】
「アな距離だけでなく、イなストーリーや交通の便」とあるので、アには[物理的]、イには[歴史的]がふさわしいことがわかる。

「ウな距離や親和性、相性」とあるので、ウには[心理的]があてはまる。

完成➡私たちが世界を見るときは、[物理的]な距離だけでなく、[歴史的]なストーリーや交通の便、あるいは様々な交流を通じて形作られた、[心理的]な距離や親和性、相性などによって遠近を測ります。

97【ア C　イ A　ウ B】

「ウしている」とあるので、「核心している」と「発達している」は不適。[意味している]だけが適している。次に「この論文のイ」には[核心]が適切。残るアには[発達]があてはまる。

完成➡情報理論の[発達]は、クロード・シャノンの論文から始まる。この論文の[核心]は、どんな情報であろうともすべて2進法あるいは「ビット」という単位で記号化できるということである。このことは、文章であれ、交響曲であれ、絵画であれ、どんな情報でもすべてを電気的信号に書き換えられるということを[意味]している。

98【ア B　イ C　ウ A】

「環境にイしたもの」には意味の上で[適応]しか入らない。同様に「この因子をウしている個体」には[所有]しか入らない。よって残るアが[許容]。

完成➡生物は、環境資源が[許容]するよりも多く産まれる。これによって同じ種の個体の間に生存と繁殖に関わる競争関係が生まれ、より環境に[適応]したものが多くの子孫を残すことになる。この差異の原因となる因子が遺伝するものであれば、この因子を[所有]している個体の子孫が、世代を経るにつれて数を増やしていくことになる。

※まずアに入る言葉を考えますが、時間をかけすぎないようにしましょう。確定しやすい部分から回答し、選択肢を減らしていくことが一番のポイントです。国語が苦手でなければ、直感で解答していってもかまわない分野です。

5 適文選択 ▶本冊180〜183ページ

99【C】

「湯水のように金を使う」という例えの「湯水」と同じ意味を選ぶ。

「簡単に手に入るもの」で「好きなだけ使うことができるもの」の意味なので、C「惜しげもなくいくらでも使えるもの」が最適。

100【D】

[　　]ことが大切で、「その手掛かりとして〜日本語から自らを知ることが早道」とあるので、「自らを知る」と同じ意味を含むD「自分と異なる者を知る前に己を知る」が適切。

101【C】

「しかし」の前後の文を比べる。

「気候を巧みに利用した水田稲作→しかし[　　]→社会体制が存在してはじめて、継続した水田稲作を営むことが可能となる」という記述から、前後の文意をつなぐC「気候を利用するだけでは水田稲作はできない」が最適。

気候を巧みに利用した水田稲作→気候を利用するだけではという語句がヒントになる。

102【A】

「それは」が指す内容を推測する。

文末「その代わり1947年に臨時調査が行われた」から、1945年には調査が実施されなかったことがわかる。

よってA「しかし、原則通りに調査されなかった年がある」。

103【B】
騒音に対する行動で日本人が「最も選ばない」ことを選択肢から探す。
日本人は自分が対処しないで済む「消極的対処法」を望むことから、「消極的対処法」の逆の積極的な解決法であるB「当人と話し合い自粛してもらう」が最適。

104【A】
「1気圧下でセ氏100度」の沸点が、「富士山頂では水が90度以下」になるのだから、A「ただし沸点は気圧によって変化する」が適切だとわかる。
他の選択肢では「例えば」に続かない。

105【D】
空欄は後述の文を要約したものとなっている。山々に降る雨→森→川→海→気化した水→上昇気流→積乱雲→山々に降る雨という循環を説明しているD「水の循環を中心にした自然体系が実感できる」が最適である。

106【B】
「人は都市を通じて」どうするのか、という文。「他者と社会生活を営む場」や「民主主義の学校」、「教室」という言葉から、B「他者と共同して生きることを学ぶのだ」が文意にそった選択肢だとわかる。

107【B】
「つまり」は前文の言い換えや帰結が続く接続詞なので、「後追い学問」について述べている文だとわかる。
「後追い」なので、B「起こったことについて理由を説明する」があてはまる。

108【A】
「敬語を使うこともないし、[　　]」と空欄と順接でつながっているので、同じような内容が続くことがわかる。
文の流れに合うA「使わない方が愛らしく感じる風潮さえある」が正解。

109【C】
「厳然たる事実」とは何かということが正解になる。
「日本語会話はできても」「自在にあやつることはかなり困難」とあるので、英語ではなく、日本語の特徴を述べているC「日本語は一から学び直すには難しい言語である」があてはまる。

※最初に文章全体をさっと読んでから、選択肢を検討していきます。空欄にあてはめてみて違和感があるようならすぐ次の選択肢に移りましょう。

6 長文読解 ▶本冊186〜188ページ

110【B】
「客体界の対象には至って閉鎖的な日本語も、■■という点では八面六臂の活躍」と書かれている。「**客体界の対象には閉鎖的だが、**■■という点では活躍」という**逆説の関係**になっていることから、客体と逆の意味合いのB「主体性」が適切であるとわかる。
次の文の「**思想や論理より、どちらかといえば感情や人間関係**」も、B「主体性」を選ぶヒントになっている。

111【C】
ア　日本語では主語・述語の枠内に主観的な情報内容が割り振られる

長文の中で「主語・述語」「主観的」という言葉を検索する。
1行目「主語・述語で文全体の大枠をまず設定」、4行目「客観的な情報内容は主語・述語の枠内に閉じこめられて閉鎖的だが、その代わり文末には否定や推量や話し手の主観を伝えるさまざまな助動詞、聞き手への心配りを表わす終助詞の類が」とある。
主語・述語の枠内にあるのは、**主観ではなく客観的な情報内容**と述べられているので、アは間違いだとわかる。
イ　日本語において客観的な情報は閉鎖的である
長文の中で「客観的」「閉鎖的」という言葉を検索する。
4行目「客観的な情報内容は主語・述語の枠内に閉じこめられて閉鎖的」とあり、イは文中で述べられていることがわかる。

112【A】
ア　日本的な発想は閉鎖的である
長文の中で「閉鎖」を検索する。3行目に「日本的発想の閉鎖性」とあるので、アは正しい。
イ　日本的な側面は、助動詞、終助詞にも見受けられる
長文の中で「助動詞」「終助詞」を検索する。
6行目に「主観を伝えるさまざまな助動詞、聞き手への心配りを表わす終助詞」とある。
続いて「日本的な側面が、こんなところにも垣間見られて」とあるので、イは正しい。

113【C】
「A きれいな空気は県民皆が育てていくべきだ」は、一般的に「空気を育てる」とはいわないので、最も適切とはいえない。
「B きれいな空気は県民皆が汚染している」現状とはいえない。
「C きれいな空気は県民皆が享受している」は、自然な表現であり理念にふさわしいので、最適といえる。
「D きれいな空気は県民皆が保護している」現状とはいえない。

114【D】
10行目に「森林も水も、その環境は共有のものでなければならない。水が共有の財である、という考え方を定着させることが、この際、どうしても必要なのではないか。」→「そしてこの発想が、日本で、この先さらにメーカーの数が増え、自然の水を利用しようとする動きが高まっても、何とか環境を維持していくことができる条件ではないか」とある。
この発想は、D「水が共有の財である」という発想と読みかえることができる。
＊Cの「森林も水も、その環境は共有のものでなければならない」も同様の発想といえるが、「自然の水を利用しようとする動きが高まっても、何とか環境を維持していく」とあるのでDの「水が共有の財である」のほうがよりふさわしい回答といえる。

115【C】
ア 環境税の導入が、環境保持の条件であるとは、どこにも書かれていない。
イ 住民への丁寧な説明が、高知県の「森林環境税」実現に結びついた
長文の中で「丁寧」「森林環境税」「実現」を検索する。
6行目に「県が、かなり長い期間、この構想を丁寧に説明したことが、新しい政策(←森林環境税)の実現に結びついた」とあるので、イは正しい。

※「長文読解」は、文章の検索問題だという意識で取り組みましょう。「先に設問を読む→空欄問題なら、長文の中にある空欄の前後を読む。文意を問う問題なら、設問のキーワードを探す」という手順で解いていきます。

3章 模擬テスト ▶本冊190〜204ページ

◆言語検査

1

1【A】真実（うそ偽りのない本当のこと）…真も実も「本当のこと」という意味◀似た意味

2【D】尽力（持てる力をすべて注ぎ込むこと）…尽くす⇐力を◀動詞の後に目的語

3【B】離合（離れたり集まったりすること）…「離れる」⇔「合わさる」◀反対の意味

4【A】証明（ある事柄が真実かどうか明らかにすること）…証も明も「あきらかにする」という意味◀似た意味

5【C】早熟（発育が普通より早いこと）…早く→熟する◀前が後を修飾

2

1【A】表裏（表と裏の関係。態度と内心）…「表」⇔「裏」◀反対の意味

2【D】緩慢（動きがゆっくりと遅いこと）…緩は「ゆるやか」、慢は「おそい」という意味◀似た意味

3【C】署名（本人が自分の名前を書き記すこと）…署す（しるす＝書きつける）⇐名前を◀動詞の後に目的語

4【A】悲喜（悲しみと喜びのこと）…「悲しみ」⇔「喜び」◀反対の意味

5【B】凝視（じっと見つめること）…目を凝らして→視る◀前が後を修飾

3

1【A】得失（得ることと失うこと。利益と損失）…「得る」⇔「失う」◀反対の意味

2【C】瓦解（屋根瓦の一部分の崩れからすべての瓦が崩れ落ちてしまうように、一部の崩れから全体がこわれてしまうこと）…瓦が ⇒ 解ける（ばらばらに分解する）◀主語と述語

3【D】巡回（ある目的のために、順番に移動して見て回ること）…巡も回も「めぐる・まわる」という意味◀似た意味

4【B】火災（火事による災害）…火の→災害◀前が後を修飾

5【D】取材（報道や作品の題材を取り集めること）…取る⇐材料を◀動詞の後に目的語

4【E】「デパートの特徴は」という主語に対応するのは、E「購買欲をそそるところにあった」だけ。他の選択肢は対応しない。
完成➡デパートの特徴は女性客の好みに合わせて店内に様々な商品をディスプレイし、[目の前に商品の実物を美しく展示して見せることで購買欲をそそるところにあった]。

5【A】デパートが人気を博した理由を探す。内容的にはDもあるが、主語と述語の関係が成り立たない。
「人気を博したことには」→A「〜という背景がある」が適切。
完成➡パリやロンドンなどの大都市でデパートの販売形態が人気を博したことには、[富裕層から中間階層まで消費活動を行う階層が大きく広がったという背景がある]。

6【B】「流行の先端を行く商品を扱いながらも」の「ながらも」は逆説表現になっている。「流行の先端」とは逆の意味合いを持つB「日々の暮らしで豊かさを実感できる商品を主軸に置いていた」が自然につながる。
完成➡19世紀末頃のデパートは流行の先端を行く商品を扱いながらも、[日々の暮らしで豊かさを実感できる商品を主軸に置いていた]。

7【D】「好感度を調べた場合には」→D「不快だというような回答はまず出てこない」と

「好感度」と「不快」がつながっている。
完成➡左右対称の建築物について好感度を調べた場合には、[「不快だ」というような回答はまず出てこない]。

8 【A】権勢や威光について述べた選択肢はAとCだが、Cは前文と内容が重複しており不適。Aがつながる。
完成➡権勢や威光を効果的に表現する対称性の高い設計は、[重厚な印象があるため宗教や政治に関係の深い建物で多用された]。

9 【B】残る選択肢のB、C、Eのうち、最も適切なものはB。
「そのために」は「自然の景観を取り入れること」という意味でつながる。
完成➡英国式庭園は自然の景観を取り入れることが大きな目的で、[そのためにあえて統一しないで乱調にするという特徴がある]。

10 【D】A、B、Cは明らかに意味が通らない。Eもつながりが不自然。
残るD「芸術家の腕にかかれば」→「私たちの心を揺さぶる」がスムーズに入る。
完成➡[ごく平凡な事物であっても優れた芸術家の腕にかかれば]、私たちの心を揺さぶるものである。

11 【B】鑑賞に堪えないことにそぐう内容のBが適切。B「素人が描いたのでは」と「鑑賞に堪えない」で主語と述語の関係も成り立つ。
完成➡[美しい富士山の景観も素人が描いたのでは]、鑑賞に堪えない。

12 【C】「解き放たれる」の主語になるのは、C「平凡な体験」が最適。
完成➡[私たちのどうということもない平凡な体験であっても]、優れた芸術家の腕にかかると一つの作品となって解き放たれる。

13 【ア B　イ D　ウ C　エ A】
文末のエからあてはめていく。
「1メートルと定められた」の直前に入るのは、主語となるA「その1千万分の1の長さが」のみ。
Aの「その」が指すのはC「子午線の長さ」なのでAの前にC。
C「子午線の長さ」を形容するのはD「パリを通る北極から赤道までの」なのでDCA。
残るBが一番最初で、BDCA。

14 【ア A　イ D　ウ B　エ C】
「[エ]できごと」のエに入るのは、「できごと」を形容するC「革命的な」のみ。
Cの「社会構造をも激変させた」の前にB「〜にとどまらず」が入るのでBC。
A「トランジスターの発明は」とD「扉を開け」は主語と述語の関係なのでAD。
よって、ADBC。

15 【ア B　イ A　ウ D　エ C】
「年齢や性別、身体の状況」はB「ユーザーが持つ個性や違い」なので[ア]にはBが入る。
「ユーザーが持つ個性や違いを」→A「考慮したうえで」とつながる。
[エ]にはC「〜設計を」が最も適切。
よってBADC。

16 【ア B　イ C　ウ A】
「若者集団をアして扱うのではなく、各人の」という文意からアには、「各人」とは逆の意味の「一括」があてはまることがわかる。
イは「尊重」か「配慮」か迷うので、ウから考える。「生活全般にウした支援」なので、ウは「尊重」ではなく「配慮」が適切。
よって、イが「尊重」。
完成➡イギリスには若者が職を得る過程を生涯学習の一環とする制度がある。支援方法は、若者集団を[一括]して扱うのではなく、各人の欲求や願望を[尊重]して設計されるカウンセリング形式となっている。若者自身による人生設計を援助し、生活全般に[配慮]した支援といえるだろう。

17【ア B　イ A　ウ C】
「アの中での昼夜のリズム」は、「生活」と「一日」で迷うところだが、「昼夜」という言葉があるので「一日」が最適。次の「締切・納期・期日・期限などに追われるイ」のほうに「生活」が適していることがわかる。残るウには「自然」があてはまる。
完成➡現代はストレスの多い社会である。ストレスを生んでいる要因としては、[一日]の中での昼夜のリズムの喪失、締切・納期・期日・期限などに追われる[生活]が挙げられる。人間は、昼は活動し、夜に寝るという「自然」のリズムから外れると、ストレスが溜まりやすくなる。

18【ア B　イ C　ウ A】
アに入る選択肢は確定しづらいので、先にイとウから考える。「イな間仕切りも少なくウ」とあり、「伝統的」はあてはまらない。「開放的」な間仕切りも少なく「固定的」と「固定的」な間仕切りも少なく「開放的」とでは、後者がふさわしい。残る「伝統的」がアにあてはまる。
完成➡平安時代の貴族の住宅は寝殿造と呼ばれ、室町時代以降の書院造とともに[伝統的]日本住宅の二大様式とされる。床、棚、書院などで構成される書院造に対して、寝殿造は広い空間を屏風などで区分けして[固定的]な間仕切りも少なく[開放的]で、玄関や客間などの接客空間が独立していない。

19【C】
宗教と哲学を比較している文を検索する。
Cの後ろ(9行目)に、「哲学の方法を、『物語』によって世界説明を与える宗教の方法と比べれば、その長所は明らかである」とある。あてはめてみると、「哲学の方法が、物語を使わず概念と原理を使い、再始発によって原理を展開するという独自の方法的原則を持つのはそのためである。【だからこそ宗教とは違う思考法として「哲学」と呼ばれたのである。】哲学の方法を、「物語」によって世界説明を与える宗教の方法と比べれば、その長所は明らかである。」となり、自然につながっている。

20【C】
冒頭に『哲学は～多様な考えを持つ人間が集まって、ある問題について共通の了解を創り出そうとする、「開かれた言語ゲーム」として現われた』とある。
■■の直前「ある問題について多様な考え方がぶつかりあい」は冒頭「多様な考えを持つ人間が集まって」と対応する。
「これを鍛えてより大きな ■■ を取り出す」ことは「ある問題について共通了解を創り出そうとする」ことと対応する。C「共通了解」。

21【B】
ア　10行目に「それ(＝哲学の方法)は文化や宗教的枠組みを超えて、より『普遍的な考え方』(＝共通の世界説明)を創り出す方法」とある。「共同体の合意」とは「文化や宗教的枠組み」なので、アは正しい。
イ　「物語を否定するため」とはどこにも書かれていないので、イは誤っている。

22【B】
【 a 】～【 d 】に「ここは貯蔵に制限がない」を入れて意味が通るものを選ぶ。「ここ」という指示語が何を指しているのかを意識してあてはめていく。
4行目『グリコーゲンがへそくりならば銀行預金に当るのが、脂肪細胞である。【ここは貯蔵に制限がない。】銀行で預金しようとする人が、「当行は金庫に限りがございますので、お一人様百万円以上はお預かりいたしかねます」などといわれることがないのと同じである。』
「ここ」は「脂肪細胞」を指している。

23【D】
「グリコーゲンも尽きてしまうと、脂肪細胞から脂肪酸が分解されて血液中に入り、■■として使われはじめる」。
1行目に「グリコーゲンを急場のエネルギー源として貯えている」とあるので、尽きてしまったグリコーゲンの代わりに「エネルギー源」として使われ始めるが適切であることがわかる。

24【C】
ア　8行目に「脂肪に転換されて貯蔵され、その（脂肪の）量が増えれば、細胞が風船のように膨らんでくる～大相撲の力士と細身のモデルを比べても、脂肪細胞の数はさして変わらない」とある。脂肪細胞の数は変わらないが脂肪の量は増えるので、アは誤り。
イ　12行目に「グリコーゲンも尽きてしまうと、脂肪細胞から脂肪酸が分解されて」とあるので、イは正しい。

25【B】
「同じ作品でも、演奏家や指揮者が違えば、異なった印象や感動を与える」のであるから、楽譜（作品）はいったん作られると、B「創作者の手を離れて一人歩きする」が正解となる。
完成➡作曲家は、各人の芸術的判断に基づいて独創的な創造活動を営む。バッハやモーツァルトの同じ作品でも、演奏家や指揮者が違えば、異なった印象や感動を与えるものとなる。つまり楽譜はいったん作られると、［創作者の手を離れて一人歩きする］ようになるのである。

26【B】
空欄は、欧米人でも「肩がこる」と訴えるようになる理由をまとめている。「肩こりについて認識するにつれ～『肩がこる』と訴えるようになる」のであるから、B「概念を認識することで症状が自覚できるようになるのである」が正解。最後の空欄は文全体のまとめであることが多い。
完成➡私たち日本人の多くが経験する「肩こり」の症状を、欧米人は「肩や背中の痛み」と表現する。こわばり感や重だるさ、痛みなどが混ざり合った「こり」という状態を、彼らにはうまく理解できないらしい。それでも日本人と親しくなり肩こりについて認識するにつれ、欧米人でも「肩がこる」と訴えるようになる。［概念を認識することで症状が自覚できるようになるのである］。

27【A】
空欄が最初にある場合は、その後に続く文章をまとめた内容であることが多い。
空欄の後に続く文章では「腐敗とは～、退廃とは～」と対比して説明していることから、「腐敗と退廃は違う」とするAが最適である。
完成➡［腐敗と退廃は違う］。腐敗とは私利私欲や自己の快楽を目的として悪いと知りつつ悪事を働くことで、退廃とは何が悪いかがわからなくなることである。ゆえに、汚職は腐敗、道徳の混乱は退廃であるといえる。

28【C】
所得と幸福度の相関関係についての文章。
逆接の接続詞「しかし」の後に、所得が上昇しても幸福度は上昇しないという内容が続いているので、空欄には反対の意味のCが入る。
完成➡客観的な数値である所得と主観的な度合である幸福度との間に相関はあるだろうか。［所得水準が上がれば幸福度が高くなる］なら、日本人は経済成長の結果、幸福になったはずだ。しかし、日本の幸福度の長期統計を見ると、所得水準が長期的に上昇していた時期に、平均的な幸福度は上昇していなかった。

◆**非言語検査**

29 【2】

3日間の合計20個で、イより最多の日は最少の日より10個多い。合計20個で最少0個、最多10個のパターンから候補をメモする。

最少の日	最多の日	中間の日	合計
0	10	10	20
1	11	8	20
2	12	6	20
3	13	4	20

このうち、アを満たす**2倍の数の組み合わせ**があるのは**(2、12、6)**。よって**一昨日は12個、昨日は6個、今日は2個**となる。

【別解】**昨日をx個**とすれば、**一昨日は2x個**で**合計3x個**となる。今日を**y個**とすれば、

$3x+y=20 \rightarrow y=20-3x$

xは6以下。**$x=6$**の場合、**$y=2$、$2x=12$**となり、**10個差**で成り立つ。よって**今日は2個**となる。$x=5$の場合、$y=5$、$2x=10$で10個差にならないので不適。

30 【6】

P、Q、Rの3人が、1人6回ずつシュートをして、成功した回数が同じ人はいなかった。

ア　3人とも2回以上成功した

イ　Pが成功した回数はQの2倍だった

Qが2回ならPは4回、Qが3回ならPは6回となる。

ウ　Rが成功した回数は最も少なかった

アより**Rは最低でも2回**。**Rが2回**の場合に、イより**Qは3回**で、**Pは6回**に確定する。

31 【7】

最も小さい数をxとする。

$x^2=(x+1)(x+2)-23$

$x^2=x^2+3x+2-23$

$3x+2-23=x^2-x^2$

$3x-21=0 \rightarrow x=7$

よって最も小さい数は7である。

32 【350】

ひもの長さをxcmとすると、残った長さは、

$$x\times\frac{6}{7}\times\frac{4}{5}=240$$

$$x=240\div\frac{6}{7}\div\frac{4}{5}=240\times\frac{7}{6}\times\frac{5}{4}=350$$

よってひもは最初350cmあった。

33 【42】

X、YはそれぞれZの6倍、5倍の打点をあげて、XとYの打点の差が7点。6倍と5倍の差(1倍)が7点にあたるので、Zの打点は7点となる。よってXの打点は**$7\times6=42$点**。

34 【30】

長いすをx脚とする。

・長いすに4人ずつ座ると4人が座れなくなるので、人数は、

$(4x+4)$人…①

・5人ずつ座ると最後の長いすには4人が座ることになり、長いすが5脚余る。→長いすを5人用とすると、最後の4人の長いすは空席1席。さらに5脚余るので空席は全部で、

$5\times5+1=26$席

5人ずつ座るときの参加者の数は、

$(5x-26)$人…②

＊$5(x-5)-1 \rightarrow 5x-26$と考えてもよい。

①と②は、どちらも参加者の数なので等しい。

$4x+4=5x-26$

$x=30$

よって長いすは**30脚**。

【別解】5人ずつ座るようにして増えた座席数は、4人ずつでは座れなかった4人分の席と空席の$5\times5+1=26$席を合わせた**30席**である。**1つの長いすに1人多く座る**ことで、全体で**30人**多く座れるので、長いすは**30脚**。

35 【3】

ア　Pが来てからQが来るまでに2人来た

　→P ○ ○ Q

イ　Rが来てからSが来るまでに2人来た
　→**R**○○**S**
P○○QとR○○Sが同時に成り立つ組み合わせは、**PR**○**QS**または**RP**○**SQ**。いずれの場合も**Tは3番目**。

36【4】
1位から○○○○とする。
ア　Wは順位を2つ上げたが、Yには及ばなかった
　夏休み前　○○○W
　夏休み後　**Y** W○○
イ　Xの順位は変わらなかった
　夏休み前　○○X **W**
　夏休み後　**Y** **W** X○
よって**Zの夏休み後の順位は、残った4位。**

37【15】
5人から試合に参加する4人を選ぶ組み合わせは$_5C_4 = {_5C_1} = 5$**通り**。戦わない1人を選ぶ5通りと考えても同じ(例：ABCDとE)。
A、B、C、Dの4人を選んだ場合、Aのペアの選び方はB、C、Dの3通りで、残った2人が自動的にペア(例：AB対CD)となるので、ペアの作り方は**3通り**(ABとCD、ACとBD、ADとBC)。
＊$_4C_2 = 6$通りではないことに注意する。
参加する4人を選ぶ**5通り**と、その4人の中のペアの作り方**3通り**を掛け合わせる。
5×3＝15通り
【別解】5人から初めの1組目を選ぶ組み合わせは$_5C_2$。対戦する2人を選ぶ組み合わせは$_3C_2$。このとき、AB対CDとCD対ABのように同じものをダブルカウントしているので2で割る。
$_5C_2 \times {_3C_2} \div 2 = 15$**通り**

38【3】
2人とも少なくとも1つはあんまんをもらうので、残りは**肉まん6個、あんまん2個**。残りのあんまん2個のうち、Xがもらうあんまんの数は**(0、1、2)の3通り**。Yのあんまんは残りの数に決まる。よって組み合わせは**3通り**ある。
なお、あんまんをもらう数の組み合わせは、
(X、Y)＝(1、3) (2、2) (3、1)
肉まんをもらう数の組み合わせは上記の順に
(X、Y)＝(4、2) (3、3) (2、4)

39【7/13】
1から13まで書いて、3の倍数と4の倍数を消していく。
1 2 ~~3~~ ~~4~~ 5 ~~6~~ 7 ~~8~~ ~~9~~ 10 11 ~~12~~ 13
1 2 5 7 10 11 13 の**7つ**が残る。
よって、確率は$\frac{7}{13}$となる。

40【5/32】
合計15円になるパターンごとに計算する。
1枚について表(または裏)が出る確率は1/2。
①10円玉3枚が裏、5円玉3枚が表
$$\frac{1}{2}\times\frac{1}{2}\times\frac{1}{2}\times\frac{1}{2}\times\frac{1}{2}\times\frac{1}{2}=\frac{1}{64}$$
②10円玉1枚と5円玉1枚が表、10円玉2枚と5円玉2枚が裏
$$\frac{1}{2}\times\frac{1}{2}\times\frac{1}{2}\times\frac{1}{2}\times\frac{1}{2}\times\frac{1}{2}=\frac{1}{64}$$
3枚の10円玉のうち、表になる10円玉の選び方が3通り、3枚の5円玉のうち表になる5円玉の選び方が3通りで**3×3＝9通り**。
$$\frac{1}{64}\times 9=\frac{9}{64}$$
①と②を合計して、
$$\frac{1}{64}+\frac{9}{64}=\frac{10}{64}=\frac{5}{32}$$

41【11/20】
20人のうち、Pであたりを引くのが3人、P

ではずれてQであたりを引くのが6人。残りはPにもQにもはずれるので、その人数は**20−3−6＝11人**。

よって両方にはずれる確率は $\frac{11}{20}$ となる。

【別解】くじはいずれもくじを引く人数分。くじPを引く人数は20人なのでくじPは20本ある。そのうち、当たりが3本あるので、はずれは17本。Pがはずれる確率は 17/20。QはPのくじにはずれた17人分のくじなので17本ある。そのうち、当たりが6本あるので、はずれは11本。Qがはずれる確率は 11/17。よって両方にはずれる確率は、

$$\frac{17}{20}\times\frac{11}{17}=\frac{11}{20}$$

42【26】

ベン図で整理する。

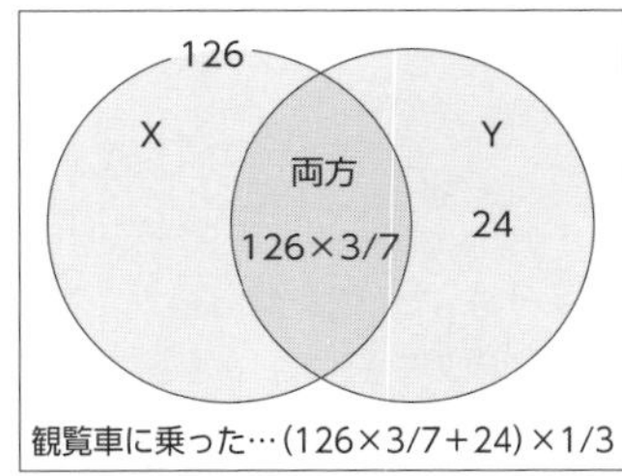

両方に行った人数は

$$126\times\frac{3}{7}=54\text{人}$$

Yに行ってXに行かなかった人は24人なので、Yに行った人は合計すると

54＋24＝78人

観覧車に乗ったのはそのうちの1/3なので

$$78\times\frac{1}{3}=26\text{人。}$$

43【2.1】

家から図書館までの距離をxmとする。60m/分の速さだと5分遅れ、210m/分の速さだと20分早く着く距離なので、

x÷60−5＝x÷210＋20

$$\frac{x}{60}-\frac{x}{210}=25$$

両辺に420を掛けて、

$$\frac{x}{60}\times420-\frac{x}{210}\times420=25\times420$$

7x−2x＝10500

x＝2100

よって家から図書館までの距離は**2.1km**。

【別解】待ち合わせの時間を今からx分後とする。

60(x＋5)＝210(x−20)

x＝30分

60×35＝2100m → 2.1km

44 **1**【7500】

2年目の売上高は13200万円で売上高前年比が176%。13200万円が前年度である1年目の176%にあたるので、1年目の売上高は、

13200÷1.76＝7500万円

2【F】

ア　4年目の2年目に対する売上高の増加率は36%である

4年目の2年目に対する売上高の比率は、3年目と4年目の前年比を掛け合わせればよい。

1.16×1.2＝1.392

増加率は約39%なので、**アは正しくない。**

イ　2年目から4年目までの客数合計に占める4年目の割合は45%以下である

2年目から4年目までの客数合計…

160＋176＋220＝556人

4年目の割合…

220÷556＝0.395…

45%以下なので、**イは正しい。**

ウ　4年目の客単価は2年目より高い

4年目の客単価…

870(3年目の客単価)×0.96＝835.2円

2年目の825円より高いので**ウは正しい。**

よって正しいのはF「イとウの両方」。

45【D】
4日目に読んだ量が、全体のどれだけにあたるのかがわかればよい。
ア　1日目から3日目まではそれぞれ全体の1/5の量を読んだ
1～3日目で1/5×3＝3/5を読んだので、**4日目は1－3/5＝2/5**を読んだということがわかる。
イ　4日目は、それまでの3日間に読んだ量の合計の2/3にあたる量を読んだ
1～3日目の合計を3としたとき、4日目はその**2/3なので2**となる。このとき**全体の量は5**。4日目は**全体5**のうちの**2**なので、**2/5**を読んだことがわかる。
よってD「アだけでも、イだけでもわかる」。

46【C】
P、Q、R、S、T、Uの6人でPの位置は片方の端から3番目なので、
○○P○○○または○○○P○○
ア　QはR、S、Tと隣り合わない
例えば**QUP◎○○…Pの右隣◎が不明**（1つの例で、答えが出なければ不適と考える）。**アだけではわからない。**
イ　両端にRとS
R◎P◎○Sの場合…Pの両隣◎が不明。**イだけではわからない。**
・アとイの両方…イの**R◎P◎○S**の場合、ア「QはR、S、Tと隣り合わない（**＝Qの隣にはPとU**）」ので、**RTPQUS**。RとSを入れ替えても**STPQUR**。**Pの隣は常にTとQ**。
同様に、**R○◎P◎S**の場合、**RUQPTS**。RとSを入れ替えても**SUQPTR**。すべての場合で**Pの隣はQとT**に確定できる。
よってC「アとイの両方でわかるが、片方だけではわからない」。

47【D】
定価の2割引で売ると200円の利益を得た。
ア　この商品の仕入れ値は600円である
仕入れ値が600円で利益が200円なので、**売値は200＋600＝800円**。これが定価の0.8（2割引き）にあたるので、定価は、**800÷0.8＝1000円**だとわかる。
イ　定価で売ると利益は400円である
定価の2割引で売った場合と、定価で売った場合の利益の差は**400－200＝200円**。これは定価の**2割**にあたるので、定価は**200÷0.2＝1000円**だとわかる。
よってD「アだけでも、イだけでもわかる」。

▼模擬テスト採点表

	点数
言語	/40点
非言語	/20点
合計	/60点

50～60点→A：【人気企業合格ライン】
合格可能性は極めて高いといえます
40～49点→B：【一般企業合格ライン】
合格可能性は高いといえます
20～39点→C：WEBテスティングで落とされる可能性があります
0～19点→D：WEBテスティングで落とされる可能性がかなりあります

1回目で合格点に届かなくても、あきらめずに繰り返し解くことで必ず実力がついてきます。

お疲れ様でした。
ここまで多くの問題をやり抜いたことに自信を持ってテストに臨みましょう。
合格後、本書を知人や後輩に推薦していただけると幸いです。

別冊　解答・解説集